Oskar Lafontaine
Politik für alle

Oskar Lafontaine

Politik für alle

Streitschrift für eine gerechte Gesellschaft

Econ

Econ ist ein Verlag der Ullstein Buchverlage GmbH

ISBN 3-430-15949-0

© Ullstein Buchverlage GmbH, Berlin 2005
Alle Rechte vorbehalten.
Gesetzt aus der Minion und Futura
bei Pinkuin Satz und Datentechnik, Berlin
Druck und Bindung: Clausen & Bosse, Leck
Printed in Germany

Inhalt

Vorwort

Am 30. August des Jahres 2004 sprach ich auf einer Montagsdemonstration in Leipzig. Nach Schätzungen der Polizei hatten 25 000 Menschen daran teilgenommen, um gegen die Agenda 2010 und Hartz IV zu protestieren. Wieder einmal keimte die Hoffnung auf, die Deutschen würden endlich aufstehen und sich gegen die neoliberale Umverteilung von unten nach oben zur Wehr setzen.

Zum Jahreswechsel 2004/2005 sah die Welt schon wieder anders aus. Die Proteste gegen den größten Sozialabbau in der Geschichte der Bundesrepublik waren abgeflaut. Es schien so, als hätten sich die Bürger erneut damit abgefunden, den Gürtel enger zu schnallen, während die oberen Zehntausend Partys feierten.

Der Vorsitzende der Deutschen Bischofskonferenz, Kardinal Karl Lehmann, gab zum Ende des Jahres 2004 in der *Süddeutschen Zeitung* ein Interview, über dem in großen Buchstaben stand: »Dieser Sozialstaat ist eine kulturelle Errungenschaft.« Die Unterzeile lautete: »Der Vorsitzende der Katholischen Bischöfe wirft der neoliberalen Ökonomie ein falsches Leitbild vor und fordert mehr Tugenden in der Wirtschaft.«

In den letzten Jahren hatte ich viele ähnliche Interviews gelesen, die leider alle folgenlos blieben. Schon wollte ich weiterblättern, als mir eine bemerkenswerte Passage des Gesprächs ins Auge fiel: Die *SZ* konstatierte: »Der gerade erstellte Armutsbericht der Bundesregierung sagt, dass in Deutschland die Armen ärmer und die Reichen reicher geworden sind. Das dürfte den Kirchen keine Ruhe lassen.« Darauf Lehmann: »Ja, solch eine Entwicklung ist für eine Gesellschaft ein Symptom des Verfalls. Das ist nicht zukunftsfähig und würde, wenn es sich fortsetzte, über kurz oder lang zu einem vorrevolutionären Klima führen. Das passt auch nicht in eine Demokratie hinein, in der es bestimmte Grenzen für Ungleichheit gibt.«

Die Analyse des Kardinals ist ohne Zweifel richtig und sie wird in diesem Buch in umfassender Weise bestätigt. Aber nähern wir uns tatsächlich einem vorrevolutionären Klima? Wir leben meiner Ansicht nach eher in einer Stimmungsdemokratie. Die Empörung des Volkes schwillt bei politischen und gesellschaftlichen Skandalen schnell an und ebenso rasch wieder ab. Mangelnde Verlässlichkeit und Beständigkeit sind nicht nur Eigenschaften der selbst ernannten deutschen Eliten, sondern auch charakteristisch für die Stimmung des Volkes. Politiker reagieren, wenn überhaupt, auf Wahlen. Aber auch diese Regel ist in letzter Zeit fraglich geworden. Die massenhafte Wahlenthaltung bei den zurückliegenden Urnengängen hat die Berliner Politik nicht verändert. Unbelehrbarkeit wird zu Standhaftigkeit und Charakterfestigkeit verklärt.

Wird sich der Protest des Volkes auch bei den kommenden Wahlen zeigen und werden die Rechten weiter Zulauf erhalten? Klar scheint nur, dass die Bundestagsparteien unbeeindruckt von der zurückgehenden Wahlbeteiligung bis zur nächsten Bundestagswahl an ihrem neoliberalen Kurs festhalten wollen. Eine Änderung ist nicht in Sicht.

Das vorliegende Buch soll diejenigen in Deutschland unterstützen, die sich mit der derzeitigen politischen und gesellschaftlichen Entwicklung nicht abfinden wollen. Neben einer Analyse der Fehler, die in der Wirtschafts- und Sozialpolitik gemacht wurden und werden, geht es der Bedeutung der Sprache in Politik und Gesellschaft nach. Ich sehe in diesem Teil des Buches eine wichtige Ergänzung zu der von einer Reihe von Autoren in jüngster Zeit vorgetragenen Kritik an der Berliner »Reformpolitik«.

Regelmäßig ärgere ich mich über die von Politikern häufig vorgetragene Anmaßung: »Zu unserer Politik gibt es keine Alternative.« Ich zeige auf, wie der deutsche Steuer- und Abgabenstaat neu geordnet werden könnte. Neben einer Bürgerversicherung schlage ich eine Reform der Arbeitslosenversicherung vor. Selbstverständlich gibt es auch zu diesen Ideen Gegenargumente und Alternativen. Aber ein Kontrastprogramm zur neoliberalen Irrlehre ist in jedem Fall längst überfällig. Zu dem notwendigen Dialog über die Ziele einer anderen Politik will ich meinen Beitrag leisten.

Neoliberale Politik wird in Deutschland nunmehr schon über zwanzig Jahre gemacht. Ihr Scheitern und die damit verbundenen Symptome des Verfalls kann niemand übersehen.

Wie lange lässt es sich das Volk noch gefallen, dass eine wohlhabende Minderheit ihm auf der Nase herumtanzt? Zu oft schon lösten Hoffnung und Enttäuschung, Zorn und Resignation einander ab. Aber wir dürfen nicht müde werden, immer wieder gegen den neoliberalen Mainstream anzukämpfen. Neoliberalismus und Finanzkapitalismus haben die Welt und Deutschland grundlegend verändert. Die neoliberale Wirtschaft gefährdet die Demokratie. Eine demokratische Gesellschaft setzt die Kontrolle wirtschaftlicher Macht voraus. Weil der globale Finanzkapitalismus zu einer unkontrollierten Ausübung wirtschaftlicher Macht

9

führt, höhlt er die Demokratie aus und muss überwunden werden.

Der 1926 in Breslau geborene und 1938 in die USA emigrierte Historiker Fritz Stern sagte anlässlich der Einführung George W. Bushs in seine zweite Amtszeit, das Land nähere sich »einer christlich-fundamentalistisch verbrämten Plutokratie«. Es sei wahrscheinlich, dass wir mit einer völlig neuen Art von Autoritarismus konfrontiert würden. Ein Teil der Bevölkerung vertraue sich der Führung dankbar an und entsage der eigenen Verantwortung und dem eigenen Nachdenken. Ist das in Deutschland anders? Auch bei uns macht die Wirtschaft die Politik, und Berlin flüchtet sich in die mediale Inszenierung, statt dass Ruder wieder in die Hand zu nehmen.

Häufig wird gefragt, warum sich Deutschlands Intellektuelle nicht zu Wort melden, um sich am Widerstand gegen die Zerstörung der Demokratie zu beteiligen. Als der französische Philosoph und Aufklärer Voltaire von der Verwüstung Lissabons durch ein Erdbeben erfuhr, erschrak er über seine eigene mangelnde Anteilnahme, das grundsätzliche Unvermögen, ausreichend Mitgefühl zu zeigen. Berühmt wurde sein Satz: »Lissabon liegt in Trümmern, aber in Paris wird getanzt.« Wo bleibt die Anteilnahme der deutschen Intelektuellen am Schicksal der Ausgegrenzten?

Vielleicht reagieren viele nicht mehr auf Massenarbeitslosigkeit und Sozialabbau, weil im Medienzeitalter die Katastrophe alltäglich geworden ist. Eine solidarische Gesellschaft bildet sich aber nur, wenn Menschen wahrnehmen, was in ihrer Nachbarschaft geschieht.

Im Februar 2005
Oskar Lafontaine

I. Die Republik hat sich verändert

Die Deutschen haben Grund zum Jammern

Seit Jahrhunderten streiten sich die Menschen darüber, wie die Güter dieser Welt produziert und verteilt werden sollen. Im Laufe der Geschichte wurde diese Frage immer wieder neu gestellt und immer wieder neu beantwortet. Nach dem Zweiten Weltkrieg gaben die Mitglieder des Parlamentarischen Rates den Deutschen im Grundgesetz einen klaren Auftrag: »Die Bundesrepublik Deutschland ist ein demokratischer und sozialer Bundesstaat.« Damit ist der Staat verantwortlich für die Gestaltung der Wirtschafts- und Sozialordnung. Die Bundesbürger entschieden sich für eine Soziale Marktwirtschaft. Wohlstand für alle war das Ziel. Das Sozialprodukt wurde in einer Marktwirtschaft gemeinsam erarbeitet. Eine ungleiche Verteilung von Einkommen und Vermögen war das Ergebnis unterschiedlicher Talente und Fähigkeiten. Die Gewerkschaften sorgten in den Tarifverhandlungen für eine angemessene Beteiligung der Arbeitnehmer am wirtschaftlichen Wachstum. Der Staat stellte durch die Steuer- und Sozialgesetzgebung sicher, dass die durch den Markt erzeugte Ungleichheit nicht zu groß wurde. Alle sollten am wachsenden Wohlstand teilhaben. Über mehrere Jahrzehnte wurde das Ergebnis dieser Wirtschafts- und Sozialordnung von der großen Mehrheit der Bevölkerung anerkannt. Die deutsche Nachkriegsdemokratie, die Bonner Republik, festigte sich.

Mit dem Beginn der achtziger Jahre änderten sich langsam, aber stetig die Produktionsbedingungen und die Verteilungsstrukturen der Bundesrepublik. Eine neue Wirtschaftsdoktrin breitete sich, ausgehend von den Vereinigten Staaten, auf der ganzen Welt aus – der Neoliberalismus. Die Mechanismen, mit denen der Sozialstaat für eine gerechtere Verteilung sorgte, wurden Schritt für Schritt zurückgedrängt. An ihre Stelle trat eine Art Marktfundamentalismus, der die Ungleichheit der Einkommens- und Vermögensverteilung wieder deutlich verstärkte. Heute können wir das Ergebnis betrachten: Die Gewerkschaften stehen mit dem Rücken an der Wand. Schon lange gelingt es ihnen nicht mehr, ihren eigentlichen Auftrag zu erfüllen. Die Reallöhne treten seit Jahren auf der Stelle, die Gewinne explodieren. Der Staat, der in einer solchen Systemkrise besonders gefordert wäre, der ungleichen Verteilung entgegenzuwirken, versagt. Statt den sozialen Auftrag des Grundgesetzes zu erfüllen und für mehr Gerechtigkeit zu sorgen, hat er die wachsende Ungleichheit durch die Steuer- und Sozialgesetzgebung weiter vergrößert. Renten und Arbeitslosengeld werden gekürzt. Die Arbeitslosenhilfe wird abgeschafft, und die Kranken werden zur Kasse gebeten. Gleichzeitig verteilt die Allparteienkoalition in Berlin über Steuersenkungen Milliarden-Geschenke an die Unternehmen, die Inhaber großer Vermögen und die Bezieher hoher Einkommen. Deutschlands Top-Konzerne verdienen so viel wie noch nie. Im November des Jahres 2004 meldete das *Handelsblatt*, dass die Dax-Unternehmen ihre Gewinne im Vergleich zum Jahr 2003 um sechzig Prozent steigern konnten. Selbst gegenüber dem Rekordjahr 2000 war das ein Plus von gut zehn Prozent. Die Arbeitgeberpräsidenten fordern, unterstützt von Politikern aller Parteien, Nullrunden, weil es nichts mehr zu verteilen gebe. Das Ausmaß der Unverschämtheit dieser Forderung belegte das Statistische Bundesamt: Die Einkommen von Arbeitnehmern und Unternehmern entwickeln sich immer deutlicher auseinander. Zwar nahm das Volkseinkommen 2004 um drei Prozent auf 1616 Milliarden Euro zu, doch die Arbeitnehmer hatten nichts davon. Während das Arbeitnehmerentgelt bei 1132 Milliarden Euro stagnierte, stiegen die Einkommen aus Unternehmertätigkeit und Vermögen auf 484 Milliarden Euro an. Das ist mit 10,7 Prozent die höchste Wachstumsrate seit der Wiedervereinigung.

Die Armen werden ärmer, die Reichen reicher. Das ist das Ergebnis des Armutsberichts, den die Bundesregierung im Dezember 2004 vorgelegt hat. »Festzustellen ist ein Trend zunehmender Ungleichheit«, so fasst er diese soziale Entwicklung seit 1998 zusammen und spricht damit auch ein Urteil über die Wirtschafts- und Sozialpolitik der rot-grünen Koalition. Die ärmere Hälfte der Haushaltseinkommen verfügt über nicht einmal vier Prozent des gesamten Nettovermögens. Das reichste Zehntel besitzt 44 Prozent, das sind zwei Prozent mehr als fünf Jahre zuvor. Mehr als drei Millionen Haushalte sind überschuldet. Nach dem Bericht besteht für jede achte Familie die Gefahr, in Armut abzurutschen. Die Armutsgrenze wird mit 938 Euro im Monat je Haushalt definiert.

Diese Entwicklung bleibt nicht folgenlos. Sie gefährdet unsere Demokratie. Die Bürger wenden sich von den politischen Parteien ab. Die Partei der Nichtwähler wird zur bestimmenden Kraft. Bei den Landtagswahlen im Saarland, in Sachsen, in Brandenburg und bei den Kommunalwahlen in Nordrhein-Westfalen gingen nur noch etwas mehr als die Hälfte der Wähler zur Wahl. Im Osten stimmten gerade mal dreißig Prozent der Wahlberechtigten für die beiden großen Volksparteien.

Mit der Verabschiedung der Gesundheitsreform und des Gesetzes zur faktischen Abschaffung der Arbeitslosenhilfe, Hartz IV genannt, ist eines überdeutlich geworden: Ein tiefer Graben trennt die selbst ernannten politischen, wirtschaftlichen und journalistischen Eliten Deutschlands von der Mehrheit der Bevölkerung. Eine in der Geschichte der Bundesrepublik Deutschland beispiellose Entfremdung des Volkes von seinen gewählten Repräsentanten ist unübersehbar. Die gesamte politische Klasse gerät in Misskredit, auch die der berichtenden Zunft.»Die Medien erscheinen zunehmend als Teil des Problems, nicht der Lösung: Sie sprechen die Sprache der Politik, denken in deren Logik, erblinden wie sie vor der Wirklichkeit«, kommentierte Hans-Ulrich Jörges im *stern*.

Auch nach den verheerenden Landtagswahlen in Brandenburg und Sachsen änderte sich nichts. Die Eliten waren sich einig, jetzt komme es nur darauf an, standhaft zu bleiben und unbeirrt am Kurs der Reformen festzuhalten. So viel Einigkeit in Politik, Wirtschaft und Medienwelt hat es in diesem Land noch nie gegeben.

Der Wirtschaft gehen die beschlossenen sozialen Kürzungen – wie immer – nicht weit genug. Die Medien trommeln täglich für harte Einschnitte ins soziale Netz, von denen die Leitartikler und ihre Chefs nicht betroffen sind. Fast der ganze Bundestag stimmt Gesetzen zu, die von zwei Dritteln der Bevölkerung abgelehnt werden. In völliger Verkennung der Lage meinen diejenigen, die die deutschen Talkshows bevölkern, sie müssten die Reformen nur besser erklären. Wenn das Volk erst begriffen habe, wie vernünftig und zukunftsweisend die so genannten Reformen seien, dann würde die Zustimmung zu dieser Politik wieder wachsen. Hier wird die Kluft zwischen dem Mann auf der Straße und den selbst ernannten Eliten zum Verständigungs- und Wahrnehmungsproblem. Die oberen Zehntausend merken gar nicht mehr, in welchem Ausmaß sie über die Köpfe der Menschen hinwegreden. Einen Höhepunkt der selbstherrlichen Attitüde – »Wir, die von sozialen Einschnitten nicht Betroffenen, wissen, was dem Volk nutzt und frommt« – demonstrierte eine Anzeige in der *Süddeutschen Zeitung*. Unter der Überschrift »Auch wir sind das Volk« hatten die ehemaligen Hamburger Chefredakteure Manfred Bissinger und Michael Jürgs Personen wie den Unternehmensberater Roland Berger, den ehemaligen BDI-Präsidenten Michael Rogowski, den Arbeitgeberpräsidenten Dieter Hundt, die Manager und Wendelin Wiedeking, Gerd Schulte-Hillen, Helmut Thoma, Thomas Middelhoff und Künstler wie Marius Müller-Westernhagen, Markus Lüpertz und Günter Grass versammelt. Im Text der Anzeige hieß es: »Die unter dem Angst machenden und abschreckenden Schlagwort Hartz IV beschlossenen Änderungen in der Arbeitslosenhilfe und Sozialhilfe sind überlebensnotwendig für den Standort Deutschland. Der ist gepflastert mit den Grabsteinen verblichener Chancen. Totengräber sind in allen Parteien zu Hause. In der Vergangenheit haben alle Regierungen den Wählern versprochen, was nicht zu halten war. Nur Demagogen, die ihre Zukunft hinter sich haben, reden dem Volk nach dem Maul. Deshalb unterstützen wir Bundeskanzler Gerhard Schröder in einer großen Koalition der Vernunft. Wir hoffen, dass er den Parolen der Populisten von Links und Rechts, die gnadenlos die Sorgen der Betroffenen für ihre Zwecke ausbeuten, standhält.« Die gut betuchten Unterzeichner der Anzeige, darunter viele Einkommensmillionäre, schrieben weiter, sie hätten das Jammern über Deutschland satt. Wer mutig ändere, was geändert werden müsse, habe sie auf ihrer Seite.

Pro Einkommensmillion brauchen viele dieser »Volksvertreter« nach der Senkung des Spitzensteuersatzes über hunderttausend Euro weniger Steuern zu zahlen, was sich im Laufe der Jahre zu Millionen addiert. Aber sie belehren das Volk:»Solche Einschnitte tun weh, wie alle schweren Operationen, aber aus Furcht vor Schmerzen nichts zu tun, wäre verantwortungslos.«

Wie bestellt, bestätigte eine Umfrage von Gallup International, die im Auftrag des World Economic Forum unter 50 000 Bürgern weltweit durchgeführt wurde, den Graben, der sich in Deutschland zwischen den »Eliten« und dem Volk aufgetan hat. Siebzig Prozent der Deutschen halten ihre Politiker und Manager für unehrlich, achtzig Prozent werfen den Konzernchefs zu große Machtfülle vor. Bei der Frage nach dem ethischen Verhalten ihrer Wirtschaftselite fällen nur die Bürger in Albanien und Costa Rica ein noch pessimistischeres Urteil über diese Führungspersonen.

Die ganze Reformpolitik verstößt gegen die moralische Regel:»Was du nicht willst, dass man dir tu', das füg auch keinem anderen zu.« Dabei bildet dieser Grundsatz seit Jahrtausenden den Kern des Wertekanons unterschiedlichster Kulturen. Der chinesische Philosoph Konfuzius (551–479 v. Chr.) lehrte: Was du nicht willst, dass andere dir antun, das sollst du auch nicht anderen Menschen zufügen. Ähnliche Sätze findet man in den Schriften der indischen und ägyptischen Hochkultur. Das Neue Testament macht diese Regel für die Christen verbindlich, zu einem fundamentalen Gebot des Evangeliums:»Alles, was ihr also von anderen erwartet, das tut auch ihnen!« Und Immanuel Kants kategorischer Imperativ – »Handele nur nach derjenigen Maxime, durch die du zugleich wollen kannst, dass sie allgemeines Gesetz werde« – ist im Kern nichts anderes als die Wiederholung dieser seit Jahrtausenden geltenden Regel.

Aber in Deutschland beruft man sich nicht mehr auf die Bibel oder den kategorischen Imperativ des Königsberger Philosophen. Manager stehen vor Gericht, weil sie in die Firmenkasse greifen. Sie beschweren sich, in Deutschland würden diejenigen bestraft, die Werte schaffen. In diesem Bemühen, Werte zu schaffen – damit meinen sie die Steigerung des Aktienkurses –, verstoßen sie in immer größerem Ausmaß gegen jene Werte, die die Gesellschaft bisher zusammengehalten haben. Die Entlassungswellen rollen, weil die Rendite nicht hoch genug ist. Beim Champagnertrinken oder beim Golfspielen sind sich unsere Eliten einig: Der Sozialstaat und der überregulierte Arbeitsmarkt sind schuld am Niedergang unseres Landes. Großzügig übersehen sie, dass dieser Niedergang ihnen selbst beträchtliche Einkommens- und Vermögenszuwächse bringt.

Vom wirklichen Leben nehmen sie nichts mehr wahr. Während sie, satt wie sie sind, das Jammern satt haben, hat die Mehrheit der Deutschen allen Grund, sich zu beklagen.

Das Volk zahlt drauf

Rentner, die das Land aufgebaut haben, müssen, wenn sie zum Arzt gehen, die Praxisgebühr bezahlen und anschließend in der Apotheke mehr Geld für ihre Arzneimittel hinblättern. Sie haben eine Nullrunde hinzunehmen, und sofern sie Betriebsrenten beziehen, zahlen sie den vollen Krankenkassenbeitrag und den vollen Pflegebeitrag. Zuvor war es nur die Hälfte. Sie werden auf diese Weise zusätzlich mit 1,6 Milliarden Euro pro Jahr an der Finanzierung des Gesundheitswesens beteiligt. Gleichzeitig lesen sie – unsere Senioren haben ja viel Zeit –, dass der Spitzensteuersatz für die besser Verdienenden von 53 Prozent im Jahr 1998 auf 42 Prozent im Jahr 2005 gesenkt wird und wie sich im selben Zeitraum die deutschen Manager immer schamloser bereichern. Und sie wissen, weil sie oft besser informiert sind als die Parlamentarier, dass die Politiker von den Reformen selbst so gut wie nicht betroffen sind.

Auf einem Spaziergang traf ich einen älteren Mann, der in seinem Garten arbeitete. Als er mich sah, stellte er seinen Rasenmäher ab und verwickelte mich in ein Gespräch. Im Verlauf der Unterhaltung sagte er: »Ich habe in meinem Leben immer SPD gewählt. Aber jetzt hat die Partei mir fünfmal Geld abgenommen – Nullrunde, Praxisgebühr, teurere Arzneimittel, höherer Krankenkassen- und Pflegebeitrag. Das können die nicht wieder gutmachen. Die wähl ich nie mehr wieder.« Den Arbeitnehmern geht es nicht besser. Die neoliberalen Meinungsführer haben ein neues Zaubermittel entdeckt. Wenn alle für den gleichen Lohn länger arbeiten – so die offizielle Lesart –, dann wächst die Wirtschaft und es entstehen neue Arbeitsplätze. Es ist nicht zu fassen. Auch der abenteuerlichste Blödsinn ist geeignet, um Deutschlands selbst ernannte Eliten in nicht enden wollende Diskussionen zu verstricken. Wäre das Rezept – länger arbeiten, bei gleichem Lohn – geeignet, Wachstum und Beschäftigung zu schaffen, dann hätten wir den Stein der Weisen gefunden. Da dieses Zaubermittel weltweit angewandt werden könnte, würden wir paradiesischen Zeiten entgegengehen. Überall entstünden neue Arbeitsplätze und der Wohlstand der Weltbevölkerung würde sich unaufhaltsam verbessern. Halt, so haben wir es ja nicht gemeint, sagt der eine oder andere der neoliberalen Magier. Unsere Empfehlung gilt nur für Deutschland mit seinen hohen Löhnen und seinen niedrigen Arbeitszeiten.

Aber die Arbeitszeiten der deutschen Vollzeitbeschäftigten sind nicht so niedrig, wie die neoliberalen Volksverdummer immer wieder behaupten. Mit 39,9 Wochenstunden arbeiten sie nach den Angaben des Nürnberger Instituts für Arbeitsmarkt- und Berufsforschung (IAB) länger als die Franzosen (37,7), Italiener (38,5), Niederländer (38,9), Dänen (39,1), Finnen (39,2), Belgier (39,3) und Iren (39,5). Im Übrigen kommt es auf die Arbeitszeiten gar nicht an. Wichtig ist nicht, wie lange der Arbeitnehmer im Betrieb ist, sondern allein, welchen Wert er in der Stunde schafft. Weil die deutschen Arbeitnehmer mit ihren Maschinen in der Stunde mehr produzieren als die Kollegen in Polen oder in der Ukraine, können sie auch früher nach Hause gehen. Aber das interessiert die Wirtschaftsverbandsfunktionäre nicht, die in der Welt herumziehen und Deutschland schlecht reden, als hätten sie von Produktivität und Lohnstückkosten noch nie etwas gehört. Und dass Deutschland wegen seiner hohen Qualität bei wettbewerbsfähigen Lohnstückkosten Exportweltmeister wurde, verschweigen sie, oder verstehen es nicht.

Einer der vielen Befürworter der Arbeitszeitverlängerung ohne Lohnausgleich ist Wolfgang Franz, Volkswirt und Mitglied des Sachverständigenrates zur Begutachtung der gesamtwirtschaftlichen Entwicklung. Er schreibt in der *Financial Times Deutschland*: »Die mit der Arbeitszeitverlängerung einhergehende Senkung der Stundenlöhne, einschließlich des Wegfalls von Überstundenzuschlägen, hat für sich genommen Preissenkungen zur Folge, dafür sorgt schon der Wettbewerbsdruck. Dadurch erhöhen sich die Kaufkraft der Arbeitnehmer sowie die internationale Wettbewerbsfähigkeit. Beides führt zu einem steigenden Arbeitseinsatz, jedoch wird dieser zu einem beachtlichen Teil bereits von den Beschäftigten in Form ihrer verlängerten Arbeitszeit geleistet. Gleichwohl sind positive Effekte sehr wohl möglich, von allzu euphorischen Erwartungen ist indes abzuraten.« Immerhin vermutet der Wirtschaftsweise, dass der unterstellte steigende Arbeitseinsatz zu einem beachtlichen Teil von denen geleistet wird, die länger arbeiten müssen. Irgendwie ahnt Wolfgang Franz, dass seine Logik – wenn alle länger arbeiten, werden neue Arbeitskräfte eingestellt – nicht aufgeht. Deshalb formuliert er gewunden, positive Effekte seien sehr wohl möglich. Aber weil er auch da unsicher ist, relativiert er seine Aussage weiter und sagt: »Von allzu euphorischen Erwartungen ist indes abzuraten.« Erschöpft lässt man die Zeitung sinken und sagt sich, auch bei der Verlängerung der Arbeitszeit eines neoliberalen Professors ist von allzu euphorischen Erwartungen abzuraten.

Die übergroße Anstrengung der deutschen Industrie, über Lohnzurückhaltung die Lohnstückkosten zu senken, entwickelt sich zu einem Sprengsatz für die Europäische Währungsunion. Die Zahlen sind wirklich alarmierend. Von 1995 bis 2003 sind die Lohnstückkosten in Deutschland um zwei Prozent, im Durchschnitt bei den Ländern der Europäischen Währungsunion um zwölf Prozent, in Italien um 21 Prozent, in den Niederlanden um 28 Prozent und in Spanien um 32 Prozent gestiegen. Das Ergebnis kann man an der Handelsbilanz ablesen. Im Vergleich zum Durchschnitt der Jahre 1990 bis 1994 hat sich der Handelsbilanzüberschuss Deutschlands gegenüber den anderen Ländern der Europäischen Währungsunion im Jahre 2003 auf 66 Milliarden Euro vervierfacht. Deutschland, die größte Volkswirtschaft der Währungsunion, wird zu einer starken Belastung der europäischen Wirtschaft. Unser Lohndumping zwingt die Nachbarn ähnlich zu handeln – und ist damit die wichtigste Ursache für die seit Jahren andauernde Schwäche der europäischen Wirtschaft.

Auf die Idee, dass ihre Schlauheit, sich durch längere Arbeitszeiten bei gleichem Lohn Kostenvorteile zu verschaffen, vom Ausland kopiert werden könnte, kommen die Wirtschaftslobbyisten nicht.

Mehrere Untersuchungen haben gezeigt: Die Arbeitszeitverlängerung ohne Lohnausgleich ist kein Rezept, um aus der Krise herauszukommen. Was sich jeder Betriebsrat an seinen fünf Fingern abzählen kann – wenn die Belegschaft für den gleichen Lohn länger arbeitet, dann werden einige Kollegen überflüssig und verlieren ihren Arbeitsplatz –, belegen nicht nur Berechnungen der Bundesagentur für Arbeit, sondern auch Untersuchungen der Wall-Street-Firma Citigroup. Und die ist nun wirklich eine unverdächtige Zeugin. Eine Verlängerung der durchschnittlichen Wochenarbeitszeit von 37,8 auf 40,4 Stunden bei gleichem Lohn wür-

21

de nach diesen Berechnungen bis zum Jahr 2008 zu einem Verlust von fast 800 000 Arbeitsplätzen führen. Erst nach diesem Zeitpunkt seien Beschäftigungszuwächse möglich. So als wären fünf Millionen Arbeitslose mit der Arbeitszeit null nicht genug, unternehmen die deutschen Eliten gewaltige Anstrengungen, um die Arbeitslosigkeit weiter zu steigern. Den Nagel auf den Kopf traf eine Karikatur, die im Berliner *Tagesspiegel* zu sehen war. Zwei Arbeitslose sitzen auf einer Bank. Der eine sagt zu dem anderen: »Wenn's ganz dicke kommt, dann sind wir bald 42 statt 40 Stunden pro Woche arbeitslos.«

Das Betriebsklima ist in der neoliberalen Ära frostiger geworden. Aus Angst, den Arbeitsplatz zu verlieren, verzichteten die deutschen Arbeitnehmer 2004 im Durchschnitt auf 2,2 Urlaubstage. Das sind umgerechnet 75,1 Millionen freie Tage. Neun Milliarden Euro schenkten die Beschäftigten durch Urlaubsverzicht somit ihren Betrieben. Unbezahlte Mehrarbeit senkt die Stundenlöhne. Die von den Unternehmern geforderte Arbeitszeitverlängerung ohne Lohnausgleich läuft also bereits auf freiwilliger Basis. Auch der Krankenstand in den deutschen Büros und Fabriken war im Jahr 2004 um acht Prozent geringer als im Jahr zuvor. Die Wirtschaft wurde so um eine weitere Milliarde Euro entlastet. Während im Westen der Bundesrepublik Deutschland der niedrigste Krankenstand seit Einführung dieser statistischen Berechnung im Jahr 1974 festgestellt wurde, meldete wiederum die Bundesagentur für Arbeit, dass jeder dritte Arbeitslose krank sei. Und diese Krankheiten minderten in der Folge die Chancen der Erwerbslosen, einen Arbeitsplatz zu finden.

Die Phantasie der Manager, die Lohnkosten weiter zu drücken, kennt aber keine Grenzen. So forderte der Automobilhersteller Opel, der einige Monate zuvor in beispielhafter Weise noch Entlassungen durch Arbeitszeitverkürzungen bei entsprechender Lohnminderung vermeiden konnte, im Herbst 2004 Nullrunden bis zum Jahr 2009. Gleichzeitig sollte die Wochenarbeitszeit bei unverändertem Lohn von 35 Stunden auf 40 Stunden heraufgesetzt werden. Erschwerniszulagen sollte es nicht mehr geben, Weihnachts- und Urlaubsgeld sollten gekürzt und die Zuschläge für Spät- und Nachtschichten abgeschafft werden. Kosten könne man auch sparen, so wurde weiter erklärt, wenn die Bandgeschwindigkeit erhöht und Produktionsstörungen auf Pausen angerechnet werden würden.

Ein paar Wochen später ließ Opel die Katze aus dem Sack: 10 000 von 32 000 Arbeitsplätzen sollten in Deutschland abgebaut werden. Die Belegschaft in Bochum begann das Werk lahm zu legen und traf sich zu »Informationsveranstaltungen«. Die Produktion von Opel in ganz Europa war jedoch auf Teile aus Bochum angewiesen. Die IG Metall kam unter Druck. Sie konnte aus rechtlichen Gründen den wilden Streik nicht gutheißen. Da noch Friedenspflicht bestand, mahnte sie zur Besonnenheit und forderte die Arbeiter auf, an die Bänder zurückzukehren. Aber die Arbeiter waren wütend und enttäuscht. Sie hatten Angst und drohten, in Zukunft extreme Parteien der Linken oder Rechten zu wählen.

Schuld an der Entwicklung, darin sind sich jetzt alle Kommentatoren einig, ist die falsche Modellpolitik der vorangegangenen Jahre. Opel hatte oft die Chefs gewechselt, einige von ihnen blieben nur ein paar Monate. Die Arbeitnehmer machen den ehemaligen Chefeinkäufer Ignazio Lopez für das Desaster verantwortlich: »Auch wenn die Autos hinterher klapperten, wir mussten den Schrott einbauen, den der Lopez bestellt hat«, sagten sie. Der Betriebsratsvorsitzende des Kaiserslauterner Opel-Werkes, Alfred Klingel, sagte beim Aktionstag der Opelaner in der Pfalz: »Wir hatten Anfang der neunziger Jahre beim Katalysator die Nase vorn und erreichten einen Marktanteil von 17 Prozent.« Die Hinwendung der Autofahrer zum Dieselmotor aber habe das Unternehmen verschlafen: »Bereits 1998 hatten wir im Aufsichtsrat bei dem Modell Zafira den Dieselmotor reklamiert.«

Genau an dieser Stelle wird die Fehlentwicklung sichtbar, zu der die neoliberale Denkungsart in den Betrieben führt. Statt auf die stetige Verbesserung der Produkte zu setzen, verausgaben sich viele Manager beim phantasielosen Kostensenken. Statt ein Klima des Vertrauens zu schaffen und die Mitarbeiter zu motivieren, drohen viele Vorstände den Belegschaften und versuchen sie zu erpressen. Den nationalen und internationalen Wettbewerb besteht man aber nicht allein durch Kostensenkung, sondern vor allem dadurch, dass man bessere Autos baut. Bei den Verlusten, die Opel angeblich in Deutschland macht, ist Vorsicht geboten. Die Konzernmutter hat einen großen Spielraum festzulegen, an welchen Produktionsstandorten Gewinne und Verluste gemacht werden. Sie sagt beispielsweise, wo die Entwicklungskosten in welcher Höhe anfallen, und sie bestimmt die Preise, zu denen die deutschen Fabriken von anderen Werken von General Motors ihre Teile beziehen und zu welchen Preisen sie ihre eigenen Erzeugnisse abgeben müssen. Der ehemalige Betriebsratsvorsitzende des Bochumer Opel-Werks, Peter Jaszczyk, will mit einigen Kollegen eine Schadensersatzklage gegen den Mutterkonzern General Motors einreichen: Opel habe überhöhte Preise für Teile aus anderen Werken bezahlen müssen. Es ist ein beliebtes Spiel der multinationalen Konzerne, Gewinne zu Lasten der Steuerzahler und zum Nutzen und Frommen des Unternehmens ins Ausland zu verlagern.

Wie das im Shareholder-Value-Kapitalismus heute so zugeht, hatte der Boss von GM, Rick Wagoner, demonstriert. Nachdem der Gewinn seines Konzerns im Jahr 2003 3,8

Milliarden Dollar betrug, gab er für das dritte Quartal 2004 einen Gewinn von 440 Millionen Dollar an. Aber da die Wall Street sehr enttäuscht war, musste er Leute rauswerfen, um den Aktienkurs zu steigern. Wichtig ist es, an dieser Stelle darauf hinzuweisen, dass die Belegschaft dem forcierten Ausbau der Kapazität der Opel-Werke in Deutschland immer widersprochen hat. Dies beweist, die Mitarbeiter wissen oft besser als ihre Chefs, welche unternehmerischen Entscheidungen im Interesse des Betriebs notwendig sind. Zudem fragten die Bochumer, warum das neue Opel-Werk im polnischen Gleiwitz mit EU-Subventionen gebaut worden sei. »So finanzieren wir mit unseren Steuern die Vernichtung der eigenen Arbeitsplätze«, sagten die Kumpels. Die Polen hätten den Amis Jagdflugzeuge bei Lockheed abgekauft und seien brav mit Bush in den Irak-Krieg gezogen. Dafür habe er das Werk in Gleiwitz bekommen. Das Fernsehmagazin *Monitor* hatte im Juli 2003 von einem Deal berichtet, der folgendermaßen aussah: Polen kauft von den USA 48 Kampfjets vom Typ F16. Die dafür benötigten 3,5 Milliarden Dollar wurden als Kredit von Washington zur Verfügung gestellt. Im Gegenzug sollen amerikanische Unternehmen sechs Milliarden Dollar in Polen investieren. Um das zu ermöglichen, hatte Lockheed, der Hersteller der Kampfflugzeuge F16, rund hundert Millionen Dollar an General Motors überwiesen. Die beiden Konzerne haben dieses Vorgehen später bestätigt.

Am Ende der Verhandlungen zwischen GM und dem Opel-Betriebsrat stand ein Kompromiss. Wie verlangt, werden 10 000 Arbeitsplätze in Deutschland abgebaut. Etwa eine Milliarde Euro zahlt das Unternehmen für Abfindungen und die Einrichtung von Beschäftigungsgesellschaften, zirka 6000 Mitarbeiter werden in diesen Beschäftigungsgesellschaften ihren Lohn weiterbeziehen und sich für einen neuen Job ausbilden lassen müssen. General Motors hat damit das Ziel – die Einsparung von 500 Millionen Euro im Jahr – bei ihrer deutschen Tochter jedenfalls erreicht. Was längerfristig aus den Mitarbeitern wird, weiß niemand.

Das Schicksal der Opel-Mitarbeiter müsste für die deutsche Politik ein Anlass sein, ähnlich wie die französische Regierung, auf den Aufbau nationaler Champions hinzuwirken. Das ist zwar im Hinblick auf einen funktionierenden Wettbewerb und die Notwendigkeit, die Kartellbehörden zu stärken, nur eine zweitbeste Lösung. Aber im Zweifel ist es immer von Vorteil, wenn die Konzernzentralen in Deutschland sitzen. Nach diesem Prinzip habe ich auch einst als saarländischer Ministerpräsident gehandelt. Wesentliche Entscheidungen in der heimischen Stahlindustrie konnten nur mit Zustimmung der saarländischen Anteilseigner getroffen werden. Ohne diese Vorgehensweise wären die Arbeitsplätze bei Saarstahl längst den Intrigen konkurrierender Stahlunternehmen zum Opfer gefallen.

Opel ist nur ein Beispiel von vielen. Siemens und DaimlerChrysler sind ebenfalls in diese Richtung vorgeprescht. Sie haben ihren Leuten für zweifelhafte Beschäftigungsgarantien Lohn- und Gehaltskürzungen abgepresst. In den Medien werden sie für diese bahnbrechenden Reformen gefeiert.

So verleiht beispielsweise die *Frankfurter Allgemeine Sonntagszeitung* zusammen mit der »Initiative Neue Soziale Marktwirtschaft« den Titel »Reformer des Jahres«. Der Preis wurde im Jahr 2003 zum ersten Mal an den Steuerreformer und ehemaligen Verfassungsrichter Paul Kirchhof verliehen. Dessen Steuerreformmodell hätte die Reichen und Vermögenden deutlich besser gestellt. Im November 2004 wurde ein neuer Preisträger gesucht. Neben prominenten »Reformern« wie Schröder, Clement, Merz, Rürup oder Wulff wurde auch Heinrich von Pierer vorgeschlagen. Die Begründung: »Zum ersten Mal brach ein deutsches

Großunternehmen das Tabu der 35-Stunden-Woche. Das muss als historische Zäsur gewertet werden. Pierers Pioniertat wurde zum Vorbild von vielen anderen Konzernen der Automobilindustrie. Auch bei DaimlerChrysler wurde Wochen später ein Standortsicherungsvertrag abgeschlossen, der in Teilen die 40-Stunden-Woche vorsieht.« Der Text ist in der neoliberalen Neusprache abgefasst und täuscht den unbefangenen Leser. Schon vor der »Pioniertat« haben die Arbeitnehmer bei Siemens und DaimlerChrysler länger als 35 Stunden in der Woche gearbeitet, oft auch länger als 40 Stunden. Die 35-Stunden-Woche war für die fleißigen deutschen Arbeitnehmer nie ein Tabu. Es ging von Pierer und denen, die ihm folgten, nur um die Lohnhöhe, also darum, wie viel letztlich für 35 Stunden bezahlt wird. Bisher gab es mehr Geld, wenn länger gearbeitet wurde. Das haben Deutschlands Reformer nun abgeschafft. Wäre der Text in der Sprache des Volkes geschrieben worden, dann hätte er wahrheitsgemäß gelautet:»Von Pierer hat eine Lohnkürzung durchgesetzt. Und wenn man berücksichtigt, dass der Lohnkostenanteil bei der Handy-Fertigung (in Kamp-Linfort), um die es in diesem Manöver ging, unter 5 Prozent liegt, dann hätte der ehemalige Siemens-Chef den Titel »Betrüger des Jahres« verdient. Es ist eine bodenlose Unverschämtheit, bei einem solch geringen Anteil der Löhne an den Gesamtkosten mit einer Betriebsverlagerung ins Ausland zu drohen, weil die Löhne bei uns zu hoch seien. Das Rennen als ›Reformer des Jahres 2004‹ machte der CDU-Politiker Friedrich Merz. Sein Vorschlag, den Spitzensteuersatz noch einmal von 42 Prozent auf 36 Prozent zu senken, gefiel den Lesern der *Frankfurter Allgemeinen Sonntagszeitung* am meisten.«

Siemens steigerte seinen Gewinn im dritten Quartal 2004 um 29 Prozent auf 1,24 Milliarden Euro. DaimlerChrysler verbesserte im ersten Halbjahr 2004 den operativen Gewinn um 77 Prozent auf 3,6 Milliarden Euro. Es versteht sich, dass Spitzenpolitiker quer durch die Parteien der Wirtschaft nach dem Munde redeten. Wie die Wirtschaftsbosse priesen auch Merkel, Stoiber, Clement und Westerwelle längere Arbeitszeiten bei gleichem Lohn als einen Weg aus der Wachstumskrise.

Man kann die Belegschaften, Betriebsräte und Gewerkschaften nur davor warnen, in den meist auf dem Weg der Erpressung durchgesetzten Beschäftigungsgarantien und Standortsicherungsverträgen einen Ersatz für die ausbleibenden Erfolge in der Tarifpolitik zu sehen. Zwar sagen die Unternehmen den Verzicht auf betriebsbedingte Kündigungen zu, aber Voraussetzung ist immer, dass es nicht zu wirtschaftlichen Verwerfungen kommt. Die Betriebsräte erhalten in den Verträgen Zusagen über die Höhe der jährlichen Investitionen und der Forschungsausgaben. Es muss sorgfältig geprüft werden, ob alle Verabredungen nicht ein Linsengericht sind. Wenn die Wirtschaft läuft, kommt es nicht zu betriebsbedingten Kündigungen, und zudem muss ohnehin immer investiert und geforscht werden. Zu groß ist die Versuchung für schlaue Manager, in Beschäftigungssicherungsverträgen Maßnahmen zuzusagen, die sie sowieso vorhatten, um auf diese Weise Lohnkürzungen durchzudrücken. Tariferhöhungen im Rahmen von Produktivitätszuwachs und Preissteigerung sind und bleiben die besten Beschäftigungssicherungsverträge.

Abbau des Sozialstaates

Bei so viel Zumutungen für Arbeitnehmer und Rentner können die Arbeitslosen und Sozialhilfeempfänger nicht verschont bleiben. Mit Hartz IV wurde der große Knüppel rausgeholt. Geschickt nutzten die deutschen »Reformer« die bei den aktiv Beschäftigten vorhandenen Vorbehalte und Vorurteile gegenüber Arbeitslosen und Sozialhilfeempfängern aus. Viele Meinungsbefragungen ergeben, dass es populär ist, Druck auf Faulenzer und Sozialschmarotzer auszuüben, die es sich nach Meinung vieler in der sozialen Hängematte bequem eingerichtet haben. Etwa zwei Drittel der Bevölkerung sind der Meinung, die Mehrheit derjenigen, die Arbeitslosenunterstützung oder Sozialhilfe bekommen, könnte sehr wohl arbeiten, wolle es aber nicht. Das ist ein Erfolg der neoliberalen »Aufklärung«.

»Fördern und Fordern« heißt die neue Parole. Wer angebotene Arbeit nicht annimmt, dem soll die Stütze gekürzt werden. Die Betroffenen sollen zukünftig auch unter Tarif bezahlte Arbeit verrichten. Die Gewerkschaften hatten sich – ebenso wie eine Hand voll Bundestagsabgeordnete um den Saarländer Ottmar Schreiner – vergeblich gegen diese Zumutungen gewehrt.

Der Hammer aber ist die faktische Abschaffung der Arbeitslosenhilfe. Um den Sachverhalt zu verschleiern, spricht man von einer Zusammenlegung der Arbeitslosenhilfe mit der Sozialhilfe und nennt die Stütze nun also Arbeitslosengeld II. Als sie das entsprechende Gesetz beschlossen, übersahen die Abgeordneten des Deutschen Bundestages großzügig die völlig andersartige Funktion dieser beiden sozialen Transferleistungen. Während die Arbeitslosenhilfe an das Arbeitslosengeld anschließt und ausdrücklich für Menschen gedacht ist, die gearbeitet und längere Zeit keine Beschäftigung gefunden haben, ist die Sozialhilfe aus der Armutshilfe hervorgegangen. Weil das lange Zeit unbestritten war und weil zudem die Zusammenlegung von Arbeitslosen- und Sozialhilfe ein Lieblingsprojekt der Wirtschaftsverbände, der CDU/CSU und der FDP war, hatten sich die Sozialdemokraten in vielen vorherigen Wahlkämpfen von diesem Vorhaben distanziert. Sie hielten es insbesondere für eine Demütigung, ältere Arbeitslose, die jahrzehntelang in die Sozialversicherung eingezahlt haben, auf die Sozialhilfe zu verweisen. Der Standardsatz sozialdemokratischer Wahlkämpfer vor Hartz IV hieß: »Es ist unwürdig, Menschen, die ein Leben lang gearbeitet und in die Arbeitslosenversicherung eingezahlt haben, aufs Sozialamt zu schicken.« Wie ungerecht das ist, rechnete die Gewerkschaft Nahrung-Genuss-Gaststätten (NGG) für Arbeitnehmer der Nahrungsmittelindustrie vor, die 2200 Euro brutto im Monat verdienen. Danach zahlen diese – der Arbeitgeberanteil muss dazugerechnet werden, da er Lohnbestandteil ist – 1717 Euro im Jahr in die Arbeitslosenkasse. Das sind, wenn man die Zahlen abrundet, 34 000 Euro in zwanzig Jahren, 51 000 Euro in dreißig Jahren und 60 000 Euro in fünfunddreißig Jahren. Bei einem Arbeitslosengeld für zwölf Monate erhalten sie 10 000 Euro zurück. Derjenige, der zwanzig Jahre eingezahlt hat, hat einen Verlust von 24 000 Euro. Wer dreißig Jahre eingezahlt hat, muss ein Minus von 41 000 Euro verbuchen, und demjenigen, der fünfunddreißig Jahre eingezahlt hat, fehlen 50 000 Euro.

Welch ein Geschrei würden die so genannten deutschen Eliten erheben, wenn ihnen solch ein Unrecht geschähe. Und kann man sich vorstellen, dass die Abgeordneten des Deutschen Bundestages ein Übergangsgeld von 10 000 Euro akzeptieren würden, mit anschließender Berechtigung, Arbeitslosengeld II zu beziehen, wenn sie vorher 60 000 Euro in eine entsprechende Kasse eingezahlt hätten? Nicht genug damit. Man nimmt denjenigen, die nach einem langen Arbeitsleben 60 000 Euro eingezahlt haben, nicht nur 50 000 Euro weg, sondern man zwingt sie auch, wenn sie Arbeitslosengeld II beziehen wollen, an ihre Ersparnisse zu gehen. Lebensversicherungen müssen zu einem niedrigen Rückkaufswert verscherbelt und andere Vermögensgegenstände veräußert werden. Gleichzeitig sagt man aber den Arbeitslosen, sie sollten Vorsorge für ihr Alter treffen, weil die gesetzliche Rente immer geringer ausfallen wird. Die Leute werden durch diese Enteignungspolitik der Berliner Allparteienkoalition doppelt betrogen. Dieses Enteignungsgesetz muss wieder aufgehoben werden.

Ein Beispiel aus dem bundesdeutschen Alltag macht das deutlich: Ein 54-jähriger Mann, der über vierzig Jahre gearbeitet hat und dann arbeitslos wurde, beantragte Arbeitslosengeld II. Seine Frau ist teilzeitbeschäftigt. Das Ehepaar hat einen 14-jährigen Sohn. Das Arbeitslosengeld wurde dem Vater verweigert, weil der Sohn einen Bausparvertrag hat. Dieser müsse erst gekündigt werden, er würde ja immerhin 12 000 Euro bringen. Stütze würde es dann geben, wenn das Geld aufgebraucht ist. Zusätzlich wurde dem Mann mitgeteilt, dass er ab dem 1. Januar 2005 nicht mehr krankenversichert sei, er müsse sich selbst versichern. Die Familie dieses Arbeitnehmers hat seitdem 800 Euro im Monat weniger.

Das sei leider so bei Versicherungen, sagen die Befürworter der brutalen Kürzung des Arbeitslosengeldes und der Arbeitslosenhilfe. Schließlich sei die Versicherung keine Sparkasse, bei der man sein Geld wiederbekäme. Aber Versicherungen, die im Ernstfall eine Leistung bringen, die weit unter den eingezahlten Beiträgen liegt, verstoßen gegen die guten Sitten. Eine Verbindung zwischen der Arbeitslosenunterstützung und der Höhe und Dauer der eingezahlten Beiträge muss es geben.

Zur politischen Lage in Deutschland gehört die Erfahrung der Bevölkerung, dass Wahlkampfversprechen der im Bundestag vertretenen Parteien wertlos sind. In immer kürzeren Abständen werden sie mit den fadenscheinigsten Argumenten gebrochen. Kein Wunder, dass das Vertrauen der Menschen in Politiker und politische Parteien massiv beschädigt ist. Immer häufiger hört man: »Wir gehen nicht mehr zur Wahl, weil wir nicht mehr wissen, wen wir wählen sollen.«

Und in der Tat vertreten sämtliche Bundestagsparteien eine »Reformpolitik«, deren Ideen und Zielsetzungen von den Interessenverbänden der Wirtschaft, von wirtschaftsnahen Stiftungen und Unternehmensberatungsfirmen ausgearbeitet werden. Die SPD-Wähler erleben eine völlig verwandelte Partei, die ihnen erklärt, alles, was sie ihnen bisher erzählt habe, sei falsch. Die vorher heftig bekämpften Vorstellungen der bürgerlichen Parteien wären nun doch richtig. Ohne dass es zu einem öffentlichen Aufschrei gekommen ist, verkünden diejenigen, die den Sozialabbau der Regierung Kohl in mehreren Wahlkämpfen verurteilt haben, die ehemals als soziale Grausamkeit bezeichneten Einschnitte der Regierung des Pfälzers ins soziale Netz seien völlig unzureichend und schlichtweg nicht rabiat genug gewesen. Jetzt müsse man die Versäumnisse der Ära Kohl aufarbeiten, um Deutschland fit für die Zukunft zu machen.

Wirtschaftspolitik für die Reichen

Die Wirtschaftspolitik der Regierung Schröder hat sich seit 1999 vollends der neoklassischen Angebotstheorie verschrieben, die auch von den Oppositionsparteien CDU/CSU und FDP vertreten wird. Eine Grundannahme angebotsorientierter und nachfrageorientierter Wirtschaftspolitik ist identisch: In erster Linie entscheiden die Gewinnerwartungen der Unternehmen, ob Investitionen getätigt werden und neue Arbeitsplätze entstehen. Im Gegensatz zu den Anhängern der nachfrageorientierten Wirtschaftspolitik glauben die Jünger der angebotsorientierten Schule, freie Märkte regulierten sich selbst und tendierten grundsätzlich zu einem stabilen Gleichgewicht. Marktwidrige Eingriffe, vor allem solche des Staates, würden nur stören und sollten daher vermieden werden. Die Anhänger der nachfrageorientierten Wirtschaftspolitik sehen das anders. Nach ihrer Auffassung reguliert die Marktwirtschaft sich nicht selbst, sondern sie unterliegt ständigen Nachfrageschwankungen, die zu einem Auf und Ab bei Produktion und Beschäftigung führen. Der Staat müsse daher gegensteuern, um die Schwankungen bei Nachfrage, Beschäftigung und Investitionen auszugleichen. Den Propheten der angebotsorientierten Wirtschaftspolitik, die man in Amerika *supply-side economics* nennt, sind staatliche Eingriffe dagegen ein Gräuel. Sie bekämpfen mit aller Macht größere staatliche Anteile an der Wirtschaft sowie eine hohe Staatsverschuldung. Sie sind gegen Umweltauflagen und gegen Schutzrechte für Arbeitnehmer. Ein Dorn im Auge ist ihnen besonders der ausufernde Sozialstaat. Und die Steuern sind ihnen grundsätzlich zu hoch. Wenn die Wirtschaft von dem vorher erwähnten Ballast befreit werde, dann würden die Marktkräfte entfesselt, die Wirtschaft käme in Schwung und es entstünden endlich mehr Arbeitsplätze. Also fordern sie täglich: runter mit den Steuern, runter mit den Sozialausgaben, runter mit den Löhnen.

Mehr oder weniger bestimmt diese Melodie des Neoliberalismus seit dem »Lambsdorff-Papier«, das im Jahr 1982 zum Platzen der sozial-liberalen Koalition des Kanzlers Helmut Schmidt führte, die Wirtschaftspolitik der Bundesrepublik Deutschland. Obwohl ununterbrochen politische Entscheidungen im Sinne dieser Heilsbotschaft getroffen werden, bleibt seit über zwanzig Jahren der erhoffte Erfolg aus. Die Arbeitslosigkeit sinkt nicht, sondern sie steigt immer weiter an. Das scheint den Anhängern der angebotsorientierten Wirtschaftspolitik egal zu sein, gehören sie doch fast ausschließlich zu den Gewinnern der mit dieser Politik verbundenen Umverteilung von unten nach oben. Neben den Vertretern der Wirtschaft, der Politik und der Medien sind auch Nationalökonomen und Betriebswirte mit von der Partie. Professoren können beachtliche Nebeneinnahmen verbuchen, wenn sie die Glaubenssätze der angebotsorientierten Wirtschaftspolitik vom Katheder predigen oder über die Medien verbreiten. Die Gründe für diese Entwicklung hatte der amerikanische Starökonom Paul Krugman auf den Punkt gebracht. Er stellte fest: Die »törichten Vorstellungen (der angebotsorientierten Wirtschaftspolitik) nähme mit Sicherheit kaum jemand ernst, stünden sie nicht den Interessen der Reichen so nahe und würden sie von diesen über die einschlägigen Medien nicht systematisch im Gespräch gehalten«.

Besser kann man die deutsche Reformdebatte nicht erklären. Geld regiert die Welt, sagt der Volksmund. Die Interessen der Reichen bestimmen, was an den deutschen Universitäten im Fach Volkswirtschaftslehre unterrichtet wird, so ist Paul Krugman zu verstehen. Bei der Neubesetzung von Lehrstühlen der Volkswirtschaftslehre wäre es für Deutschland ein großer Fortschritt, wenn Wissenschaftler berufen würden, die wüssten, was das weltweit am meisten verbreitete Standardwerk der Volkswirtschaftslehre von den Nationalökonomen Paul A. Samuelson und William D. Nordhaus zur Rolle des Staates in der Wirtschaft feststellt. Dort heißt es nämlich: »Das vorherrschende Wirtschaftssystem in modernen, entwickelten industriellen Wirtschaften ist das gemischte Wirtschaftssystem, bei dem der Markt die meisten Einzelpreise und Produktionsmengen bestimmt, während der Staat die Gesamtwirtschaft durch Steuerprogramme, Ausgabenpolitik und Geldmarktregulierungen lenkt.«

Beobachtet man die öffentliche Debatte, dann stellt man fest, dass eine Seilschaft gegenseitigen Gebens und Nehmens den Ton in der deutschen Wirtschaftspolitik angibt. Und da die Mitglieder dieses Clubs durch höhere Gewinne, Einkommen und Vermögen von der Irrlehre der neoliberalen Umverteilung von unten nach oben profitieren, stören sie die massiven Kollateralschäden wie steigende Armut und höhere Arbeitslosigkeit nicht. Indem sie die Binnennachfrage strangulieren und die Konjunktur abwürgen, schaffen sie erst die Voraussetzungen dafür, einer immer stärker verunsicherten Bevölkerung ständig neue Sozialabbaupläne zu präsentieren. Die neoliberalen Ärzte sorgen zuerst für die Krankheit, um ihre falsche Arznei umso besser verkaufen zu können. Und damit der Absatz floriert und nicht zum Erliegen kommt, heißt ihr Lieblingssatz: »Nach der Reform ist vor der Reform.« Auf die Rentenkürzung folgt die Lohnkürzung, die wiederum zu einer niedrigeren Rente führt. Auf die Kürzung des Arbeitslosengeldes die Abschaffung der Arbeitslosenhilfe. Auf die Praxisgebühr die steigende Selbstbeteiligung der Kranken an der Finanzierung des Gesundheitswesens. Und so geht das seit vielen Jahren. Schon der ehemalige Arbeitsminister Norbert Blüm hatte einst verkündet, er habe pro Jahr 50 Milliarden Euro bei den Sozialausgaben eingespart. Die entsprechende »Erfolgsbilanz« der rot-grünen Koalition steht noch aus, aber ihre Matadore wissen: Kohl war viel zu zaghaft beim Abbau des Sozialstaates. Erst Rot-Grün hat den dadurch entstandenen Reformstau aufgelöst. Das Wort »Reformstau« ist übrigens ein Paradebeispiel für die hochwirksamen Kampfbegriffe des Neoliberalismus, auf die ich noch zu sprechen komme. Sie werden von braven Abgeordneten unkritisch übernommen und bestimmen die Richtung der Politik.

Mit dem Geld der Wirtschaft wird die neoliberale Irrlehre über die Medien ständig unters Volk gebracht. Ein herausragendes Beispiel ist die bereits erwähnte »Initiative Neue Soziale Marktwirtschaft«, deren Kuratorium der ehemalige Bundesbankpräsident Hans Tietmeyer vorsitzt. Als Abteilungsleiter im Wirtschaftsministerium hatte er das »Lambsdorff-Papier« mitgeschrieben. Das Geld für die Initiative kommt vom Arbeitgeberverband Gesamtmetall. Als Startkapital stellte er 50 Millionen Euro zur Verfügung. Der Verein beruft sich auf den Ökonomen und CDU-Politiker Ludwig Erhard und befürwortet Eigeninitiative, Leistungsbereitschaft und Wettbewerb. Aus Erhards politischem Programm »Wohlstand für alle« machte er »Chancen für alle«.

Damit wurde unfreiwillig offenbart, was sich grundsätzlich geändert hat. Erhard wollte wirklich Wohlstand für alle. Die Jünger der angebotsorientierten Irrlehre sprechen dagegen lieber von »Chancen für alle«. Und zwar aus einem einfachen Grund: Übersetzt in ihre Vorstellung heißt das natürlich: »Wer seine Chancen nicht nutzt, ist selbst schuld.« Die Initiative ist ein Musterbeispiel für die Tarnungen und Täuschungen, mit denen der Neoliberalismus arbeitet. Die korrekte Bezeichnung für diesen Club zur Förderung von Steuersenkung und Sozialabbau müsste eigentlich »Initiative Asoziale Marktwirtschaft« lauten.

Ein ebenso herausragender Verein zur Schwächung des Sozialstaates ist der Bund der Steuerzahler. Um zu verschleiern, dass Deutschland, trotz der rund 80 Milliarden Euro, die jährlich für den Aufbau Ost aufgebracht werden, mit seiner Abgabenquote von 36,2 Prozent – so die letzte Berechnung der OECD – im Mittelfeld der Industriestaaten liegt, setzt der Bund der Steuerzahler eine Abgabenquote von 54 Prozent in die Welt. Diese ist jedoch nicht auf das Bruttoinlandsprodukt bezogen, das im Jahr 2004 2178 Milliarden Euro betrug, sondern auf das Volkseinkommen von 1616 Milliarden Euro. Mit der auf diese Weise gewonnenen Zahl erweckt der Bund der Steuerzahler den Eindruck, den Bürgern werde vom bösen Staat mehr als die Hälfte ihres mit Fleiß erarbeiteten Einkommens weggenommen. Und natürlich verprasst der bürokratische ineffiziente Staat nach Meinung des Steuerzahlerbundes das Geld sinnlos. Aber sind Kindergärten, Schulen, Universitäten, Krankenhäuser, Straßen und Schienen nicht auch Besitz der Bürger? Und sind Beiträge zur Rentenversicherung etwa zum Fenster hinausgeworfenes Geld?

Es wäre richtig, wenn die Gewerkschaften den von den Unternehmen gesponserten Vereinen zur Förderung von Lohndumping, Sozialabbau und Steuersenkung eine eigene Initiative gegenüberstellen würden. Gleich jener Vorhut der Wirtschaftsverbände könnten sie in Zeitungsannoncen über die Lügen der neoliberalen Reformpolitik informieren und für Gegenvorschläge werben. So wie die »Initiative Neue Soziale Marktwirtschaft« Ministerpräsidenten des Jahres auslobt, die brav die neoliberalen Glaubenssätze herunterbeten, so könnten die Gewerkschaften Persönlichkeiten auszeichnen, die sich um demokratische und soziale Reformen verdient gemacht haben. Auch die der SPD nahe stehende Friedrich-Ebert-Stiftung könnte in diesem Sinne wirken. Stattdessen hat sie einen Managerkreis ins Leben gerufen, dessen Stellungnahmen dem neoliberalen Zeitgeist folgen.

Wenn Politik für eine Minderheit gemacht wird, dann ist das auf Dauer mit der Demokratie nicht vereinbar. Entweder man flüchtet sich wie die Vereinigten Staaten in eine Scheindemokratie, in der die Wahlbeteiligung immer weiter sinkt und Politik durch Spektakel ersetzt wird – oder es entstehen radikale Parteien, die zum Auffangbecken für Wähler werden, die sich von der offiziellen Politik nicht mehr vertreten fühlen. Die sechzigprozentige Wahlbeteiligung bei der letzten Präsidentenwahl in den USA ist kein Gegenbeweis. Die Bürger wurden mit stark emotionalisierenden Themen, wie der Ehe unter Homosexuellen und der terroristischen Gefahr, an die Urnen getrieben. Solche Wahlkämpfe sind selbstverständlich auch in Deutschland zu machen, aber sie lösen das Problem nicht. Der einfachste Weg, den Zerfall der Demokratie aufzuhalten, ist es, den Wählern wieder eine Politik anzubieten, die die Interessen der Mehrheit des Volkes vertritt.

Nur ab und zu werden in Deutschland kritische Stimmen laut, die Zweifel an der Richtigkeit des Einheitsdenkens formulieren. So las man im Sommer 2004 Erstaunliches im *Handelsblatt*: »In der deutschen Ökonomie hat sich anders als in den USA eine Monokultur herausgebildet, die auf Dauer nur von Nachteil sein kann. Die Angebotstheorie ist an den Unis, in den Instituten und im Sachverständigenrat unangefochten die herrschende Meinung. Oft hat sie die besseren Argumente auf ihrer Seite. (Mit diesem Satz macht der Kommentator die notwendige Verbeugung vor seinen Lesern und seiner Redaktion, um dann fortzufahren:) Doch für den Markt der ökonomischen Ideen gilt wie für jeden anderen Markt: Ein Monopol führt zu ineffizienten Ergebnissen.« Mit anderen Worten: Das Vorherrschen der angebotsorientierten Wirtschaftspolitik in Deutschland ist eine der Ursachen für unsere Wachstumsschwäche.

Wären es nur der Niedergang des wirtschaftlichen Denkens und die daraus folgenden verheerenden Auswirkungen auf die deutsche Wirtschaft, dann wäre das für sich genommen schon schlimm genug. Aber das eigentliche Problem ist, dass alle Lebensbereiche ökonomisiert sind, wie es im offiziellen Berlin ab und zu bei Sonntagsreden heißt. Und in der Tat, die Werteorientierung der deutschen Gesellschaft hat sich im Laufe der Jahre völlig gewandelt. Waren wir einst das Volk der Dichter und Denker, so sind wir jetzt das Land der Kostensenker. Runter mit den Löhnen, tiefe Einschnitte ins soziale Netz, längere Arbeitszeiten, weg mit dem Kündigungsschutz, Privatisierung der Sozialversicherung, Abschaffung der Tarifverträge, Kündigung der paritätischen Finanzierung der Rente, des Arbeitslosengeldes und des Gesundheitswesens, Streichung von Feiertagen – die Parolen der buchhalterischen Dünnbrettbohrer lassen sich endlos fortsetzen.

Der Mentalitätswandel zeigt: Das Denken in materiellen Kategorien bestimmt das geistige und kulturelle Leben der Bundesrepublik Deutschland. Wenn wir beispielsweise mit den Ergebnissen der Pisa-Studie konfrontiert werden, dann wird nicht der Verlust an Allgemeinbildung beklagt, son-

39

dern es wird darüber gejammert, dass wir im internationalen, wirtschaftlichen Wettbewerb zurückfallen.

Die Gesellschaft zerfällt

Da sich Kostensenken mit krämerischem Geist, aber nicht mit Menschenliebe, Nächstenliebe oder Solidarität verträgt, zerfällt der Zusammenhalt der Gesellschaft. Stolz spricht man von einer neuen Generation, der Generation Ich. In der Zunahme der Individualisierung sieht man einen Gewinn an Freiheit. Die Ich-AG wird zum politischen Projekt und die in diesem Wort zum Ausdruck kommende geistige Notdurft beleidigt die Nase vieler Bürger nicht mehr.

Geradezu befreiend empfand ich es, als ich an einem Nachmittag in Saarbrücken über den St. Johanner Markt schlenderte und dort einen Hut auf dem Pflaster liegen sah. Daneben war an einem Stock ein Zettel befestigt mit der Aufschrift »Ich-AG«. Der Scherzbold, dem dieser Gag eingefallen war, saß grinsend am Tisch einer Kneipe und trank mit Genuss ein Glas Wein. Ein paar Cent hatten Passanten schon zur Finanzierung der zukünftigen AG in den Hut geworfen.

Während der Kanzler noch über die Mitnahmementalität der Deutschen schimpfte, nutzten die Arbeitslosen, denen die Kürzung der Arbeitslosenhilfe drohte, die Möglichkeiten der Ich-AG. Plötzlich gingen viele Anträge bei der Bundesagentur für Arbeit ein. Diejenigen, die bisher Arbeitslosen-hilfe bezogen, aber mit einem Partner zusammenlebten, der normal verdient, bekamen nichts mehr. Sehr wohl aber hatten sie die Möglichkeit, eine Ich-AG zu gründen. Das bringt im ersten Jahr 600 Euro pro Monat, 360 Euro im zweiten und 240 Euro im dritten Jahr. Die Bundesagentur für Arbeit braucht dadurch plötzlich viele Millionen Euro mehr. Um den Missbrauch einzudämmen, sollen Gründer zukünftig eine Tragfähigkeitsbescheinigung vorlegen. Und die von der Gründerwelle überrollte Bundesagentur für Arbeit will den Zuschuss von einer Pflicht- in eine Ermessensleistung um-wandeln.

Die allgemeine Stimmung nach der Agenda 2010 und nach Hartz IV gibt ein Gespräch wieder, das ich mit einem Taxifahrer führte. Er verdient sich mit diesem Nebenjob am Wochenende das Geld für den Urlaub seiner Familie und für zusätzliche Neuanschaffungen. Im Hauptberuf arbeitet er bei einem großen saarländischen Produktionsbetrieb. Ich fand das, was er mir sagte, derart spannend, dass ich es fast wörtlich mitgeschrieben habe: So wie es bei uns jetzt da oben zugeht – gemeint ist die Geschäftsführung –, das gab es in unserem Betrieb noch nie. Das ist reiner Menschen-handel. Die jungen Leute werden nur noch mit Zeitverträ-gen abgespeist und schlecht bezahlt. Wenn sie zu mir kom-men, haben sie Tränen in den Augen. Sie sagen, ich kann mir kein Haus bauen, kein Auto kaufen und schon gar nicht eine Familie gründen. Schließlich weiß ich nicht, ob ich in einigen Monaten noch Arbeit habe. Wenn der Chef fragt, ob ich am Samstag oder Sonntag zur Arbeit kommen kann, darf ich nicht Nein sagen. Jede Aussicht auf Weiterbeschäf-tigung wäre dann flöten.

Uns älteren Betriebsangehörigen mit Festanstellung geht es aber auch an den Kragen. Weihnachtsgeld und Urlaubs-geld werden gekürzt, Überstunden werden nicht mehr besonders bezahlt. Wir müssen arbeiten für nix, dann sind die erst zufrieden. Da soll man noch mit Lust und Liebe schaffen gehen.

Ich bin früher mit meiner Frau zweimal im Monat essen gegangen. Jetzt kann ich dies allenfalls noch einmal. Sie müssen mal mit denen reden, die Deutschland nach dem Krieg aufgebaut haben, unseren Rentnern und Trümmerfrauen. Was die über die jetzige Regierung denken, das glauben Sie nicht. Wenn ich mit denen spreche, dann laufen ihnen manchmal die Tränen die Wangen runter.

Ich habe bislang immer SPD gewählt. Das war in unserer Familie Tradition. Eine andere Partei kommt nicht in Frage. Bei der Kommunalwahl habe ich gerade noch SPD gewählt, weil der OB-Kandidat wie ich IG-Metaller war, aber bei der Landtagswahl bin ich wie viele meiner Arbeitskollegen zu Hause geblieben. Tut mir Leid.«

Als dieses Gespräch geführt wurde, befand sich auch die andere große Volkspartei, die in den Monaten zuvor noch aus Protest gegen die Politik der rot-grünen Regierung gewählt wurde, im Sinkflug. Langsam hatte sich herumgesprochen, dass die CDU/CSU im Bundesrat allen Einschnitten ins soziale Netz zugestimmt hatte. Nicht genug damit, in den Verhandlungen des Vermittlungsausschusses gingen den Christdemokraten die Reformvorstellungen der Regierung Schröder nicht weit genug.

Die Praxisgebühr drückten die Unionspolitiker ebenso ins Gesetz wie die Privatisierung des Zahnersatzes. Letztere war ein Lieblingskind der CDU-Vorsitzenden Angela Merkel, die auf diesem Wege ihre Kopfpauschale hoffähig machen wollte. Bei Hartz IV schlugen Oppositionspolitiker vor, die Bedürftigkeitskriterien bei der Anrechnung des Vermögens erheblich zu verschärfen. Und bei dem Punkt der Zumutbarkeit der Arbeit zeigten die Christdemokraten ebenfalls keine Hemmungen. Jede auch noch so schlecht bezahlte Arbeit sollte angenommen werden, sonst würde den Beziehern des zukünftigen Arbeitslosengeldes die Leistung gekürzt werden. Von der Würde eines Menschen hatten diese Volksvertreter keine Vorstellung.

Ein Beispiel, das für viele andere steht, veröffentlichte der *stern* im Oktober 2004. Ein 36 Jahre alter Diplom-Kaufmann hatte wegen Hartz IV der Bundesrepublik Deutschland regelrecht gekündigt. Seine Karriere: Er war erst Offizier gewesen, dann Betriebsleiter, schließlich wurde er arbeitslos und nach der zweihundertsten abgelehnten Bewerbung hörte er auf, seine weiteren Bewerbungsschreiben zu zählen. Im September 2004 wies ihm die Bundesagentur für Arbeit einen Ein-Euro-Job als Reinigungshilfskraft in einem Hallenbad zu. Der Vater von zwei Kindern verkraftete diese Demütigung nicht. Er schrieb dem Bundesminister für Verteidigung:

Hiermit erkläre ich:

1. *Den Widerruf meines 1988 auf die Bundesrepublik Deutschland geleisteten Diensteides.*

2. *Ich weise die Beförderung zum Major der Reserve aus dem Jahr 2002 zurück und lehne die weitere personelle Führung bei militärischen Dienststellen und*

3. *Dienststellen der Wehrverwaltungen der Bundesrepublik Deutschland ab.*

4. *Weiterhin händige ich Ihnen die zu meiner Dienstzeit verliehenen Orden und Ehrenzeichen aus: Ehrenkreuz der Bundeswehr und die Oderflutmedaille des Landes Brandenburg.*

Zur selben Zeit schilderte ein 53-jähriger Bauzeichner in der *FAZ* in einem Leserbrief seine Lage. Er wurde, nachdem er 35 Jahre gearbeitet hatte, davon 28 Jahre in derselben Firma, im Dezember 1999 arbeitslos. Danach hatte er unzählige Bewerbungen geschrieben, an einer Umschulung teilgenommen, ein Praktikum absolviert und im Frühjahr 2004 den Sprung in die Selbstständigkeit gewagt. Der erhoffte Erfolg blieb aus. Seine Lebensversicherung musste er kündigen. Er schrieb: »Ich rutsche auf der sozialen Leiter immer weiter nach unten. Ende des Jahres werde ich wieder Arbeitslosenhilfe beziehen bis zum nächsten Januar: Hartz IV. Mit Hartz IV werde ich, der Arbeitssuchende, mit all denen auf eine Stufe gestellt, die gar nicht arbeiten möchten. Welche Firma stellt mich als über Fünfzigjährigen nach über vier Jahren Arbeitslosigkeit noch ein?«

Würden unsere Bundestagsabgeordneten noch normal ticken, dann würden sie nach der Lektüre dieser Schicksale, die als Beispiele für das Los Millionen anderer stehen, sofort einen Änderungsantrag zu den Zumutbarkeitskriterien von Hartz IV und zu der Zusammenlegung von Arbeitslosenhilfe und Sozialhilfe im Bundestag einbringen. Aber nichts davon geschieht, weil der Kanzler den Standhaften gibt und von den oberen Zehntausend dafür überschwänglich gelobt wird.

Zu allem Überfluss versuchten sich, nachdem vor allem im Osten Deutschlands die Proteste der Bevölkerung immer lauter wurden, wahlkämpfende Ministerpräsidenten, die der CDU angehörten – wie der Sachse Georg Milbradt und der Saarländer Peter Müller –, von ihren eigenen Schandtaten wieder abzusetzen. Georg Milbradt spielte sogar für kurze Zeit mit dem Gedanken, bei einer Leipziger Montagsdemonstration mitzumarschieren, um gegen seine eigene Politik zu demonstrieren. Die beiden Wahlkämpfer hatten nur nicht mit der in sozialpolitischen Fragen gut informierten Bevölkerung gerechnet, die mit wachsendem Zorn sah, wie sich die Brandstifter in die Büsche schlugen. Während der Saarländer Müller noch glimpflich davonkam – er verlor Stimmen, konnte seine absolute Mehrheit aber retten –, wurde der sächsische Ministerpräsident Milbradt mächtig abgestraft. Seine Partei brach um fast 16 Prozentpunkte ein.

Durch solch opportunistisches Verhalten wird das Vertrauen der Bevölkerung in die handelnden Politiker weiter beschädigt. Im Osten brachten die Agenda 2010 und die Abschaffung der Arbeitslosenhilfe der PDS vor allem bei den Landtagswahlen im September 2004 in Brandenburg Stimmengewinne. Vierzig Prozent der Arbeitslosen, die in Brandenburg wählten, stimmten für sie. Gleichzeitig bekamen die Rechtsextremisten Zulauf. Die Deutsche Volksunion (DVU) erreichte in Brandenburg 6,1 Prozent und die NPD kam in Sachsen sogar auf 9,2 Prozent. Am erfolgreichsten waren die rechten Parteien bei jungen Männern mit niedriger Bildung. In Sachsen wählten 21 Prozent der jungen Männer im Alter von 18 bis 29 Jahren NPD. Bei den unter Fünfunddreißigjährigen mit Hauptschulabschluss waren es sogar 26 Prozent. Der typische Rechtswähler ist nach der Analyse der Wahlforscher jung, männlich, arbeitslos und wenig gebildet.

Nun ist zu fragen, wie es zu einer solchen Veränderung des politischen Denkens überhaupt kommen konnte. Sicher ist der gestiegene Wohlstand der Bevölkerung eine Erklärung. Nach dem Kriege musste man zusammen anpacken, und Nachbarschaftshilfe war selbstverständlich. Gemeinschaft und Familie wurden noch groß geschrieben. Jetzt ist dagegen blanker Egoismus angesagt. Jeder ist sich selbst der Nächste. Der Single-Haushalt, auch ein Ausdruck der Scheu vor sozialen Bindungen, wird als Lebensform immer beliebter. Gut jeder dritte Haushalt in Deutschland ist ein Ein-Personen-Haushalt. Die ehemals die Gesellschaft stabilisierenden Wertorientierungen und Glaubensüberzeugungen sind verfallen.

Beim Nachdenken über diese Veränderungen geriet eine

Voraussetzung menschlichen Denkens für die so genannte Reformpolitik ins Zentrum meiner Überlegungen, die ich lange Zeit nicht gesehen hatte: die Sprache. Mehr noch als Personen und Parteitage bestimmt die Sprache die Politik. Ohne dass wir es wollen, werden wir von ihr geleitet und gesteuert.

II. Korruption der Sprache und des Denkens

Die Linke spricht die Sprache der Rechten

Es bereitet Schwierigkeiten zu glauben, wir seien im Denken nicht frei und die Alltagssprache sei mithin für die Ergebnisse des Nachdenkens ausschlaggebend. Daher zitiere ich einige Kronzeugen, die auf die entscheidende Bedeutung der Sprache für die gesellschaftliche Entwicklung hingewiesen haben. In der 1947 beim Querido-Verlag in Amsterdam erschienenen *Dialektik der Aufklärung* von Max Horkheimer und Theodor Adorno heißt es in der Vorrede: »Es gehört zum heillosen Zustand, dass auch der ehrlichste Reformer, der in abgegriffener Sprache die Neuerung empfiehlt, durch Übernahme des eingeschliffenen Kategorieapparats und der dahinterstehenden schlechten Philosophie, die Macht des Bestehenden verstärkt, die er brechen möchte.«

Was heißt dieser Satz für unsere ehrlichen Reformer heute, wenn sie die Flexibilisierung des Arbeitsmarktes, die Senkung der Lohnnebenkosten, die Umsetzung der Agenda 2010 und der Hartz-Reform zur zentralen Aufgabe ihrer Politik erklären? Benutzen sie eine abgegriffene Sprache? Gründen ihre Überlegungen und Gesetze auf einem eingeschliffenen Kategorieapparat, der durch die dahinterstehende Philosophie die Macht des Bestehenden – die Macht des Geldes ist damit gemeint – verstärkt?

Von der Agenda 2010 und von Hartz IV, von Ich-AG, Kopfpauschale, Arbeitslosengeld II, Ein-Euro-Job, Job-Aktiv-Gesetz, Job-Floater, Schonvermögen, Praxisgebühr, Riester-Rente, Bundesagentur für Arbeit, Personal-Service-Agentur, Corporate Governance Codex und Shareholder Value hat vor einigen Jahren noch niemand gesprochen. Es sind Wörter einer Neusprache. Aber diese Neusprache des Neoliberalismus ist nicht wirklich neu. Sie fußt tatsächlich auf dem eingeschliffenen Kategorieapparat und der dahinter stehenden »schlechten Philosophie« einer Gesellschaft, in der die Interessen der Wohlhabenden die Interessen der sozial Schwachen in brutaler Weise zurückdrängen. Vor einer solchen in Wahrheit abgegriffenen Sprache hatten schon Adorno und Horkheimer gewarnt. Sie forderten eine wirklich neue Sprache, deren Wörter und Begriffe das kritische Denken herausfordern und der Aufklärung dienen.

Die Begriffe der neoliberalen Reformpolitik bewirken jedoch das Gegenteil. Sie sind auch nicht nur Angst machende oder abschreckende Schlagwörter, wie die Einkommensmillionäre in der eingangs erwähnten Anzeige schrieben. Sie sind vielmehr Wörter einer die Wahrheit verschleiernden Sprache. Diese Tarnwörter sollen das Denken lenken, um ihm eine andere Richtung zu geben. Wie von der unsichtbaren Hand der »schlechten Philosophie« des Geldes gelenkt, bewegen sich die Unterzeichner der Anzeige in der von den Falschwörtern vorgegebenen Richtung, wenn sie die Abschaffung der Arbeitslosenhilfe eine »Änderung« nennen. Das ist ein im öffentlichen Dialog jetzt vielfach zu beobachtender Trend. Den Abbau des Sozialstaates nennt man ja auch »Umbau«. Dabei ist es noch vergleichsweise harmlos, Abschaffung und Abbau in »Änderung« und »Umbau« zu verwandeln. Unverfrorener ist es, wenn man nicht sagt: »Wir wollen soziale Leistungen kürzen«, sondern verspricht: »Wir wollen Deutschland fit machen für die Zukunft.« Oder man nennt das brutale Streichkonzert schlichtweg »Modernisierung«. In einer engagierten Streitschrift nannte der Autor und einstige Theaterintendant Ivan Nagel die Wortschöpfungen des Neoliberalismus »das Falschwörterbuch der Sozialreformen«.

In seinem Jahrhundertroman *1984* hat der in Indien geborene britische Sozialist Eric Arthur Blair, der sich George Orwell nannte, prophezeit, wie die Sprache zur Gehirnwäsche eingesetzt wird. Ich zitiere aus »Kleine Grammatik« am Schluss seines Buches und ersetze dabei die Orwell'schen Wörter »Ozeanien«, »Engsoz« und »Wortschatz B« durch »Deutschland«, »Neoliberalismus« und »Falschwörterbuch«. Statt der Vergangenheits- wähle ich die Gegenwartsform. Der Text lautet dann folgendermaßen: »Die Neusprache ist die in Deutschland eingeführte Amtssprache und zur Deckung der ideologischen Bedürfnisse des Neoliberalismus erfunden worden. Sie hat nicht nur den Zweck, ein Ausdrucksmittel für die Weltanschauung und geistige Haltung zu sein, die den Anhängern des Neoliberalismus allein angemessen ist, sondern darüber hinaus jede Art anderen Denkens auszuschalten. Wenn die Neusprache erst ein für alle Mal angenommen und die Altsprache vergessen ist (etwa im Jahr 2050), sollte sich ein unorthodoxer – das heißt ein von den Grundsätzen des Neoliberalismus abweichender – Gedanke buchstäblich nicht mehr denken lassen, wenigstens insoweit Denken eine Funktion der Sprache ist. Das Falschwörterbuch besteht aus Worten, die absichtlich zu politischen Zwecken gebildet wurden, das heißt, die nicht nur in jedem Fall auf einen politischen Sinn abzielen, sondern dazu bestimmt sind, den Benutzer in die gewünschte Geistesverfassung zu versetzen. Ohne ein eingehendes Vertrautsein mit den Prinzipien des Neoliberalismus ist es schwierig, diese Worte richtig zu gebrauchen … Kein Wort des Falschwörterbuchs ist ideologisch neutral. Eine ganze Anzahl hat den Charakter reiner sprachlicher Tarnung und sind einfach Euphemismen. Man hat erkannt, dass durch Abkürzungen die Bedeutung einer Bezeichnung eingeschränkt und unmerklich verändert wird, indem sie die meisten der ihr sonst anhaftenden Gedankenverbindungen verliert. Die Worte ›kommunistische Internationale‹ zum Beispiel erwecken das Bild einer weltumspannenden Weltheitsverbrüderung, von roten Fahnen, Barrikaden, Karl Marx und der Pariser Kommune. Das Wort ›Komintern‹ dagegen lässt lediglich an eine eng zusammengeschlossene Organisation und eine deutlich umrissene Gruppe von Anhängern einer politischen Doktrin denken. Es ist ein Wort, das man gedankenlos gebrauchen kann, während man über die Bezeichnung ›kommunistische Internationale‹ schon einen Augenblick nachdenken muss.«

Die Begriffe »Agenda 2010« und »Hartz IV« erfüllen genau die Voraussetzung, dass man sie fast gedankenlos verwenden kann. Und so geschieht es dann auch. »Der Kanzler ist standhaft bei der Durchsetzung der Agenda 2010 und von Hartz IV« – dieser häufig zu lesende Satz ist ein Beweis dafür, wie die neoliberale Sprache funktioniert. Ganz anders klänge es, wenn da stünde: »Der Kanzler ist standhaft bei der Kürzung der Rente und des Arbeitslosengeldes, bei der Abschaffung der Arbeitslosenhilfe, bei der Einführung der Praxisgebühr, der Verteuerung der Arzneimittelpreise und der Senkung beziehungsweise Abschaffung der Steuern auf hohe Einkommen und Vermögen.«

»Die Sprache ist das Haus des Seins«, formulierte der Philosoph Martin Heidegger. In welchem geistigen Haus aber wohnen die Meinungsmacher, Wirtschaftsführer und Politiker, die die neoliberale Wende der Bundesrepublik Deutschland zu Stande gebracht haben? Der Aufsteiger übernimmt die Sprache der Oberschicht. Kam Heidegger nicht zu einem ähnlichen Ergebnis wie Karl Marx, für den das Sein das Bewusstsein bestimmte? Wie können die aufgestiegenen Politiker, Wirtschaftsführer oder Journalisten – ich beziehe mich bei dieser Aufzählung ausdrücklich ein – diesem Verdikt entgehen? Will sagen: Wie gelingt es ihnen, nachdem sie die Karriereleiter erklommen haben, nicht zu vergessen, wo sie herkommen? Als besser Verdienender kann man nur mit dem Schuldbewusstsein herumlaufen, das einen nach Adam Smith befällt, wenn die Gerechtigkeit verletzt wird. Meine Rechtfertigung, den Mund aufzumachen und mich einzumischen, beziehe ich daraus, dass neben meinem privaten sozialen Engagement alle meine Vorschläge zur Steuer- und Sozialpolitik zu einer stärkeren Belastung der besser Verdienenden, zu denen ich gehöre, führen. Diese Haltung verschafft einem in diesen Kreisen keine Sympathie, sondern sie stößt auf Ablehnung und Spott.

Das erfuhr ich immer wieder, wenn ich in politischen Gremien für die Beibehaltung des Spitzensteuersatzes von 53 Prozent kämpfte. Besonders allergisch auf den Spitzensteuersatz reagieren Medienvertreter, deren Einkommen das der Politiker in einer Reihe von Fällen bei weitem übertrifft. Mittlerweile wurde der Spitzensteuersatz deutlich gesenkt und diejenigen unter den Journalisten, die gut verdienen, gehören vielfach zu den eifrigsten Befürwortern der neoliberalen Reformen.

Der große Moralist Albert Camus sagte einmal zum Thema Sprache und Politik: »Mal nommer les choses, c'est ajouter au malheur du monde.« Die Dinge falsch benennen, heißt das Unglück der Welt vergrößern. Warum also bezeichnen Deutschlands »Reformer« den Abbau des Kündigungsschutzes, die Kürzung des Arbeitslosengeldes, die Abschaffung der Arbeitslosenhilfe und die Privatisierung der Sozialversicherung als »Agenda 2010« oder »Hartz IV«?

Warum sprechen sie von der »Flexibilisierung des Arbeitsmarktes«, wenn sie den Abbau der Arbeitnehmerrechte,
Arbeitszeiten an allen Wochentagen rund um die Uhr und
niedrige Löhne meinen? Trifft hier die Beobachtung des
französischen Literaturnobelpreisträgers nicht ins Schwarze? Ist die falsche und verlogene Sprache nicht eine wichtige Ursache für Politikverdrossenheit und Wahlenthaltung,
weil die Menschen ahnen, dass es nicht mit rechten Dingen
zugeht, wenn durch unkorrekte Benennungen das Unglück
der Welt vergrößert wird?

Noch seltsamer kommt einem die Begriffswelt der so genannten Reformpolitik vor, wenn man sich an den Schriftsteller Peter Weiss erinnert, der in der Sprache einen Ort der
Auflehnung sah. Das brave Herunterleiern von Ausdrücken,
die von den Interessen der Vermögenden geprägt wurden,
ist nämlich keine Auflehnung, sondern eine einzige geistige
Unterwerfung. Die Sprache ist heute zu einem Ort der An-
passung geworden. Man sieht die Vertreter der Wirtschaftsverbände beifällig lächeln, wenn ein Politiker wieder einmal
beflissen sein Sprüchlein von der Notwendigkeit, die internationale Wettbewerbsfähigkeit Deutschlands zu verbessern, aufsagt. Sage mir, mit wem du umgehst, und ich sage
dir, wer du bist – das behauptet jedenfalls der Volksmund.
Heute werden Politiker auf Massenkundgebungen ausge-
pfiffen, aber bei den Tagungen der Wirtschaftsverbände
klopft man ihnen auf die Schulter. Das Kind lernt die Sprache, indem es seine Eltern nachahmt. Der ewige Aufsteiger
nimmt die Sprache der herrschenden Schichten an, allein
schon deshalb, um dazuzugehören.

In diesen Zusammenhang gehört auch die Übernahme
vieler englischer Wörter in die deutsche Sprache. Sie ist
ein Indiz der geistigen Unterwerfung unter die Großmacht
USA. Vor allem die vielen Anglizismen auf dem ökonomischen Sektor sind ein Zeichen der Hegemonie des ameri-

kanischen Wirtschaftsdenkens. Schneidige Manager wollen den Shareholder Value, den Aktienwert steigern, und sonst nichts. Mit der Sprache übernehmen sie die Begriffe, die Logik und damit die Ideologie des angelsächsischen Neoliberalismus.

Ein weiterer Zeuge für den Einfluss der Sprache auf das Denken ist der Wiener Ludwig Wittgenstein: »Die Grenzen unserer Sprache sind die Grenzen unserer Welt.« Nimmt man den Philosophen beim Wort, dann ist unsere Welt zurzeit ziemlich beschränkt, mit sehr eng gezogenen Grenzen. Einheitsdenken – *pensée unique* – nennen die Franzosen diese Entwicklung. Der Mensch ist kein Mitmensch mehr, sondern eine Kostenstelle mit zwei Ohren, wie es ein zynischer Manager formulierte. Wenn Horkheimer, Adorno, Heidegger, Camus, Weiss und Wittgenstein richtig geurteilt haben, dann versteht man, warum sich die Politik der schwarz-rot-gelb-grünen Sozialabbaukoalition in eine Sackgasse begeben hat und warum das Volk sagt, wir verstehen euch Politiker nicht mehr. Eine neue Politik muss sich einer neuen Sprache bedienen. Aber wo soll sie herkommen?

»Ein Land ist keineswegs, wie es in den Zeitungen heißt, Opfer seiner Politiker. Es ist Opfer eines Mangels an begrifflichem Rüstzeug, mit dem es die Welt erfassen und die Ereignisse einordnen könnte. Es handelt sich um ein Sprachenproblem, dem die Politiker ebenso wie die anderen unterworfen sind. Es ist durchaus nicht Sache der Politiker, Begriffe zu bilden. Das ist Geistesarbeit. Aus diesen Gründen lenkt der Geist die Welt.« Dies schrieb der französische Autor Antoine de Saint-Exupéry in den Meditationen, die er in den Jahren 1936 bis 1944 in seinen *Carnets* (Notizbüchern) festgehalten hat. Er konnte sich nur schwer vorstellen, dass der Mensch »den Krieg lieben kann«. Nach seiner Meinung waren es »die Worte, die die Katastrophe herbeigeführt« hatten. Es ging ihm dabei um den Faschismus und den Kommunismus, also um Spielarten des Totalitarismus. Dieser war durch seinen uneingeschränkten Herrschaftsanspruch gekennzeichnet. Die Individuen waren entrechtet, Gleichschaltung wurde ebenso angestrebt wie Kontrolle.

Nun wird man es auf den ersten Blick weit von sich weisen, den Neoliberalismus und den dahinter stehenden internationalen Finanzkapitalismus mit Faschismus und Kommunismus zu vergleichen. Aber hat eine Welt, in der alles dem ökonomischen Prinzip unterworfen wird, nicht totalitäre Züge? Sind die Individuen in einem solchen System nicht formal frei, aber auf eine subtilere Form entrechtet?

Meine Herren, Sie sind jetzt alle der Kontrolle der internationalen Finanzmärkte unterworfen, so tönte Ende der neunziger Jahre der ehemalige Bundesbankpräsident Tietmeyer, Mitautor des »Lambsdorff-Papiers« und Vorsitzender des Kuratoriums der »Initiative Neue Soziale Marktwirtschaft«, auf dem Wirtschaftsgipfel in Davos. Und das Publikum, darunter viele Regierungschefs, spendete der eigenen Entmündigung Beifall. Wenn Investmentbanken und Anlagefonds die Politik kontrollieren, wie steht es dann um die Demokratie?

Eine Linke, die die Sprache der Rechten spricht, wird zum Büttel des Kapitals, ohne es zu merken. Sie gibt sich der Lächerlichkeit preis, wenn sie mit geschwellter Brust die Streicheleinheiten der Besitzenden entgegennimmt. Immer häufiger las man in sozialdemokratischen Werbeschriften, die Reformpolitik der Regierung Schröder werde sogar vom Bundesverband Deutsche Industrie (BDI), von der Bundesvereinigung der Deutschen Arbeitgeberverbände (BDA) und dem Deutschen Industrie- und Handelstag (DIHT) unterstützt. Welch ein Ritterschlag! Da macht es sich gut, wenn man mit den Vertretern der Wirtschaftsverbände gemeinsam über den wirtschaftlichen Unverstand der Gewerkschaften den Kopf schütteln kann.

Obwohl die Produktivität der deutschen Beschäftigten seit Anfang der neunziger Jahre um mehr als 16 Prozent zugenommen hat, stiegen die Reallöhne im gleichen Zeitraum nicht. Nach Steuern und Abgaben hatten die Arbeitnehmer Ende 2003 nicht mehr im Geldbeutel als 1991. Das hindert den neoliberalen Gesangsverein nicht daran, mit Unterstützung der Medien zu behaupten, Deutschland sei ein Gewerkschaftsstaat. Nur die Blockierer unter den Funktionären des DGB und seiner Einzelgewerkschaften seien schuld am ökonomischen Niedergang des Landes. Dabei würde umgekehrt ein Schuh daraus. Den Gewerkschaften könnte man vorwerfen, dass sie zu schwach oder auch vielleicht nicht willens sind, Ludwig Erhards Maxime vom »Wohlstand für alle« durchzusetzen. Nicht vergessen dürfen wir, dass es der ehemalige IG-Metall-Vorsitzende Klaus Zwickel war, der 1995 Nullrunden angeboten hatte, um in den Zeiten der Regierung Helmut Kohls ein Bündnis für Arbeit zu gründen. Auch er, der Vorsitzende dieser großen Gewerkschaft, war dem neoliberalen Unsinn aufgesessen, Nullrunden bewegten die Unternehmer dazu, mehr Arbeitsplätze zu schaffen. Seit 1995 ist die Wirtschaft keines Landes in West- und Mitteleuropa so langsam gewachsen wie die deutsche. Ist das Zufall?

Der Vater des Wirtschaftswunders, Ludwig Erhard, wollte den Produktivitätsgewinn noch den Arbeitnehmern zukommen lassen, um den Konsum und damit das Wachstum und die Beschäftigung zu stärken. Diejenigen, die sich heute auf ihn berufen, wollen etwas ganz anderes. Sie haben Erhards Erbe längst verraten. Am Anfang seines Buches *Wohlstand für alle* schrieb der Wirtschaftsminister im ersten Kabinett Adenauers unmissverständlich: »Bevor ich das Wirtschaftsressort in der ersten westdeutschen Bundesregierung übernahm, legte ich auf dem CDU-Parteitag der britischen Zone Ende August 1948 in Recklinghausen dar, dass ich es für abwegig halte und mich deshalb auch weigere, die hergebrachten Vorstellungen der früheren Einkommensgliederung neu aufleben zu lassen. So wollte ich jeden Zweifel beseitigt wissen, dass ich die Verwirklichung einer Wirtschaftsverfassung anstrebe, die immer weitere und breitere Schichten unseres Volkes zu Wohlstand zu führen vermag. Am Ausgangspunkt stand der Wunsch, über eine breit geschichtete Massenkaufkraft die alte konservative soziale Struktur endgültig zu überwinden.

Diese überkommene Hierarchie war auf der einen Seite durch eine dünne Oberschicht, welche sich jeden Konsum leisten konnte, wie andererseits durch eine quantitativ sehr breite Unterschicht mit unzureichender Kaufkraft gekennzeichnet.«

Diese Worte sind eindeutig. Erhards falsche Enkel wollen eine stärkere Differenzierung der Löhne und Einkommen. Das heißt: Sie wollen die überkommene Hierarchie, die Erhard überwinden wollte, wieder herstellen.

Es ist auch kein Gegenbeweis, wenn zur Rechtfertigung der heutigen Politik Erhards Kritik an dem »unheilvollen Drang zum Versorgungsstaat« herangezogen wird. Der erste Wirtschaftsminister der Bundesrepublik wollte die soziale Gerechtigkeit richtigerweise in erster Linie über die Verteilung der Löhne und Gewinne und nicht über die Sozialsysteme herstellen. Er konnte sich im Übrigen vorstellen, dass als Bemessungsgrundlage der Rente der »laufende Produktivitätszuwachs« genommen werden würde. Zurückhaltende Lohnpolitik, flächendeckende Lohnkürzung und Nullrunden haben in diesem Denken keinen Platz. Die Kaugummi-Formel »Sozial ist, was Arbeit schafft« lautet im Erhard'schen Sinne: »Sozial ist, was Arbeit gerecht entlohnt.« Nur eine gerechte Entlohnung der Arbeit führt zu Wachstum und Beschäftigung und entzieht so dem »unheilvollen Drang zum Versorgungsstaat« die Grundlage. Anders gesagt: 16 Prozent müssten die Arbeitnehmer verglichen mit 1991 mehr im Geldbeutel haben, wenn die Reallöhne der Produktivität gefolgt wären.

Das Trommelfeuer gegen die organisierte Vertretung der Arbeitnehmerschaft wird jedoch nicht eingestellt. Vielmehr hatte das Scheitern des Streiks der IG Metall zur Einführung der 35-Stunden-Woche in Ostdeutschland im Sommer 2003 die Arbeitgeberseite ermutigt, immer dreister zu werden. Die Erpressung – »Wenn ihr nicht spurt, gehen wir ins Ausland« – ist täglich zu lesen und zu hören. Sie zeigt die erhoffte Wirkung.

Doch zurück zur Sprache. Nicht nur die Bilanzen werden in der Ära des Neoliberalismus gefälscht, auch die Wörter. Mit der Verfälschung der Wahrheit beginnt die Zerstörung der Demokratie. Um die Tragweite der Veränderungen zu erfassen, die die Falsch- und Tarnwörter des Neoliberalismus hervorrufen, müssen wir uns einige Schlüsselbegriffe näher ansehen und sie von allen Seiten betrachten.

Lohnnebenkosten

Das zentrale Projekt der Reformpolitik, die Senkung der Lohnnebenkosten, ist ein einziger Betrug. Er ist charakteristisch für eine Politik, die sich in Lügen verstrickt, ohne es zu merken. Die Lohnnebenkosten werden für die Unternehmen gesenkt und in immer größerem Umfang den Arbeitnehmern allein aufgebürdet. In seiner Regierungserklärung vom 14. März 2003, mit der er die Agenda 2010 begründete, sagte Schröder: »Die Lohnnebenkosten haben eine Höhe erreicht, die für die Arbeitnehmer zu einer kaum mehr tragbaren Belastung geworden ist. Investitionen und Ausgaben für den Konsum sind drastisch zurückgegangen. In dieser Situation muss die Politik handeln, um Vertrauen wieder herzustellen.« Nun würde jeder, der noch normal denken kann, sagen, jetzt werden wir die Arbeitnehmer von Lohnnebenkosten entlasten und alles unterlassen, was den Rückgang des Konsums weiter verschärft. Aber das Gegenteil wird gemacht. Die Arbeitnehmer werden von zwei Seiten in die Zange genommen. Sie müssen die Anteile der Lohnnebenkosten übernehmen, die die Unternehmer nicht mehr zahlen wollen, und die Löhne werden nicht mehr erhöht, sondern gekürzt.

Wie kommt es nun, dass das Gegenteil von dem geschieht, was der »Reformkanzler« in seiner Regierungserklärung angekündigt hat? Was hatte er noch gefordert? »Die Beiträge müssen bezahlbar bleiben.« Die Lösung des Rätsels ist einfach. Die Sprache setzt dem politischen Personal die Unternehmerbrille auf. Und aus der einseitigen und verkürzten Sicht der Unternehmer passt dann alles zusammen. Die Lohnnebenkosten sinken für die Unternehmer, und die Gewinne steigen. Aber Vertrauen stellt man so nur bei den Arbeitgebern her, die die Agenda-Politik ja auch mit viel Beifall begleiten. Und der Satz der Agenda-Regierungserklärung – »Alle Kräfte der Gesellschaft werden ihren Beitrag leisten« – ist so zu verstehen: Wenn soziale Leistungen und Löhne gekürzt werden, dann investieren die Unternehmen und schaffen Arbeitsplätze. Auf diese Weise leisten alle ihren Beitrag. Die Rechnung geht zwar nicht auf, aber die deutschen »Eliten« sind zufrieden.

Die Agenda-Rede ist eine Fundgrube für Widersprüche, in die die neoliberale Politik jeden verwickelt, der sich auf sie einlässt. »Wir werden Leistungen des Staates kürzen, Eigenverantwortung fördern und mehr Eigenleistung von jedem Einzelnen abfordern müssen«, heißt es da am Anfang der Regierungserklärung. Aber eine Seite weiter hatten die Redenschreiber keine Hemmungen, daran zu erinnern, ja zu mahnen, wir müssten »solidarischer werden«. In der neoliberalen Welt ist dann an alle gedacht, wenn jeder an sich denkt.

Die Senkung der Lohnnebenkosten ist auch das Anliegen aller Parteien. So sagen beispielsweise die Grünen-Politikerinnen Katrin Göring-Eckardt und Krista Sager, im Zentrum ihrer Wirtschaftspolitik stehe die Verringerung der Lohnnebenkosten. Mir stößt diese Formulierung deshalb immer auf, weil ich in früheren Jahren diesen Tarnbegriffen selbst auf den Leim gegangen bin. Noch heute ertappe ich mich dabei, wie ich im Eifer des Gefechts Kampfwörter der Wirtschaftsliberalen unkritisch verwende. Also nehmen wir das Wort »Lohnnebenkosten« auseinander: Seine Bestandteile sind Lohn-neben-Kosten. Die erste flüchtige Wahrnehmung und Überlegung führt zu dem Ergebnis, etwas Nachgeordnetes, Nebensächliches sei aus dem Ruder gelaufen. Ohnehin ist ja klar, dass Löhne und Kosten runter müssen, wenn wir im internationalen Wettbewerb bestehen wollen.

Ersetzt man das Tarnwort »Lohnnebenkosten« durch »Geld für Rentner, Kranke, Arbeitslose und Pflegebedürftige«, dann verändert sich schlagartig die Sicht. Die grünen Damen hätten – gleich ihren männlichen Kollegen, und zwar quer durch alle Parteien – mit Sicherheit Schwierigkeiten, Folgendes zu verkünden: »Die Kürzungen der Leistungen für Rentner, Kranke, Arbeitslose und Pflegebedürftige stehen im Mittelpunkt unserer Politik.« Das klänge doch sehr unfreundlich und rücksichtslos. Daher macht es sich besser, von »Belastungen durch Lohnnebenkosten« zu sprechen. Aber unabhängig vom Klang dieses Begriffs und den Assoziationen, die dieses Wort »Lohnnebenkosten« hervorruft, ist genau das eingetreten, was eine korrekte Benennung ehrlicher angekündigt hätte: Im Zentrum der Politik von Rot-Grün-Schwarz-Gelb steht eine Reduzierung des Geldes für Rentner, Kranke und Arbeitslose. Die »Reform« der Pflegeversicherung steht uns noch bevor.

Falschwörter führen zu den in der Sprache verdrängten, aber letztlich gewünschten Ergebnissen. Die unsichtbare Hand des Geldes formt die Sprache, verändert das Denken und lenkt die Politik.

Anfang Oktober 2004 verabschiedete der Bundestag ein Gesetz, das den Arbeitnehmern einen Sonderbeitrag für den Zahnersatz und das Krankengeld aufbürdete, um die Lohnnebenkosten zu senken. Die Arbeitgeber werden dadurch im Jahr 2005 um 4,2 Milliarden Euro und 2006 um 8,5 Milliarden Euro entlastet. Die Börsianer jubelten. Der Dax verzeichnete den größten Tagesgewinn seit einem Jahr. »Arbeitnehmer in Deutschland haben derzeit wirklich nichts zu lachen«, kommentierte die *Welt*. Erst werden ihnen durch die Drohung von Produktionsverlagerungen ins Ausland Lohnprozente abgezogen, und ab dem Jahr 2005 müssen sie einen größeren Teil der Lohnnebenkosten selbst tragen.

Die Anlageberater der Banken waren ebenfalls glücklich und hofften, dass dieser Prozess nicht gestoppt werden würde. Wäre der Bundestag der CDU/CSU gefolgt, dann wäre die soziale Schieflage dieses Gesetzes noch größer gewesen. Die Union hatte eine Zahnersatzpolice mit einem einheitlichen Betrag von sechs bis acht Euro verlangt. Die wäre für Menschen mit geringen Renten teuer geworden. Jetzt zahlten sie bei einer monatlichen Rente von 500 Euro nur einen Euro zusätzlich, während die mittleren Einkommen, die in der Nähe der Beitragsbemessungsgrenze von 3525 Euro liegen, durch die Anhebung von 0,9 Prozent bei Zahnersatz schon tiefer in die Tasche greifen müssen. Im Verlagern der steigenden Lohnnebenkosten auf die Arbeitnehmer sind sich die Bundestagsparteien aber einig.

»Der Sozialstaat ist viel zu teuer geworden«, das jedenfalls behaupten viele Festredner. Wer so spricht, verwendet einen Trick, der bei Verlautbarungen der Kalten Krieger und Militaristen angewandt wurde und sich auch jetzt großer Beliebtheit erfreut. So heißt es zum Beispiel nie: »Wir töten oder ermorden Menschen«, sondern: »Wir greifen den Irak an.« Der Mensch muss aus der Sprache verschwinden, um die Ungeheuerlichkeit des Tuns zu verschleiern.

So auch im Fall der Lohnnebenkosten. »Rentner, Kranke und Arbeitslose sind uns viel zu teuer geworden« – eine solche Aussage wäre herzlos und würde den einen oder anderen zum Nachdenken bringen. Schließlich sind einem die Nächsten, die Verwandten und Freunde lieb und teuer. Und unter ihnen gibt es mit Sicherheit auch Rentner, Kranke und Arbeitslose. Eine andere Sprachgestaltung würde den persönlichen Bezug zu den betroffenen Menschen herstellen. Wenn einem ein Mensch teuer ist, dann hat das nämlich nichts mit Preisen, Kosten und Gewinnen zu tun, sondern drückt ein menschliches Gefühl der Zuwendung aus. Und genau diese Begriffe des Mitgefühls, darunter fallen Worte wie »Mitleid«, »Nächstenliebe« oder »Sympathie«, tauchen im modernen Sozialstaatsdialog unserer Reformer nicht mehr auf.

Die Sprache ist immer verräterisch. Sie entlarvt bei näherem Hinsehen die Absicht der Tarnung und der Verschleierung. Man spürt beim Gebrauch der Lügenwörter regelrecht, wie der Redner davor zurückschreckt, seine wahren Gedanken und Absichten richtig zu benennen.

Wenden wir uns dem nächsten Beispiel zu.

Flexibilität des Arbeitsmarktes

Kein Vortrag zu den Reformnotwendigkeiten in Deutschland ist heute vorstellbar, in dem nicht die Forderung nach mehr Flexibilität des Arbeitsmarktes propagiert wird. Die größten Pfeifen erwecken beim Publikum den Anschein der Sachverständigkeit, wenn sie im Absenken der Lohnnebenkosten und in der Flexibilität des Arbeitsmarktes die Zukunftsaufgabe der deutschen Politik sehen. Und dabei spielt es keine Rolle, dass der so genannte Arbeitsmarkt durch Minijobs, Zeitverträge, Leiharbeit, Scheinselbständigkeit, Überstunden und Zeitarbeitskonten in großem Ausmaß verändert wurde. Seit 1996 sind 2,5 Millionen Vollzeitstellen weggefallen. Die Zahl der Selbständigen, die keinen Angestellten haben, wie die Gründer der Ich-AGs, stieg kräftig an. Die mit hohen Unsicherheiten und geringem Einkommen verbundene Scheinselbständigkeit wurde verklärt. Der neue Arbeitskraftunternehmer, hieß es, sei frei und unabhängig.

Das Wort »Arbeitskraftunternehmer« ist ebenfalls eine beispielhafte Schöpfung der neoliberalen Sprache. Die Zahl der Teilzeitarbeiter stieg seit 1996 um vierzig Prozent und die der Leiharbeiter seit 1995 um 86 Prozent. In der Regierungserklärung zur Agenda 2010 lobte Schröder sich selbst für diese Entwicklung: »In den letzten Monaten haben wir erhebliche Anstrengungen unternommen, den Arbeitsmarkt weiter zu flexibilisieren: Wir haben Zeit- und Leiharbeit von bürokratischen Beschränkungen befreit und so aufgewertet, dass die Unternehmen ihren Bedarf an qualifizierten Arbeitkräften flexibel decken können ... Wir haben die Möglichkeiten zur befristeten Beschäftigung verlängert, wie es gefordert worden ist, für die über 50-Jährigen sogar ohne zeitliche Grenze.« Der Kanzler vergaß hinzuzufügen, wer das gefordert hat und was die Betroffenen, wenn sie eine Familie gründen wollten, zu dieser Beflissenheit sagen. Aus einer nur am Gewinn orientierten Unternehmersicht war auch diese Passage der Agenda-Rede absolut richtig. Im Hinblick auf das wohl verstandene Gemeininteresse war sie falsch. Das erkannten selbst die mehrheitlich neoliberalen Ökonomen der Wirtschaftsinstitute.

Im Herbstgutachten 2004 übten sie Kritik an den Arbeitsmarktreformen der rot-grünen Regierung. Die neuen Instrumente – wie Ich-AG oder Minijobs – seien mit beträchtlichen Mitnahme- und Verdrängungseffekten verbunden. Auch würden die Reformen – man reibt sich die Augen – zu Lasten der Einnahmen der Sozialversicherungen gehen. Die Attraktivität des Niedriglohnbereichs sei zwar erhöht worden, doch seien Vollzeit- in subventionierte Teilzeitstellen umgewandelt worden, um die staatliche Förderung der Minijobs in Anspruch nehmen zu können. Bei den geplanten Ein-Euro-Jobs für Langzeitarbeitslose, die seit 2005 im Umlauf sind, verlangten die Sachverständigen deshalb eine zeitliche Begrenzung. Ihre Begründung: Sonst könnten subventionierte gemeinnützige Tätigkeiten attraktiver werden als Stellen auf dem ersten Arbeitsmarkt. Die Zerlegung von Vollzeitstellen in Minijobs zu Lasten der Einnahmen der Sozialversicherungen muss beendet werden.

Modewörter klingen gut, ersparen das Nachdenken und kommen beim Publikum immer an, weil sie den Zuhörern vertraut sind. Es gibt in Deutschland viele renommierte Festredner, die mit Worthülsen, deren Sinn nicht hinterfragt wird, ihre hoch geschätzten Beiträge zum öffentlichen Dialog bestreiten. Ein berühmtes Beispiel: Roman Herzog ist ein sympathischer Mensch, dass aber die bloße Erwähnung des Wortes »Ruck« die Republik in einen wahren Begeisterungstaumel versetzte, war doch schwer verständlich. Gejubelt wurde, weil die Fangemeinde verstanden hatte, jetzt müsse man die Ärmel hochkrempeln und gründlich und tief ins soziale Netz schneiden. Dabei hatte der wackere Roman Herzog noch ausdrücklich gemahnt, wenn Opfer gebracht werden müssten, dann müssten die Stärkeren größere bringen als die Schwächeren. Diesen Satz aus der berühmten »Ruck«-Rede haben Deutschlands eifrige Reformer jedoch überhört.

Aber zurück zur Flexibilität des Arbeitsmarktes, einem Versatzstück, mit dem die Präsidenten der europäischen

Notenbanken im Wesentlichen ihre Reden zur wirtschaftlichen Lage bestreiten, um von ihrem Versagen abzulenken, auf das ich später noch zu sprechen komme.

Der amerikanische Soziologe Richard Sennett schrieb vor einiger Zeit ein Buch mit dem Titel *Der flexible Mensch. Die Kultur des neuen Kapitalismus.* Darin schildert er, wie der flexible Arbeitsmarkt das Leben in Amerika verändert hat: »Heute muss ein junger Amerikaner mit mindestens zweijährigem Studium damit rechnen, in vierzig Arbeitsjahren wenigstens elfmal die Stelle zu wechseln und dabei seine Kenntnisbasis wenigstens dreimal auszutauschen.« Sennett hatte beobachtet, wie durch die Zerstückelung des Arbeitslebens etwas zerstört wird, was die Grundlage menschlicher Existenz ist: Dauerhaftigkeit und Verlässlichkeit. So schreibt er: »Vielleicht ist die Zerstörung des Charakters eine unvermeidliche Folge. Wenn es nichts Langfristiges mehr gibt, desorientiert das auf lange Sicht jedes Handeln, löst die Bindungen von Vertrauen und Verpflichtung und untergräbt die wichtigsten Elemente der Selbstachtung.« Welch vernichtendes Urteil! Und wie traurig ist es zu beobachten, wie die Herolde der Reformierung und Modernisierung Deutschlands von diesen Folgen ihres gedankenlosen Tuns keine Ahnung haben. Oft sind sie selbst in ihrer mangelnden Verlässlichkeit Opfer des gesellschaftlichen Wandels, den sie als notwendig und unverzichtbar bezeichnen.

Einer Frage Richard Sennetts dürfen wir in der heutigen Zeit nun nicht mehr ausweichen. Wie können langfristige Ziele angesteuert werden, wenn man im Rahmen einer ganz auf das Kurzfristige gerichteten Ökonomie lebt? Wie können Loyalität und Verpflichtungen in Institutionen aufrechterhalten werden, die ständig zerbrechen oder immer wieder umgewandelt werden? Es überrascht mich nicht zu erleben, wie sich als Linke begreifende Politiker, die dem Ziel der Nachhaltigkeit einen hohen Stellenwert beimessen, die Flexibilisierung des Arbeitsmarktes als notwendig und modern bezeichnen. Sie sägen damit den Ast ab, auf dem sie einmal sitzen wollen. Zu den Besonderheiten der Debatte um die Flexibilisierung gehört auch die Vorliebe vieler Professoren, die unkündbare Lebenszeitbeamte sind, für diese grundlegende Veränderung des Arbeitslebens einzutreten, und viele Journalisten folgen ihnen dabei. Die Lobpreisung der Patchwork-Erwerbsbiografie mit ihren vielen kurzfristigen und ungesicherten Arbeitsverhältnissen hörte ich zum ersten Mal von einem Journalisten, der im Pressechor der Bonner Republik sehr angesehen war. Was mich störte: Der mittlerweile über 60-jährige Modernisierer hat vom Anfang seiner Karriere bis heute bei ein und derselben Zeitung gearbeitet.

»Flexibel«: Das aus dem Lateinischen kommende Wort übersetzt der Duden mit »biegsam, elastisch, sehr anpassungsfähig«. Und wie man sieht, vertragen sich diese Adjektive kaum mit dem, was wir uns unter Charakter vorstellen. In der flexiblen Welt gilt heute nicht mehr, was gestern noch für unverzichtbar erklärt wurde. Der flexible Mensch ist anpassungsfähig und hängt sein Fähnlein in den Wind. Er hat ein Rückgrat aus Gummi und versteht es, nirgendwo anzuecken. Wie aber soll ein solcher Mensch zu einer Handlungsweise finden, in deren Zentrum der Wert der Nachhaltigkeit steht?

Gehen wir noch einmal näher auf den Begriff »Arbeitsmarkt« ein. Die Worte »Arbeit« und »Markt« passen doch wohl gut zusammen. Es klingt ja so einleuchtend: Die Arbeit hat ihren Preis, den wir Lohn nennen, und jeder Preis wird von Angebot und Nachfrage bestimmt. Hier ist wieder der altbekannte Trick zur Anwendung gekommen, den Menschen aus der Sprache zu verbannen. Das Wort »Menschenmarkt« würde dagegen zu eindeutig an einen Sklavenmarkt erinnern und sogar ziemlich Verbohrte zum Zweifeln bringen. Ein Begriff wie »Arbeitnehmermarkt« klänge schon harmloser, aber dennoch würde auch dieser den meisten klarmachen, dass hier zwischen Bananen, Fleischwaren, Autos, Fernsehgeräten und Menschen zu wenig unterschieden wird. Der Markt taugt zur Preisbildung für Waren, Güter und Dienstleistungen, aber überhaupt nicht zur endgültigen Festlegung von menschlichen Lebensbedingungen. Bei deren Gestaltung geht es nämlich um Werturteile, für die der Markt blind ist. Der Markt schafft aus sich heraus keinen Sozialstaat. Er registriert nicht, wenn ein Mensch weint, weil er keine Arbeit findet und seine Familie nicht ernähren kann. Er nimmt keine Rücksicht auf die Umwelt.

Man sieht, die Formulierung »Flexibilisierung des Arbeitsmarktes« erfüllt alle Voraussetzungen, zum Unwort des Jahrzehnts zu werden – und man ahnt, wie schwierig es ist, der abgegriffenen Sprache und der dahinterstehenden Philosophie des Neoliberalismus zu entkommen. Mit der Moralphilosophie Immanuel Kants hat diese wenig gemein. Der Königsberger Denker unterscheidet im Bereich menschlicher Zwecksetzungen zwischen dem, was einen Preis hat, und dem, was eine Würde besitzt. Das, was einen Preis hat, an dessen Stelle kann auch etwas anderes gesetzt werden; was dagegen über allen Preis erhaben ist, das hat eine Würde. Und für die christliche Soziallehre ist die Arbeit »unmittelbarer Ausfluss der menschlichen Natur und deshalb wertvoller als Reichtümer an äußeren Gütern, denen ihrer Natur nach nur der Wert eines Mittels zukommt«. Einfacher formuliert: Arbeit ist wichtiger als Kapital. Oder: Der Mensch ist wichtiger als Geld.

GG Die Würde des Menschen ist unantastbar

68

Reform

Schon Anfang der fünfziger Jahre warnte der Psychologe und Philosoph Ludwig Klages vor den »Schlammfluten der Fremdwörterei«. Ohne Fremdwörter kommen wir aber nicht mehr zurecht, weil sie sich in der Sprache festgesetzt haben. So wie es zum Rüstzeug der falschen Propheten gehört, den Menschen aus der Sprache herauszunehmen – Beispiel Irak und Arbeitsmarkt –, so ist es weit verbreitet, Fremdwörter einzusetzen, wenn man Sachverhalte verschleiern will.

Schlagen wir wieder im Duden nach. Dort lesen wir unter »Reform«: »Umgestaltung, Verbesserung des Bestehenden, Neuordnung«. Die Begriffe »Umgestaltung« und »Neuordnung« sind eher neutral und stehen für Veränderung jeglicher Art, mag sie gut oder schlecht sein. Mit »Verbesserung des Bestehenden« hatten die Bürger in den Jahrzehnten der Bonner Republik jedoch das Wort »Reform« übersetzt. »Unsere Kinder sollen es einmal besser haben«, sagten unsere Eltern in der Nachkriegszeit, und sie hatten allen Grund dazu. Die Löhne stiegen und das soziale Netz wurde enger geknüpft. Vertrauen in die Zukunft, eine grundlegende Zuversicht, es werde aufwärts gehen, waren das Ergebnis einer richtig verstandenen Reformpolitik, die eine erfolgreiche Wirtschaftspolitik zur Voraussetzung hatte. Das hat sich mittlerweile grundlegend geändert.

Heute empfinden die Wähler Reformankündigungen als Drohungen. In den letzten Jahren haben sie erfahren, dass »Reform« für Sozialabbau steht. Die von der rot-schwarz-gelb-grünen Koalition beschlossenen Sozialgesetze gehen alle in diese Richtung. Und die geistigen Väter der Reform sind die Lobbyisten der Wirtschaftsverbände BDI, BDA und DIHT. Artikel 65 des Grundgesetzes sagt, dass der Bundeskanzler die Richtlinien der Politik bestimmt. In Deutschland sagen jedoch die Wirtschaftsverbände, wo es langgeht.

Es war eher peinlich mit anzusehen, wie sich die Parteien in den letzten Jahren um die geistige Urheberschaft der neoliberalen Reformen stritten. Insbesondere die FDP beschwerte sich, die anderen Parteien hätten von ihr abgekupfert. Aber auch die FDP hat abgeschrieben. In der neoliberalen Welt werden die Reformvorschläge in den Wirtschaftsverbänden entwickelt. Da die FDP sich als wirtschaftsnahe Partei versteht, übernimmt sie postwendend diese Anregungen.

Doch diese Vorstellungen diktieren auch die Programme der anderen Parteien, da sie alle mehr oder weniger von der neoliberalen Gehirnwäsche erfasst wurden. Der Schotte Adam Smith (1723–1790), der Begründer der klassischen Nationalökonomie, würde die Bundestagsparteien heute heftig kritisieren, weil sie die Vorschläge der Wirtschaftslobbyisten übernehmen. Zwar sah der Schotte in den Kapitalisten die Triebkräfte des Fortschritts. Aber er warnte vor ihrer Selbstsucht. Der Gesetzgeber dürfe nicht auf sie hören. Ihre Vorschläge, so Smith, »kommen von einer Gruppe von Menschen, deren Interesse niemals genau mit dem öffentlichen Interesse übereinstimmt und die im Allgemeinen darauf aus sind, die Öffentlichkeit zu täuschen«.

Bis zum heutigen Tag gelingt es nicht, den Reformen einen Sinn zu geben. Wo führen sie hin und wo sollen sie enden? Welches Leitbild liegt ihnen zugrunde? Der Grundgesetzauftrag, Deutschland zu einem demokratischen und sozialen Bundesstaat zu machen, gibt die Richtung jeder Reformpolitik vor. Bei allen neuen Maßnahmen ist zu prüfen, wird das Land dadurch demokratischer und sozialer. Die massive Umverteilung von unten nach oben, das herausragende Merkmal der heutigen Reformpolitik, ist unsozial und führt zum Abbau der Demokratie. Es genügt doch wirklich nicht, die Steuern für die Wohlhabenden zu senken und durch Kürzungen im Sozialhaushalt das Budget auszugleichen. Reformer müssen schon eine Vorstellung davon haben, wie die Gesellschaft in einigen Jahren aussehen soll. Ob ausgesprochen oder nicht, viele Modernisierer liebäugeln mit einem Sozialdarwinismus, der das Überleben des Tüchtigsten (*survival of the fittest*) zur Leitidee hat. Wir wollen Deutschland fit für die Zukunft machen, heißt es immer wieder, und die Nachdenklichen unter uns fragen sich, wer soll da eigentlich fit gemacht werden? Die pflegebedürftige Rentnerin, der kranke Arbeitslose oder das lernbehinderte Kind? Diese Menschen gehen dem Redner wohl nicht durch den Kopf, wenn er das englische Wort »fit« gebraucht, das das Wörterbuch mit »in guter körperlicher Verfassung, durchtrainiert« übersetzt.

Bis zum Jahr 1998 wäre es beispielsweise unvorstellbar gewesen, dass ein SPD-Parteitag die Agenda 2010 gebilligt hätte. Die Kürzung des Arbeitslosengeldes, die Streichung der Arbeitslosenhilfe, der Abbau des Kündigungsschutzes und die Aufhebung der paritätischen Finanzierung der Krankenversicherung sind uralte Ladenhüter der Unternehmerverbände. Generationen von Sozialdemokraten und Gewerkschaftern haben diese Vorschläge bekämpft, weil sie der Idee der sozialen Gerechtigkeit verpflichtet waren und die Interessen der Arbeitnehmer vertraten. Begründet wird die Übernahme der Neuordnungsvorschläge der Wirtschaftslobbyisten durch alle im Bundestag vertretenen Parteien mit der Globalisierung. Diese habe dazu geführt, dass der Sozialstaat nicht mehr finanzierbar und die internationale Wettbewerbsfähigkeit der deutschen Industrie gefährdet sei. Keines dieser Argumente sticht. Auch andere Staaten wie Dänemark, Frankreich, Finnland, Österreich oder Schweden sind von der Globalisierung erfasst. Und sie haben bessere Sozialleistungen als wir. Hätten wir bei uns die Steuer- und Abgabenquote dieser Länder, dann gäbe es Überschüsse in allen öffentlichen Kassen. Und was die internationale Wettbewerbsfähigkeit angeht, so kann auch die neoliberale Glaubensgemeinde nicht bestreiten, dass wir Exportweltmeister sind.

Um dieses Argument jedoch zu entkräften, greift sie zu einer abenteuerlichen Rabulistik. Ja, wir sind Exportweltmeister, sagen sie, aber viele Vorprodukte unserer Wirtschaft werden im Ausland gefertigt. Das ist nun wirklich ein Argument, auf das noch nicht einmal Klippschüler reinfallen sollten. Die Exportartikel aller Industriestaaten bestehen in der globalisierten Welt zum Teil aus Vorprodukten, die in den anderen Ländern gefertigt wurden. Das ist ja gerade der Reiz der internationalen Arbeitsteilung.

Wie falsch der Versuch ist, unsere Exporterfolge unter Verweis auf die im Ausland hergestellten Vorprodukte zu relativieren, beweist die nicht manipulierte, vom Bundesamt für Statistik erstellte Handelsbilanz. Sie erfasst penibel die Waren, die reinkommen und rausgehen. Unser Handelsbilanzüberschuss wuchs in den letzten Jahren immer weiter, weil wir verglichen mit den Hauptkonkurrenten die niedrigsten Lohnsteigerungen hatten.

Wie auch immer, die Deutschen können das Wort »Reform« nicht mehr hören. Auch diejenigen, die bereit sind, Abstriche bei sich selbst zu machen und Opfer zu bringen, streiken, wenn sie zur gleichen Zeit sehen, wie sich die oberen Zehntausend durch Gehaltssteigerungen und Steuererleichterungen immer besser stellen. Vorgesetzte, die in Belegschaftsversammlungen an die Beschäftigten appellieren: »Wir müssen den Gürtel enger schnallen, wir sitzen alle in einem Boot«, ernten nur noch Gelächter.

Mit Reformen verbinden die Menschen im heutigen Deutschland nicht mehr eine Verbesserung des Bestehenden, sondern Lüge und Betrug. Der Reformer gilt vielen als Lügner und Betrüger, der sich selbst bereichert, dem Volk aber Löhne und soziale Leistungen kürzen will.

Der Experte

Wenn in Talkshows die Parteien aneinander geraten oder Scheingefechte austragen, dann wird in wirtschaftlichen und sozialen Fragen oft ein Experte oder Sachverständiger gebeten, als Schiedsrichter tätig zu sein. Ein Angestellter einer Wirtschaftsberatungsfirma oder ein Unternehmer erklärt dann den Politikern und Fernsehzuschauern, wie »die Wirtschaft« die Frage beurteilt und beantwortet. Dabei ist das Arrangement oft so, dass der Experte über dem Parteienstreit steht und mit einer Art päpstlicher Unfehlbarkeit das Schlusswort spricht. Leider wird dabei oft übersehen, dass Unternehmer, wenn es um volkswirtschaftliche Fragen geht, vielfach schlechte Ratgeber sind.

Wenn ich so urteile, denke ich nicht an ihr direktes unternehmerisches Interesse, das sie in Fragen des Steuerrechts, der Lohnpolitik oder der Leistungen für Rentner, Kranke und Arbeitslose zu Befangenen macht. Ihr Ziel ist es, Gewinne zu erwirtschaften, auch wenn nicht das Geldverdienen, sondern das Schaffen von Arbeitsplätzen zum edlen Ziel des Unternehmers erklärt wird. Aber Unternehmer tappen wie kaum eine andere Gruppe der Bevölkerung bei der Beurteilung volkswirtschaftlicher und sozialer Fragen in eine Falle, die man Trugschluss der Verallgemeinerung nennt. In den Lehrbüchern der Logik heißt es dazu: Der Trugschluss der Verallgemeinerung besteht darin, dass man von der Gültigkeit einer Aussage für einen Teil auf die Gültigkeit dieser Aussage für das Ganze schließt. Der Unternehmer folgert oft nach dem Muster: Was für mein Unternehmen gut ist, ist auch für die ganze Volkswirtschaft richtig. Aber genau das ist falsch. Vielmehr ist es so, dass das, was für den einzelnen Betrieb ratsam ist, für die Volkswirtschaft als Ganzes noch lange nicht gilt.

Als Paradebeispiel gilt die Situation der Zuschauer im

Theater. Der einzelne Besucher kann seine Sicht verbessern, indem er aufsteht. Weil ihnen die Sicht genommen wird, erheben sich dann auch die Zuschauer, die hinter ihm sitzen. Am Ende steht der ganze Saal. Keiner sieht mehr als vorher. Das Bestreben des Einzelnen, seine Lage zu verbessern, führt dazu, dass es am Ende allen schlechter geht.

Wenn ein Betrieb Löhne senkt und Leute entlässt, dann kann das in bestimmten Fällen eine Möglichkeit sein, das Überleben der Firma zu sichern. Wenn aber alle Betriebe Löhne senken und Leute entlassen, dann führt das direkt in eine wirtschaftliche und soziale Katastrophe. Ohne Tarifverträge und gesetzliche Mindestlöhne gäbe es einen verheerenden Wettlauf um niedrigere Löhne, bei dem am Ende alle die Verlierer wären – auch die schlauen Unternehmer, die sich mit Lohnkürzungen Kostenvorteile verschaffen wollten. Das gilt ebenso für die in Mode gekommenen betrieblichen Bündnisse für Arbeit.

Es ist akzeptabel, wenn einzelne Betriebe, die in wirkliche Schwierigkeiten geraten sind, solche Bündnisse schließen, um die Firma zu retten. Wenn die Bündnisse für Arbeit, wie im Jahr 2004, sich aber wie ein Flächenbrand ausbreiten, dann werden sie zu Bündnissen gegen Arbeit – und das Gejammer über die nicht anspringende Binnenkonjunktur wird kein Ende nehmen.

Für einzelne Ladenbesitzer ist es ein Vorteil, die Öffnungszeiten zu verlängern, um den Umsatz zu erhöhen. Ohne Ladenschlussgesetz bleibt den Konkurrenten nichts anderes übrig, als die Öffnungszeiten ebenfalls zu verlängern. Da die Verbrauchsausgaben der Bevölkerung begrenzt sind, müssen am Ende Geschäftsinhaber und ihre Angestellten länger arbeiten, ohne dass sie mehr Waren verkaufen. Die Trend gewordenen Lohnkürzungen passen zu längeren Ladenöffnungszeiten wie die Faust aufs Auge.

Wenn ein Betrieb Umweltauflagen missachtet, kann er

Kosten sparen und seine Wettbewerbssituation verbessern. Wenn alle Betriebe sich so verhalten, entstehen Umweltbelastungen, die zu Fahrverboten oder Produktionsstilllegungen führen können.

Die Beispiele zeigen: Einer muss dafür sorgen, dass im Theater der Wirtschaft nicht jemand aufsteht, um seine eigene Sicht zu verbessern, weil es ihm dann alle nachmachen – und es am Ende allen schlechter geht. Dieser eine ist der Staat, im Falle der Lohnfindung sind es die Tarifvertragsparteien. Leider haben die neoliberalen Heilsbringer diesen Zusammenhang bislang nicht verstanden. Sie sind gegen Ladenschlussgesetze, gegen Tarifverträge und gegen Umweltauflagen, weil sie sich die Freiheit bewahren wollen, sich wie der Theaterbesucher zu verhalten, der aufstehen will, um besser zu sehen. Mit anderen Worten: Ungeliebte Regeln schützen auch diejenigen Unternehmer, die in ihnen unnötigen Ballast und eine Erfindung des Teufels sehen.

Daher verkünden Unternehmer in Talkshows oft Rezepte, die für ihre Betriebe richtig, für die gesamte Volkswirtschaft aber schlicht falsch sind. Sitzen Roland Berger oder ein Vertreter von McKinsey in Fernsehrunden, dann denken sie immer an ihre Auftraggeber. Ihre Vorschläge sind in der Regel interessengeleitet und orientieren sich nicht am Gemeinwohl. Und die Wirtschaftsprofessoren in Deutschland, die in solchen Gesprächen ebenfalls gern die Rolle der letzten Instanz übernehmen, sind Anhänger der angebotsorientierten Wirtschaftspolitik, die nach Paul Krugman niemand ernst nehmen würde, stünde sie nicht den Interessen der Reichen so nahe. Der Nobelpreisträger für Volkswirtschaftslehre, der Rumäne Nicholas Georgescu-Roegen, nannte die Nationalökonomie einst die opportunistischste aller Wissenschaften. Die Reichen vergeben Aufträge, Gutachten, finanzieren Lehrstühle und entscheiden darüber, wer sich in welchem Aufsichtsrat ein Zubrot verdienen kann.

Vorbehalte gegen die Wirtschaftswissenschaften hatte auch der Erfinder des Dynamits und Gründer des Nobelpreises, Alfred Nobel. Als er seine Preise für Medizin, Chemie, Physik, Literatur und Frieden stiftete, dachte er nicht an die Ökonomen. »Ich habe keine Wirtschaftsausbildung und hasse sie (die Wirtschaftswissenschaften) von Herzen«, schrieb er in einem Brief. Der heute verliehene Nobelpreis für Nationalökonomie wird daher von der Schwedischen Reichsbank gestiftet.

Wenn ich hier so über die deutschen Ökonomen herziehe, dann wird der eine oder andere denken, was maßt sich dieser Physiker, der sich in die Politik verirrt hat, eigentlich an. Also zitiere ich zur Untermauerung meiner Kritik den amerikanischen Wachstumsforscher und Nobelpreisträger Robert Solow, der im Juli 2004 in der *Zeit* sagte: »Die Arbeitsmarktreformen (der Bundesregierung) wirken sich negativ auf die Nachfrageseite der Wirtschaft aus, sie reduzieren die Konsumausgaben und die Investitionsausgaben – jeder Volkswirt weiß das. Also muss der Staat den erwarteten Nachfrageausfall kompensieren.« Auf die Frage der Wochenzeitung, warum die deutschen Vorzeigeinstitutionen Bundesbank und Sachverständigenrat auf diese Zusammenhänge nie hinweisen würden, antwortete er: »Bundesbank und Sachverständigenrat haben schon immer den theoretischen Glauben ernst genommen, dass es allein notwendig sei, die Inflation im Griff zu haben – und Produktion und Beschäftigung würden dann von selbst ins Gleichgewicht kommen.« Auf die Nachfrage, ob man Denken und Handeln von Bundesbank und Sachverständigenrat dogmatisch nennen könne, erwiderte er: »Dogmatisch ist ein schönes Wort dafür.« Bei dieser ideologischen Einseitigkeit ist es kein Wunder, dass sich die neoliberalen Wirtschaftsweisen mit ihren Wachstumsprognosen in den letzten Jahren meist gründlich blamiert haben.

In die gleiche Kerbe wie Solow hieb einen Monat später, ebenfalls in der *Zeit*, der Chefvolkswirt der US-Investmentbank Goldman Sachs, Jim O'Neill. Auf den Einwand des Interviewers, wer in Deutschland für mehr Nachfrage in der Wirtschaftspolitik plädiere, bekomme die Antwort, Keynes sei tot, sagte er: »Adam Smith ist auch tot, und wenn die deutschen Ökonomen weiterhin so kategorisch denken, wird auch die deutsche Wirtschaft demnächst tot sein … Viele deutsche Volkswirte erscheinen dogmengläubig und nehmen manchmal Regeln allzu wörtlich. Angelsächsisch geprägte Ökonomen und Wirtschaftspolitiker dagegen sind oft pragmatischer im Denken, was in unsicheren Zeiten ein Vorteil sein kann.«

Ein Musterbeispiel für die anmaßende Beschränktheit deutscher Ökonomen lieferte Ende 2004 die *FAZ*, als sie eine Studie des Kieler Instituts für Weltwirtschaft mit dem Titel »Mehr Wachstum in Europa durch eine Kooperation makroökonomischer Politik?« besprach. Es ging darum, ob Absprachen zwischen der Geld-, Fiskal- und der Lohnpolitik helfen können, die gesamtwirtschaftliche Nachfrage zu stärken. Solchen Überlegungen, die in der angelsächsischen Welt auf große Zustimmung stoßen, erteilten die Kieler Ökonomen eine Absage. Wohlstand in Europa könne nur erlangt werden, wenn die ökonomischen Weichen auf Wachstumskurs gestellt würden. Die *FAZ* resümmierte: »Förderlich in diesem Sinne handelt eine Geldpolitik, die Preisstabilität sichert. Wachstumsfördernd ist auch eine Lohnpolitik, die den Verteilungsspielraum nicht ausschöpft, solange Millionen unfreiwillig arbeitslos sind. Und wachstumsfördernd ist eine Finanzpolitik, die Steuerlasten senkt und Staatskonsum abbaut.«

Wenn Geld-, Finanz- und Lohnpolitik auf der Bremse stehen, wächst die Wirtschaft. Das ist die Überzeugung der deutschen neoliberalen Ideologen. Zu unserem Glück sind die Wirtschaftslenker in anderen Staaten nicht so beschränkt, sodass unsere leistungsfähige Exportwirtschaft weiter erfolgreich ist. Wir sind wirtschaftlich noch nicht völlig abgestürzt, weil der Rest der Welt keine angebotsorientierte Wirtschaftspolitik macht.

Vielleicht stecken hinter der Faktenresistenz vieler deutscher Ökonomen auch methodische Gründe. Ein Teil der Zunft lehnt es wohlweislich ab, die ökonomische Wissenschaft ähnlich wie eine Naturwissenschaft zu betreiben. Statt sich mit angenommenen Gesetzen zu beschäftigen, setzen sich diese Ökonomen lieber mit den mehr oder weniger rationalen Entscheidungen der Menschen auseinander. So geht die österreichische Schule der Nationalökonomen um Ludwig von Mises und Friedrich August von Hayek vor. Zwar unterliegen auch menschliche Wahlhandlungen nach Ansicht der Anhänger dieser Schule bestimmten Gesetzen. Aber diese Gesetze ließen sich nicht nach dem Postulat Karl Poppers falsifizieren. Dieser Rückzug auf die mehr oder weniger rationalen Entscheidungen der Menschen, methodologischer Individualismus genannt, eröffnet die Möglichkeit, alles und jedes und damit auch den letzten Unsinn zu behaupten, da ja nichts falsifizierbar ist.

Vorsicht ist auch geboten, wenn die Experten des Internationalen Währungsfonds (IWF) oder der Organisation für wirtschaftliche Zusammenarbeit und Entwicklung (OECD) sich zu Wort melden. So lobte der IWF im Oktober 2004 die Bundesrepublik, weil sie mit der Agenda 2010 Arbeitsmarkt- und Sozialreformen eingeleitet hätte. Um die Wachstumschancen zu verbessern und die Massenarbeitslosigkeit zu beseitigen, seien aber weitere Schritte nötig. Um noch größere Arbeitsmarkteffekte zu erzielen, wären noch stärkere Leistungskürzungen erforderlich. Nun gelte es, die Entwicklung zu einer weiteren Flexibilisierung des deutschen Tarifsystems zu unterstützen. Zudem müsse die öffentliche Verschuldung zurückgeführt werden. Eine Kommission unabhängiger Experten solle die Haushaltspolitik überwachen. Wäre es da nicht konsequent, wenn die OECD gleich die Abschaffung des Deutschen Bundestages verlangen würde? Und wer sind überhaupt diese Experten, die da immer wieder in der deutschen Presse als Kronzeugen bemüht werden? Oft sind es junge Ökonomen, denen an unseren Universitäten die angebotsorientierten Irrlehren beigebracht wurden und die jetzt in internationalen Organisationen ihre Sporen verdienen. So weit, so gut. Aber sind das wirklich die geeigneten Ratgeber, um die Richtung der deutschen Reformpolitik vorzugeben? Sie erinnern mich an die Mitarbeiter von Wirtschaftsberatungsunternehmen, die nach ihrem Universitätsstudium in die Betriebe geschickt werden und dort ihre Kostensenkungsprogramme entwickeln. In vielen Fällen ignorieren ihre Vorschläge die betriebliche Praxis und sind unbrauchbar.

Einen Schreck müssten Deutschlands Reformer eigentlich bekommen, wenn sie eine Untersuchung über das Wachstum in 110 Volkswirtschaften rund um den Globus lesen, die die Harvard-Ökonomen Ricardo Hausmann, Lant Pritchett und Dani Rodrik im Sommer 2004 veröffentlichten. Allenfalls in 9,1 Prozent der untersuchten Länder konnten sie einen Zusammenhang zwischen liberalen Wirtschaftsreformen und nachhaltigem Wachstum feststellen. Dabei darf man unterstellen, dass sich die Regierungen in diesen Fällen während der Reformperiode an die Empfehlungen Robert Solows gehalten und auftretende Nachfrageausfälle durch den Staat kompensiert hatten.

Rendite

Wieder ein Fremdwort, mit dem viele wenig anfangen können: »Rendite«. Der Duden übersetzt es mit »Verzinsung, Ertrag«. Nun lesen und hören wir jeden Tag, wie wichtig es für Unternehmer sei, eine ordentliche Rendite zu erwirtschaften. Und wer wollte da widersprechen! Aber was ist eine ordentliche Rendite? Und an welchen Maßstäben kann man sich orientieren?

Verzinsung und Ertrag werden auf das eingesetzte Kapital errechnet. Kapital ist gespartes Geld oder »geronnene Arbeit«, wie Karl Marx es formulierte. Dass die Verzinsung in der Wirtschaft höher als bei Omas Sparbuch sein muss, wird jedem einleuchten. Mit dem im Unternehmen eingesetzten Geld sind schließlich auch Risiken verbunden. Der wichtigste Grund für die höhere Verzinsung aber besteht darin, auf diese Weise das Geld ins Unternehmen, das heißt zum besseren Wirt zu locken. Der Unternehmer soll investieren, um neue Arbeitsplätze zu schaffen, und der Anreiz für einen gut Betuchten, sein Geld in ein Unternehmen zu stecken, muss groß sein.

Seit Jahren haben sich aber bei den Erwartungen an die Kapitalrendite Zahlen eingebürgert, die die Schamschwelle überschreiten. Sie sagen mehr über die Machtverteilung in unserer Gesellschaft aus als die gängigen Betrachtungen über den zu großen Einfluss von Parteien und Gewerkschaften. Da lesen wir in den Wirtschaftsteilen der deutschen Zeitungen, dass Manager eine Rendite von 15 Prozent fordern. Andernfalls würden sie den Laden dichtmachen oder verkaufen. Unmittelbar daneben stehen oft ellenlange Kommentare, in denen Wirtschaftsjournalisten beredt Klage über völlig unrealistische Lohnforderungen führen, die jedes Maß überstiegen und verantwortungslos seien. Wie das? 15 Prozent für das Kapital gehen in Ordnung, aber vier

Prozent Lohnforderungen, bei denen man weiß, dass am Ende allenfalls zwei Prozent als Ergebnis herauskommen, sollen völlig unangemessen und verantwortungslos sein? Wer 15 Prozent Kapitalrendite bekommt, hat sein Geld in vier bis fünf Jahren verdoppelt.

Aber vielen sind nicht einmal 15 Prozent genug. Die Deutsche Bank will mit Einsparungen in ihrem Investmentbanking beginnen, berichtete die *FAZ* im Oktober 2004. Damit will sie dem Ziel näher kommen, eine Eigenkapitalrendite von 25 Prozent vor Steuern zu erreichen. Der Chef der Deutschen Bank, Josef Ackermann, sagte in London, sein Unternehmen werde im Februar 2005 einen Maßnahmenkatalog vorstellen, mit dem das Renditeziel erreicht werden solle. Dazu gehörten Kosteneinsparungen, Maßnahmen zur Ertragssteigerung und eine bessere Allokation des Kapitals.

Die Ankündigung von Ackermann, den Rotstift bei den Kosten anzusetzen, ist von den Analysten positiv aufgenommen worden. Gut 2000 Stellen sollen gestrichen werden, und man hofft, auf diese Weise weitere 500 Millionen Euro einzusparen. In der Folge wird der Aktienkurs wieder steigen. Dann freuen sich nicht nur die Aktionäre, sondern vor allem der Vorstand, der über Aktienoptionen von dem geplanten Personalabbau profitiert. Und damit der Aktienkurs auch wirklich nach oben geht, hatte die Deutsche Bank schon bis Mitte 2004 über sechs Milliarden Euro für Aktienrückkäufe ausgegeben.

Kapitalrendite und Lohnforderungen könne man nicht miteinander vergleichen, habe ich bei solchen Erörterungen oft gehört. Doch, man kann. Wenn der Kapitalbesitzer sein eingesetztes Geld in wenigen Jahren verdoppelt und in etwas mehr als neun Jahren vervierfacht, dann müssen Lohnsteigerungen von einigen Prozentpunkten unter diesem Gesichtspunkt gesehen werden.

Hatten nicht vor allem konservative Parteien Wahlkämpfe mit dem Slogan geführt: »Leistung muss sich wieder lohnen«? Wie verträgt sich aber dieser Anspruch mit der Tatsache, dass derjenige, der Geld von Onkel Fritz geerbt und es in einem Unternehmen eingesetzt hat, in wenigen Jahren sein Vermögen verdoppeln kann, während der Malocher, der die Knochenarbeit macht, seit vielen Jahren, wenn man die Preissteigerungen abrechnet, keinen Cent zusätzlich im Geldbeutel hat? Der Kontostand der Wohlhabenden wachse jährlich um sieben bis acht Prozent, stellte die Citigroup fest. Hier offenbart sich die Kehrseite der sozialen Hängematte, die der weltweite Finanzkapitalismus geschaffen hat, das Schlaraffenland der High Society. In ihm tummelt sich eine immer größer werdende Zahl von Faulenzern, deren Leistung darin besteht, Geld geerbt zu haben und ab und zu bei der Bank nachzufragen, wie hoch der Kontostand sei. Wohlstand für alle? Wenn Industriearbeiter heute diese Maxime Ludwig Erhards hören, können sie nur noch müde lächeln. Und weil viele den Hals nicht voll bekommen, haben die Interessenvertreter des großen Geldes einen weiteren Begriff erfunden, der es ihnen erlaubt, noch höhere Kapitalverzinsungen zu erreichen – die »Umsatzrendite«.

Zehn Prozent Umsatzrendite klingt eigentlich sehr bescheiden. Bedenkt man aber, dass beispielsweise in der Pharmaindustrie, wenn ein neues Arzneimittel auf den Markt gebracht wird, bei einem Investment von zehn Millionen Euro auch schon mal hundert Millionen Euro Umsatz gemacht werden, dann läuft die Forderung, wir wollen zehn Prozent auf den Umsatz, darauf hinaus, dass in einem Jahr das eingesetzte Geld verdoppelt wird. Die »Netto-Umsatzrendite« – wieder ein neues Wort, um die wirkliche Kapitalrendite zu verschleiern – betrug im Jahr 2002 zehn Prozent bei der Pharmaindustrie. Der Pharmakonzern Schering zum Beispiel will nun profitabler werden und streicht aus diesem Grund Arbeitsplätze – die Hälfte der Fabriken soll über kurz oder lang geschlossen werden. Dabei verdient Schering schon jetzt gut, 14 Prozent im normalen Geschäft. Aber das reicht dem Chef Hubertus Erlen nicht. Er will mehr, da die Arzneimittel-Industrie im internationalen Durchschnitt eine Umsatzrendite von 25 Prozent erzielt.

Das Unternehmen Pfizer, das Viagra herausgebracht hat, weist nun eine Netto-Umsatzrendite von 28 Prozent auf. Auf die Frage, ob seinem Unternehmen eine derartige Rendite nicht ausreiche, antwortete Pfizer-Chef Henry McKinnell: »Sicher, Pfizer ist hochprofitabel, aber wir machen ungefähr nur halb so viel Gewinn wie etwa Citigroup oder Microsoft.«

Überhaupt: Microsoft, das Unternehmen von Bill Gates, hat viel zum Realitätsverlust in Managerkreisen beigetragen. So hielt der *Spiegel* Henning Kagermann im Mai 2004 entgegen: »Sie verdienen doch prächtig: 28 Prozent Rendite streben Sie an, fast 23 Prozent waren es schon vergangenes Jahr.« Die Antwort des SAP-Chefs: »Aber das reicht nicht. Unsere Hauptkonkurrenten haben noch weit höhere Renditen. Horacle liegt bei 36 Prozent, Microsoft bei 41 Prozent. Daran müssen wir uns messen.«

Man sieht: Worte wie »Rendite«, »Kapitalrendite«, »Umsatzrendite« oder »Netto-Umsatzrendite« haben nur ein Ziel: Die wahren Gewinnmargen sollen mit diesem Begriffssalat verschleiert werden.

Die Gewinne von heute sind die Investitionen von morgen, hieß es früher. Aber diese Zeiten sind längst vorbei. Die Bundesbank stellt seit dem Jahr 2000 einen kontinuierlichen Rückgang der Investitionen fest, obwohl viele Aktiengesellschaften in Amerika, Europa und Japan im Geld schwimmen. Doch sie investieren nicht, sondern kaufen Aktien ihrer Firma zurück, um den Kurs zu steigern. Da die

Unternehmen immer mehr dazu übergehen, ihre Vorstände an Kursgewinnen zu beteiligen, werden diese dazu verleitet, sich selbst zu bereichern, anstatt langfristig rentable Investitionen zu tätigen.

Die irren Renditevorstellungen sind mittlerweile eine Investitionsbremse. Wer 15 bis 20 Prozent Rendite will, findet immer schwieriger neue Projekte, die entsprechende goldene Eier legen. Die Konzerne sitzen auf ihrem Geld. Vor allem in Deutschland bleiben die Investitionen weit hinter den verfügbaren flüssigen Mitteln der Betriebe zurück.

Mittlerweile merken auch Volkswirte verschiedener Banken, dass das so nicht weitergehen kann. Sie schlagen daher, man höre und staune, eine Gewinnbeteiligung der Arbeitnehmer vor. Wenn Gewinne nicht mehr für Investitionen verwandt würden, dann müssten sie in konsumierbare Einkommen umgewandelt werden. Das kommt einem irgendwie bekannt vor.

Gestützt wird die späte Einsicht der Bankökonomen durch die Entwicklung von Lohn- und Gewinnquote. Die Lohnquote gibt den Anteil der Löhne und Gehälter am Bruttoinlandsprodukt an, die Gewinnquote den Anteil der Gewinne am Bruttoinlandsprodukt. Das sind Unternehmensgewinne, Vermögensgewinne, Einkommen aus Vermietung und Verpachtung sowie Zinsen und Dividenden. Während die Lohnquote Anfang der neunziger Jahre noch bei 75 Prozent lag, ist sie im Jahr 2004 auf 69 Prozent gefallen. Die Gewinnquote stieg im gleichen Zeitraum von 25 auf 31 Prozent. Wenn die Gewinne aber nicht mehr investiert werden, dann ist die Wirtschaft aus dem Gleichgewicht geraten. Immer unmäßigere Gewinnvorstellungen vertragen sich nicht mit sinkenden Lohnquoten. Der Unternehmer investiert das verdiente Geld nur bei Aussicht auf neue Gewinne. Und das geht nicht ohne kaufkräftige Kunden, die man nicht nur im Ausland suchen kann.

84

Nicht Lohnzurückhaltung, sondern Gewinnzurückhaltung ist heute angesagt. Hier sieht man wieder die Macht der Sprache. Das Wort »Lohnzurückhaltung« gehört zum Alltag, das Wort »Gewinnzurückhaltung« kennt man nicht.

Zurückhaltende Lohnpolitik

In den letzten Jahren gab es nicht eine einzige Tarifverhandlung, in der nicht schon im Vorfeld die Gewerkschaften von sämtlichen Medien täglich ermahnt wurden, eine zurückhaltende Lohnpolitik zu betreiben. Und das klingt ja auch wirklich vernünftig.

Zurückhaltung, das erinnert an Bescheidenheit, Demut, Augenmaß und an Rücksichtnahme auf die anderen. Zur Untermauerung der Maßhalteappelle wurden und werden dann die armen Arbeitslosen ins Feld geführt, denen man mit der zurückhaltenden Lohnpolitik doch helfen wolle, wieder Arbeit zu finden. Aber die Zahlen der letzten zwei Jahrzehnte sind eindeutig: Die Lohnbescheidenheit hat nicht zum Abbau der Arbeitslosigkeit geführt. Die Zahl der Erwerbslosen stieg vielmehr immer weiter an.

Dennoch ist die Forderung nach Lohnzurückhaltung eine tibetanische Gebetsmühle der Wirtschaft, der Medien und der Politik. Den Gewerkschaften wird vorgeworfen, sie verträten nur die Interessen der Beschäftigten, kümmerten sich aber nicht um die Arbeitslosen. Wer an die segensreichen Auswirkungen der zurückhaltenden Lohnpolitik glaubt, kann auf solche Ideen verfallen. Aber der Zusammenhang ist ein anderer. In dem Maße, in dem sie zu schwache Lohnabschlüsse akzeptieren, schwächen die Gewerkschaften die Binnennachfrage und verhindern – ob gewollt oder nicht – zusammen mit den Arbeitgebern eine Zunahme der Beschäftigung.

An die Spitze der Bewegung, die behauptet, niedrige Löhne führten zu mehr Beschäftigung, hat sich der Chef des Münchner Ifo-Instituts für Wirtschaftsforschung, Hans-Werner Sinn, gesetzt. Dabei verwickelt er sich in Widersprüche. Er fordert beispielsweise das Absenken des deutschen Lohnniveaus auf dasjenige Hollands. Für das verarbeitende Gewerbe gibt das Institut der deutschen Wirtschaft für das Jahr 2003 folgende Arbeitskosten in Euro an: Westdeutschland 27,09, Ostdeutschland 16,86. In den Niederlanden sind es 23,20 Euro. Nach den Thesen von Sinn müsste es in Ostdeutschland, das deutlich unter dem Arbeitskostenniveau der Niederlande liegt, einen mächtigen Aufschwung geben. Davon ist weit und breit nichts zu sehen.

Ärgerlich wird die Vorgehensweise von Sinn, wenn er in seinem Buch *Ist Deutschland noch zu retten?* bei der Tabelle über die Stundenlohnkosten der Industriearbeiter Ostdeutschland einfach weglässt, zumal hier viele Betriebe unter Tarif zahlen und ihre starke Stellung gegenüber den Beschäftigten ausnutzen. So sieht der Leser auf den ersten Blick nicht, dass die Arbeitskosten in den neuen Bundesländern unter denen Norwegens, Dänemarks, Hollands, Schwedens, Frankreichs und Großbritanniens liegen.

Hans-Werner Sinn kann, nachdem er Ostdeutschland weggelassen hat, fröhlich unter seine derart manipulierte Tabelle schreiben: »Deutschland hat seit langem die höchsten Lohnkosten für Arbeiter unter praktisch allen Ländern der Erde. Das kann so nicht bleiben, das stehen wir nicht durch.« Darf ein Wissenschaftler auf diese Weise manipulieren?

Hätte beispielsweise Postchef Klaus Zumwinkel nur das Buch des Leiters des Ifo-Instituts gelesen, dann wäre das europäische Drehkreuz für die Logistik-Tochter der Post, DHL, nicht von Brüssel nach Leipzig verlegt worden. In Sachsen erhofft man sich von dieser Entscheidung bis zu

10 000 neue Arbeitsplätze. Zur Begründung sagte Zumwinkel: »Die Löhne in Ostdeutschland sind niedriger als die am französischen Alternativstandort Vatry.« Das entspricht der Realität, scheint sich aber bei neoliberalen Ökonomen noch nicht rumgesprochen zu haben. Denn Sinn schreibt: »Nach einer Untersuchung des Ifo-Instituts würde unter heutigen Verhältnissen eine Lohnsenkung von 10 bis 15 Prozent ausreichen, die Arbeitslosigkeit weitgehend zu beseitigen, wobei bei den gering Qualifizierten sicherlich eine Lohnsenkung um ein Drittel benötigt würde.«

Der Leiter des Ifo-Instituts ist bis heute jede Antwort schuldig geblieben, warum es nach seiner Logik nicht noch besser für Deutschland wäre, auf das Arbeitskostenniveau Tschechiens (4,30 Euro), Ungarns (4,04 Euro), Polens (3,26 Euro) oder der Slowakei (3,22 Euro) hinunterzugehen. Warum sind wir trotz dieser Billiglöhne im Ausland Exportweltmeister, obwohl ein Pole im Jahr nur 8800 Euro verdient, ein Deutscher aber 33 000 Euro? Die Antwort: Der Pole schafft für seinen Lohn einen Wert von 13 000 Euro, der Deutsche aber einen von 56 000 Euro. Das ist für Unternehmer immer noch interessanter, sofern sie die Grundrechenarten beherrschen.

Diese Zahlen sind Durchschnittszahlen. Einzelne Betriebe können davon nach oben oder unten abweichen. Und selbstverständlich hat General Motors eine größere Gewinnspanne, wenn das Unternehmen ein neues Werk mit modernsten Maschinen in Polen baut. Wenn aber in Westeuropa die Löhne auf das polnische Niveau zurückgehen, wer kauft dann die Autos von GM in Westeuropa?

Die Propaganda der Neoliberalen in Deutschland ist oft nur modisches Geschwätz. Und wie die Moden, so wechseln auch die Gefahren, die die Standortpessimisten an die Wand malen. Vor einigen Jahren waren die fleißigen Japaner, die »gelben Ameisen«, die große Gefahr für Deutschland. Ihnen folgten die »asiatischen Tiger«, zu denen auch Südkorea gehört. Aber heute verdient bei dem südkoreanischen Autohersteller Hyundai ein Arbeiter am Band mit Überstunden auch schon 35 000 Euro im Jahr. Zurzeit sind die Osteuropäer und Chinesen die große Gefahr für den Exportweltmeister Deutschland. Und wenn in diesen Ländern in Folge der Produktivitätssteigerung auch die Löhne wachsen wie in Südkorea, dann werden Deutschlands Neoliberale sicherlich die Sahara entdecken, die mit ihren niedrigen Steuern und Löhnen den Wohlstand gefährdet.

Hans-Werner Sinn schuf auch einen neuen Kampfbegriff für die Neoliberalen. Die deutsche Exportwirtschaft, die erfolgreichste der Welt, wird von ihm als »Basarökonomie« diffamiert. »Nur der Vertrieb findet noch in Deutschland statt und nur hinter dem Verkaufstresen gibt es noch deutsche Arbeitsplätze. Ansonsten wird das Geld bei der Produktion im Ausland verdient«, schreibt er in seinem erwähnten Buch. Aber auch hier irrt er. Das Statistische Bundesamt ermittelte einen Anstieg des Anteils der Importe an den deutschen Exportgütern: Von 29,7 Prozent im Jahr 1995 stieg er auf 38,8 Prozent im Jahr 2002. Aber das starke Wachstum der deutschen Exporte überkompensierte die Nachteile und Schrecknisse, die Sinn mit seiner Kampfvokabel von der Basarökonomie an die Wand malt. Der Beitrag der Exporte zum Bruttoinlandsprodukt stieg im gleichen Zeitraum von 16,2 auf 20,8 Prozent. In Deutschland hängen damit immer noch vier von fünf Arbeitsplätzen von der Inlandsnachfrage ab. Daher sind Strategien, die über den Export das Heil suchen, wie sie die kleinen offenen Volkswirtschaften Holland und Irland praktizieren, auf Deutschland nicht übertragbar.

Aber die Stimmungsmache gegen die Löhne der deutschen Arbeitnehmer nimmt kein Ende. Der *Spiegel*, der sich zum führenden Sprachrohr der Neoliberalen entwickelt hat, brachte im Oktober 2004 ein Heft heraus, auf dem in großen

Buchstaben stand: »Deutschland: Exportweltmeister (von Arbeitsplätzen)«. Wer die Titelstory las, merkte, die Furcht erregende Überschrift war so ernst nicht gemeint. Nach der Erwähnung der Thesen Hans-Werner Sinns über die Basarökonomie berichtete das Nachrichtenmagazin vom gestiegenen Anteil der exportinduzierten Wertschöpfung am Bruttoinlandsprodukt und zitierte den Konjunkturforscher Gustav Adolf Horn. Dieser sagte, durch die intelligente Nutzung der importierten Vorleistungen sei es den deutschen Unternehmen gelungen, Wachstum und Beschäftigung zu steigern. Deutschland gehöre damit zu den Gewinnern der Globalisierung. Zum Beweis wurden DaimlerChrysler und BMW angeführt, die durch ihre Auslandsfabriken zusätzliche Arbeitsplätze in Deutschland geschaffen hätten. »Bei DaimlerChrysler entsteht erfahrungsgemäß durch drei neue Stellen im Ausland ein vollwertiger Arbeitsplatz in Deutschland«, so lautet die Faustformel von Konzernchef Jürgen Schrempp.

Einen Beleg für dieses dahinter stehende Prinzip liefert auch der Volkswagen-Konzern. Mit den Marken VW, Audi, Seat, Skoda, Lamborghini, Bentley und Bugatti verfügt er über 46 Fabriken weltweit. Die deutschen Komponentenwerke in Braunschweig, Salzgitter und Kassel liefern Motoren, Getriebe und Achsen an die auf dem ganzen Globus verteilten VW-Werke. Mittlerweile verkauft Volkswagen 82 Prozent seiner fünf Millionen Autos im Ausland, aber fast ein Drittel der 325 000 Mitarbeiter, nämlich 103 000, arbeiten in Deutschland.

Dass es auch bei uns möglich ist, in Wirtschaftsbereichen zu produzieren, die angeblich nur noch in Billiglohnländern profitabel sind, beweist der Textilunternehmer Wolfgang Grupp aus Burladingen auf der Schwäbischen Alb. Er beschäftigt 1200 Mitarbeiter, hält Tarifverträge ein und hatte im Jahr 2003 einen Umsatz von 80 Millionen Euro – und nach eigenen Angaben eine Umsatzrendite, die nicht unter zehn Prozent lag. Der Unternehmer regt sich über die Manager auf, die für die Desaster, die sie anrichten, keine Haftung übernehmen, aber Abfindungen in Millionenhöhe kassieren. Er, der eine Eigenkapitalquote von hundert Prozent hat, verurteilt Unternehmerkollegen, die das Geld aus der Firma ziehen, es ihrer Frau übertragen und anschließend jammern, wenn die Banken den Kredithahn zudrehen. Wenn jeder für seine Entscheidung voll haften würde, gäbe es nach seiner Meinung keine Standortprobleme. Wenn ich den Trigema-Chef mit seiner Werbung »Wir werden auch in Zukunft nur in Deutschland produzieren und unsere 1200 Arbeitsplätze sichern« im Fernsehen sehe, dann befällt mich eine klammheimliche Freude. Ich stelle mir vor, wie die bekannten Schwarzmaler unter Deutschlands neoliberalen Propheten vor Wut in den Teppich beißen.

Umverteilung

Im Brockhaus wird unter »Umverteilungspolitik« die Gesamtheit der wirtschaftspolitischen Maßnahmen verstanden, mit denen die durch Marktprozesse bestimmte primäre Verteilung von Einkommen und Vermögen korrigiert werden soll. In dieser Definition kommt zum Ausdruck, dass die Marktprozesse nicht zu einer gerechten Verteilung führen. In der Tat, wenn wir uns die Einkommens- und Vermögensverteilung in Deutschland und der Welt ansehen, dann kann das nicht allein der Markt verursacht haben. Vielmehr entscheiden in unserer ach so zivilisierten Gesellschaft – wie im Tierreich – eher Macht, Kraft und Stärke darüber, wer zuerst zum Futtertrog darf, und damit auch, wer mengenmäßig mehr Futter abbekommt. Der »freie« Markt führt zu einer demokratisch nicht hinnehmbaren Konzentration von Einkommen und Vermögen. Es ist Aufgabe des Staates, auf eine gleichmäßigere Verteilung von Einkommen und Vermögen hinzuwirken.

Die von Macht und Markt Benachteiligten haben sich zu Gewerkschaften zusammengeschlossen, um nicht unter die Räder zu kommen. Gehört man aber zu denen, die große Einkommen und Vermögen haben, und will man diese Privilegien verteidigen, dann muss man den Staat und die der Sozialstaatsidee verpflichteten Parteien und Gewerkschaften schwächen. Da der Neoliberalismus nichts anderes im Sinn hat, kämpfen seine Anhänger in Wirtschaft, Politik und Medien jeden Tag an dieser Front. Und das, wie die letzten Jahre gezeigt haben, mit viel Erfolg. Die ungerechte Verteilung und die damit einhergehende Konzentration von Einkommen und Vermögen haben ein nie gekanntes Ausmaß erreicht. Die neoliberale Sprache hat dabei geholfen.

»Umverteiler« – das ist heute nicht mehr ein Ehrentitel für den, der für Gerechtigkeit und Demokratie eintritt. Derzeit ist es ein Schimpfwort. Der Umverteiler will den Leistungsträgern der Gesellschaft, also den Schremppps, Essers und Ackermanns, etwas von dem wegnehmen, was sie sich doch durch harte Arbeit verdient haben. So zumindest sehen es die Genannten selbst, aber auch diejenigen, die ihrem Treiben öffentlich Beifall spenden.

Noch in den siebziger Jahren forderten die Gewerkschaften Lohnerhöhungen, die sich aus der Steigerung der Produktivität, dem Anstieg der Preise und einer Umverteilungskomponente zusammensetzten. Man denke nur an den übertriebenen Lohnabschluss der ÖTV von fast zwölf Prozent im Jahr 1974. Heute ist davon nicht mehr die Rede. Die Umverteilungskomponente ist längst aufgegeben worden und die Tarifabschlüsse liegen unterhalb der Summe von Preissteigerung und Produktivitätszuwachs. In einer Marktwirtschaft ist die Tarifpolitik strukturell weniger geeignet, eine Umverteilung durchzusetzen. Diese Aufgabe obliegt in erster Linie dem Steuerrecht. Aber auch dieses wurde zur Umverteilung von unten nach oben eingesetzt, da der Anteil der Lohnsteuern am Gesamtsteueraufkommen von 30 auf 36 Prozent gestiegen ist, während der Anteil der Gewinn- und Vermögenssteuern sich von 28 Prozent auf 14 Prozent halbiert hat. Auch der Anteil der Verbrauchssteuern am Steueraufkommen ist von 33 auf 44 Prozent gestiegen.

Das war unter anderem deshalb möglich, weil sich der Sinngehalt des Wortes »Umverteilung« völlig gewandelt hat. Wies der Begriff früher auf die Herstellung von Gerechtigkeit hin, so wird heute mit dem Wort »Umverteilung« etwas Negatives verbunden. Derjenige, der umverteilen will, möchte an das Geld der oberen Zehntausend kommen, die sich ihr Vermögen ja durch Leistung hart erarbeitet haben. So ändern sich die Zeiten – und damit auch die Sprache und das Bewusstsein. In der Folge wird die Vermögenssteuer abgeschafft, der Spitzensteuersatz wird gesenkt und die Erbschaftssteuer bleibt auf einem Niveau, das deutlich niedriger ist als in den USA oder in England. Kein Zweifel: Sprache macht Politik.

Angesichts der Umverteilung von unten nach oben steht die von den Eliten eingeforderte Moral in einem noch nie da gewesenen Ausmaß im Widerspruch zum eigenen Verhalten. Früher hatte man sich wenigstens noch geschämt, wenn das eigene Vorgehen konträr zu der geforderten Moral stand. Aber was sich besonders Wirtschaftsbosse in der letzten Zeit rund um den Erdball an Exzessen geleistet haben, gab es zuvor noch nicht. Während sie die Belegschaften mit immer neuen Zumutungen drangsalierten, griffen sie schamlos in die Kassen der ihnen anvertrauten Betriebe.

Hans Eichel wollte die persönliche Haftung von Managern nach all den Pleiten und Skandalen verschärfen. Aber die Wirtschaftsverbände legten sich erwartungsgemäß quer.

Konzerne könnten aus Angst vor zu harten Gesetzen nach Luxemburg auswandern, warnten sie. Da fragt man sich, warum es in den USA, in Frankreich und in Großbritannien möglich ist, Haftungsregeln für Manager zu erstellen, die viel strenger sind als die in Deutschland. Es ist bemerkenswert, dass die Manager die heiß geliebte Eigenverantwortung für sich selbst nicht gelten lassen wollen.

Der Neoliberalismus führt in seiner Konsequenz zu Rücksichtslosigkeit und Selbstbereicherung. Die öffentliche Moral hat dadurch schweren Schaden genommen. Schon Helmut Kohl wollte zu Beginn seiner Kanzlerschaft eine geistig-moralische Erneuerung in Deutschland. Er wurde dafür verspottet, hatte aber mit dieser Forderung in einem umfassenden Sinn Recht. Dass daraus in einer Ära des Neoliberalismus, in der Eigennutz vor Gemeinwohl steht, nichts werden konnte, versteht sich von selbst.

Unsere gesellschaftliche Entwicklung verlangt nach einer neuen sittlichen Orientierung und damit verbunden nach einer neuen Sprache. »Das erste Zeichen für den Verfall der Sitten ist die Korruption der Sprache«, das schrieb schon Ende des 16. Jahrhunderts der französische Philosoph Michel de Montaigne.

Dichter und Denker statt Kostensenker

Es gab immer wieder gesellschaftliche Epochen, in denen nach einem ethischen Neuanfang gerufen wurde. Zufällig fiel mir ein Text des ehemaligen Reichskanzlers und Außenministers Gustav Stresemann aus den dreißiger Jahren in die Hände, also aus den Zeiten der Weltwirtschaftskrise. Er könnte – leicht verändert – auch am Ende der gescheiterten neoliberalen Ära unserer Zeit stehen: »Unser ganzes Leben, unsere Auffassung steht unter dem Eindruck des Materiellen. Wir sprechen immer nur von Produktion, von Währung, von technischen Mitteln, dies oder jenes zu tun. Vergessen wir jedoch darüber das eine nicht: Jeder Wiederaufstieg Deutschlands wird und muss ausgehen vom sittlichen Empfinden des Deutschen Volkes. Wenn wir nicht vom sittlichen Empfinden ausgehen und der Geist des Volkes uns den Weg des Wiederaufbaus weist, dann wird ihn uns die Technik, dann wird ihn uns die Wirtschaft nicht weisen.«

In einem ähnlichen Sinn müsste sich heute, wenn nicht der Bundeskanzler, dann der Bundespräsident äußern. Es geht mir hier nicht um die vielen Reden, bei denen das aufmerksame Publikum spürt, dass der vortragende Staatsmann sie nicht selbst geschrieben, in einzelnen Fällen auch

94

nicht richtig verstanden hat. Verlangt wird eine Rede, die überzeugt, weil sie aus dem eigenen Inneren kommt. Es wäre jetzt ein Bundespräsident oder ein Bundeskanzler gefragt, der in der Ökonomisierung aller Lebensbereiche eine Fehlentwicklung unserer Gesellschaft sieht.

Horst Köhler rief am Tag der Deutschen Einheit 2004 in Erfurt zu einer umfassenden Erneuerung Deutschlands auf. Er sagte: »Wir haben mehr Staat, als wir uns leisten können.« Ende 2003 belief sich die Gesamtverschuldung der öffentlichen Haushalte auf 1350 Milliarden Euro, rund 1250 Milliarden Euro waren in die neuen Länder geflossen. Deutschland hat nach der Slowakei die niedrigste Steuerquote der Europäischen Union, und bei der Abgabenquote (Anteil der Steuern und Sozialabgaben am Bruttoinlandsprodukt) liegen wir trotz der Aufwendungen für den Aufbau Ost – pro Jahr über 80 Milliarden Euro – im Mittelfeld der europäischen Staaten. Ohne dieses »mehr Staat«, das Köhler beklagte, wäre die Wiedervereinigung zu einer karitativen Veranstaltung geworden. Und wenn die Tränen der Rührung nach dem Fall der Mauer völlig versiegt gewesen wären, dann wäre nicht ein Bruchteil der staatlich zur Verfügung gestellten Mittel in den Osten geflossen. Und wenn wir wieder in der Weltspitze bei Bildung, Forschung und Kultur mithalten wollen, dann brauchen wir nicht weniger, sondern mehr Staat, das heißt eine Steuerquote, die im oberen Drittel der europäischen Länder liegen muss. Daher wäre es gerade jetzt gut, wenn der erste Repräsentant unseres Staates ein Dichter und Denker statt ein Kostensenker wäre. Es bleibt zu hoffen, dass Horst Köhler sich der ihm zugedachten Rolle, den neoliberalen Reformpräsidenten zu geben, verweigert.

Theodor Heuss, der erste Präsident der Bundesrepublik Deutschland, war Schriftsteller und hatte Kunstgeschichte und Staatswissenschaften studiert. Nach der Nazi-Barbarei knüpfte er an die geistigen Traditionen Deutschlands an, die durch das Hitler-Regime unterbrochen worden waren. Die Gegenkandidatin Horst Köhlers, die Präsidentin der Europa-Universität Viadrina in Frankfurt an der Oder, Gesine Schwan, hatte sich durch einen bemerkenswerten Aufsatz über die Bedeutung des Vertrauens in einer parlamentarischen Demokratie für das Amt der Bundespräsidentin empfohlen.

Um auf Stresemann zurückzukommen: Er hatte nach der Weltwirtschaftskrise die Dominanz des Materiellen und des ökonomischen Denkens beklagt. Er schlussfolgerte daraus, einen Ausweg biete nur eine grundlegende sittliche Neuorientierung des Landes. Das gilt auch für die heutige Zeit. Deutlich machen lässt sich das an der Verschiebung und Sinnveränderung, denen der Begriff »Verantwortung« unterworfen wurde.

Der Stärkere sorgt für den Schwächeren

Nicht mehr von Verantwortung, sondern von Eigenverantwortung ist in diesen Tagen die Rede. Das klingt harmlos, und wer wollte bestreiten, dass die Stärkung der menschlichen Eigenverantwortung elementar und notwendig ist. Und dennoch charakterisiert das Austauschen des Wortes »Verantwortung« durch »Eigenverantwortung« einen fundamentalen gesellschaftlichen Wandel. Verantwortung ist im Kern Verantwortung von Menschen für Menschen. Sie ist, wie der Philosoph Hans Jonas es formulierte, die als Pflicht erkannte Sorge für den anderen, die Sorge des Stärkeren für den Schwächeren. Die so verstandene Verantwortung ist die Leitidee, die unserem Sozialstaat zugrunde liegt. Der Arbeitende sorgt für die Rentner und Arbeitslosen, der Gesunde hilft den Kranken. Diejenigen, die sich noch selbst versorgen können, helfen den Pflegebedürftigen. Die Unfallfreien unterstützen diejenigen, die einem Unfall zum Opfer gefallen sind, und so fort.

Der Sozialstaat löste die Großfamilie, die Drei-Generationen-Familie, ab. Diese war vor dem Industriezeitalter die soziale Sicherung für Kinder, Alte, Kranke und Pflegebedürftige gewesen. In dieser vorindustriellen Zeit war die

Landwirtschaft der wichtigste Wirtschaftsfaktor. Jedes Familienmitglied arbeitete in dieser mit, solange es eben möglich war. Die Industrialisierung führte in der Folge zu einer Trennung von Wohn- und Arbeitsort. Die Mehr-Generationen-Familie löste sich auf. Mit der Großfamilie zerfiel im Laufe der Zeit aber auch das soziale Netz. An ihre Stelle trat der Sozialstaat. Wenn daher der Begriff »Verantwortung« dem der »Eigenverantwortung« weicht, dann bröckelt auch die Grundmauer des Sozialstaats. Eigenverantwortung in letzter Konsequenz bedeutet: Jeder sorgt für sich selbst.

Dabei dürfen wir nicht vergessen, in welchem Maß der Sozialstaat zur Stabilität der Demokratie beigetragen hat. Er garantierte den inneren Zusammenhalt der Gesellschaft. In der Weltwirtschaftskrise der dreißiger Jahre war klar geworden, wie der Verlust an sozialer Sicherheit zu einer Krise der Demokratie wurde. Den Frauen und Männern, die die Bundesrepublik Deutschland gegründet haben, war dieser Zusammenhang noch bewusst. Zudem befand sich die Republik Konrad Adenauers in einer Systemkonkurrenz. Die Sozialgesetze der fünfziger und sechziger Jahre wurden auch gemacht, um die Überlegenheit der sozialen Marktwirtschaft gegenüber der Planwirtschaft der DDR unter Beweis zu stellen. Der Zusammenbruch des kommunistischen Blocks hat diese Systemkonkurrenz aufgehoben. Die Herausforderung durch den Staatssozialismus, der die Bürger während ihres ganzen Lebens an die Hand nahm und betreute, war hinfällig geworden. So hat der Fall der Mauer nicht nur die Lebensbedingungen der Ostdeutschen, sondern in einem ganz anderen Sinne auch die Lebensverhältnisse der Westdeutschen verändert. Aus der sozialen Marktwirtschaft wurde die neoliberale Ellbogenwirtschaft, in der das Kostensenken dominiert und die Sozialstaatsidee diffamiert wird.

Ein Beispiel von Tausenden: Während ich diese Zeilen

schrieb, las ich auf der Seite drei der Tageszeitung *Die Welt* einen Aufsatz mit dem Titel: »Der gefräßige Sozialstaat«. Neben dem Beitrag waren Schaukästen abgebildet. Über denen stand zu lesen: »Das deutsche Sozialsystem kostet im Jahr 700 Milliarden Euro, die Umverteilungsmaschine belohnt die Gerissenen und erzeugt den Missbrauch. Zugewanderte Ausländer profitieren überproportional.« In der Mitte des Berichts war ein Mann abgebildet, der bequem in einem Liegestuhl saß. Daneben waren Fallbeispiele angegeben, in denen beschrieben wurde, wie man zielsicher den Staat ausnehmen könne. Fett gedruckt las man polemische Halbsätze wie »Es wirbeln die Transferströme«, »Am Ende kassieren die Falschen«, »Wege zum Nichtstun« und »Die Mär von der segensreichen Migration«. Das Fazit des Artikels: Das Sozialsystem funktioniere nach der Logik des kalten Buffets. Gezahlt werde im Voraus, und jeder nehme so viel, wie er kriegen könne. Der Sozialforscher Meinhard Miegel rundete den Befund ab: Wenn man eine Gesellschaft über zwei Generationen an die staatliche Bevormundung gewöhnt habe, dann sei es kein Wunder, dass die Menschen Angst davor hätten, wieder selbst Verantwortung zu übernehmen.

Der Beitrag, der für ungezählte andere steht, die in den letzten Jahren veröffentlicht wurden, zeigt, wie sich das Denken und Fühlen der Eliten in Deutschland verändert hat. Früher hätte ein solcher Bericht eine andere Stoßrichtung gehabt: Der Sozialstaat ermöglicht es zwanzig Millionen Rentnerinnen und Rentnern, im Alter ein menschenwürdiges Leben zu führen. Er stellt sicher, dass auch Arme ärztlich behandelt, in Krankenhäuser aufgenommen werden und die notwendigen Arzneimittel erhalten. Millionen Arbeitslose werden durch den Sozialstaat unterstützt und müssen sich bei der Suche nach einer neuen Arbeit nicht in unzumutbarer Weise einschränken. Für viele pflegebedürftige Menschen stellt das soziale Netz sicher, dass sie nicht allein gelassen werden und einsam sterben müssen.

Aber heute sind die Stichworte, die fallen, wenn über den Sozialstaat geredet wird, völlig anderer Natur. Sie heißen »Kosten«, »Umverteilung« (als hätten Rentner, Kranke und Arbeitslose nie Beiträge gezahlt), »Missbrauch«, »Nichtstun« und »Ausländer bekommen zu viel Geld«. Noch entscheidender ist aber: Die Verantwortung, die als Pflicht erkannte Sorge für den anderen, wird in der neoliberalen Ära zur Bevormundung durch den Staat. Und weit davon entfernt, Verantwortung zuerst als Verantwortung von Menschen für Menschen zu begreifen, behauptet man, die Menschen hätten Angst davor, wieder selbst Verantwortung zu übernehmen.

John F. Kennedys berühmter Satz – »Frage nicht, was der Staat für dich tun kann, sondern frage dich, was du für den Staat tun kannst« – erlebte bei den Neoliberalen eine Renaissance im neuen Gewande. Der amerikanische Präsident forderte zu seiner Zeit die junge Generation Amerikas auf, etwas für den Staat und die Gesellschaft zu tun. Es wurden Organisationen gegründet, um den Kampf gegen die Armut aufzunehmen und die Bürgerrechte zu sichern. Kennedy verfolgte mit seiner Politik ein weit reichendes Programm zur Verbesserung der Sozialversicherung, der Krankenversorgung und des Bildungswesens. Gleichzeitig ging er die Sanierung der Städte und den Ausbau der Verkehrsinfrastruktur an. Sein Aufruf zu einem staatsbürgerschaftlichen Engagement wurde in der heutigen Zeit in eine Leitidee zum Abbau des Sozialstaates umgemünzt. Die klagenden Rentner und Arbeitslosen sollten nicht immer nur fragen, was der Staat für sie tun könne, sondern was sie für den Staat zu tun gedenken.

In den Großfamilien, die einst das soziale Netz bildeten, konnte ein solches Geschwafel gar nicht erst aufkommen.

Die Familienmitglieder hatten Augen im Kopf und sahen, wer alt, krank, schwach und hilfsbedürftig war. Natürlich funktionierte bei dieser Beobachtung auch die soziale Kontrolle. Wer jung und arbeitsscheu war, wurde zum Tätigsein angehalten. Im Haushalt oder in der Landwirtschaft gab es immer etwas zu tun. Und in der Zeit nach dem Zweiten Weltkrieg wusste man noch um die Not der Arbeitslosen in der Weimarer Republik – nie hätte man über Mitmenschen, die keine Stelle hatten, derart negativ geredet wie heute.

Im zerstörten Nachkriegsdeutschland packten alle an, um den Wiederaufbau zu bewerkstelligen. Man half sich gegenseitig. Der eine hatte Kartoffeln, der andere Hühner und der Dritte bot Zigaretten an. In unserer Wohlstandsgesellschaft scheint dagegen die Armut nicht existent zu sein. Sie wird jedenfalls oft gar nicht mehr gesehen. Im Vordergrund der Ellbogengesellschaft steht die Generation Ich. Junge Leute, die ihre Selbstbezogenheit zur Schau stellen, werden nicht umsonst Ichlinge genannt. Und weil man sich nicht traut zu sagen, jeder solle sehen, wo er bleibt, wird stattdessen der Begriff der Eigen- oder Selbstverantwortung ins Bewusstsein gehoben. Das klingt auf jeden Fall besser, ist nicht sofort durchschaubar und kann in der Debatte über die Notwendigkeit der sozialen Fürsorge so herrlich missbraucht werden. Wer will schon widersprechen, wenn gesagt wird, verdammt nochmal, zunächst ist jeder für sich selbst verantwortlich. Drückeberger und Sozialschmarotzer gäbe es zur Genüge. Faulheit dürfe nicht noch belohnt werden.

Man kann nicht oft genug darauf hinweisen: Das Ressentiment der Arbeitnehmer gegenüber Arbeitslosen, die Arbeitslosenunterstützung oder Sozialhilfe beziehen, ist sehr stark. Schließlich kennt jeder einen, der sich mit dem Geld des Staates bequem eingerichtet hat und zu allem Ärger auch noch schwarz arbeitet. Die Konsequenz daraus darf aber nie sein, das soziale Netz abzuschaffen. Vielmehr muss durch verstärkte und scharfe Kontrollen sichergestellt werden, dass Missbrauch der Sozialsysteme und Schwarzarbeit eingedämmt werden. Sie bringen sonst die Sozialstaatsidee in Misskredit.

Natürlich ist die Forderung richtig, Arbeitsfähige dazu zu bringen, angebotene zumutbare Arbeit anzunehmen. Aber es müssen erst einmal Arbeitsplätze vorhanden sein, wenn Druck auf die Arbeitslosen ausgeübt wird. Die konservativen amerikanischen Ökonomen werfen den deutschen Reformern vor, genau diesen Zusammenhang nicht zu sehen. Robert Solow sagte im Herbst 2004: »Ich wünschte, die Bundesregierung hätte ihre Reformen nicht mit solcher Brachialgewalt vorangetrieben, nicht bevor Beschäftigung und Wachstum stark genug gewesen wären. Die derzeitige Höhe der Arbeitslosigkeit ist einfach unerträglich.«

Und selbst Reagans Wirtschaftsberater Arthur Laffer, der im Jahr 1974 bei einem Abendessen in einem Restaurant in Washington seine berühmte Kurve auf eine Papierserviette gekritzelt hatte, die zeigen sollte, Steuersenkungen und nicht Steuererhöhungen würden zu Mehreinnahmen des Staates führen, kritisierte die rot-schwarz-gelb-grüne Sozialabbaukoalition heftig. In einem Interview mit dem *Handelsblatt* wurde er gefragt: »Die Bundesregierung hat große Mühen, die Zusammenlegung der Arbeitslosen- und Sozialhilfe über die Bühne zu bringen. Was halten Sie davon?« Laffer: »Ich hätte zunächst die Steuersätze massiv reduziert, damit Wachstum entsteht und so viele Arbeitsplätze wie möglich geschaffen werden. Erst wenn die Konjunktur wieder brummt, würde ich soziale Leistungen kürzen. Der zweite Schritt wurde aber vor dem ersten gemacht. Wenn Menschen keine Arbeit finden, ist es unfair, ihnen die Leistungen zu kürzen.« Da muss man schon schlucken. Die erwähnten amerikanischen Ökonomen verstehen im Gegensatz zu den deutschen Parteien unter Verantwortung noch Verantwortung von Menschen für Menschen. Das kommt in der Forderung zum Ausdruck, erst Arbeitsplätze zu schaffen, bevor man Druck auf Arbeitslose ausübt. Nur wenn man den Begriff der Verantwortung auf ein schäbiges »Jeder ist für sich selbst verantwortlich« eingedampft hat, kommt man auf die Idee, in Zeiten hoher Arbeitslosigkeit die Arbeitslosen zu schurigeln und im Sozialstaat ein »kaltes Buffet« zu sehen.

Vertrauenskrise: Wer wird belogen?

Für den Zusammenhalt von Gruppen, seien sie klein oder
groß, ist das Vertrauen der Gruppenangehörigen zueinan-
der existenziell. Das beginnt in der Familie. Die Kinder lernen, dass Verabredungen eingehalten werden müssen und
dass die Eltern für sie da sind, wenn sie sie brauchen. Sozial-
psychologen sagen, elterliche Zuwendung und Liebe ermöglichen es den Kindern, das Grundvertrauen zu finden,
das notwendig ist, um die späteren Prüfungen des Lebens
zu bestehen. Der Heranwachsende lernt im Freundeskreis,
in der Schulklasse, im Verein und beim Eintritt ins Berufsleben, Vertrauen zu anderen zu entwickeln und sich so zu
verhalten, dass andere ihm vertrauen. Auch in einer Demokratie und in einem Sozialstaat ist das Vertrauen der Wähler
für den politisch Verantwortlichen notwendig, wie umgekehrt das Vertrauen der politischen Führung in die Bürger
und in ihre Bereitschaft, am demokratischen Leben teilzunehmen und die Regeln des gesellschaftlichen und sozialen
Zusammenlebens zu beachten.

Führen heißt: Vorbild zu sein. Wenn Vertrauen die Voraussetzung für das Gedeihen einer freiheitlichen Demokratie ist, dann haben die Politiker die Pflicht, ihren Teil dazu

104

beizutragen, dass Vertrauen zwischen Wählern und Gewählten entsteht.

Wenn etwas für die letzten Jahre kennzeichnend ist, dann ist es der Vertrauensverlust. Die Wähler trauen den Regierenden nicht mehr über den Weg, und auf der anderen Seite trauen die Erwählten den Bürgern nichts mehr zu, was beispielsweise in der Weigerung zum Ausdruck kommt, die Deutschen über den Euro, die Osterweiterung, die Europäische Verfassung oder die Aufnahme der Türkei in die Europäische Gemeinschaft abstimmen zu lassen. Kein Wunder, dass die Bürger nicht mehr zur Wahlurne gehen.

In erschreckendem Umfang ist es nicht nur in Deutschland, sondern in vielen Staaten der Erde Gewohnheit geworden, das Volk zu belügen und zu betrügen. Dabei denke ich nicht nur an die Länder, in denen sich bestimmte Herrschaftscliquen bereichern, das Volk unterdrücken und oft grausame Verbrechen begehen. Ich denke auch nicht nur an Diktaturen, die stets auf Lüge und Betrug aufgebaut sind.

Vielmehr denke ich ebenso an die Industriestaaten, die sich so viel auf Freiheit und Demokratie zugute halten. In vielen von ihnen stehen die politischen Führer ebenfalls als Betrüger da. Bush und Blair haben mit dem Irak-Krieg die Bürger getäuscht und das internationale Recht gebrochen. Als sie ertappt wurden, stritten sie trotzig alles ab. Der amerikanische Präsident beispielsweise hielt im Herbst 2004 vor der UN-Vollversammlung eine Rede, in der fast alles, was er sagte, anfechtbar, wenn nicht schlichtweg falsch war. Er vertuschte die schreckliche Situation im Irak und beschimpfte die Mitglieder der Vollversammlung, weil sie die amerikanische Invasion nicht befürwortet hatten. Blair wurde zur selben Zeit in der britischen Öffentlichkeit mit Dokumenten konfrontiert, die belegten, dass er keinesfalls davon ausgehen konnte, im Irak seien Massenvernichtungswaffen vorhanden. Und sie bewiesen auch, dass selbst sein Außenminister ihn vor dem verhängnisvollen Angriff auf Bagdad gewarnt hatte.

Kurz zuvor war der spanische Ministerpräsident José María Aznar abgewählt worden, weil er das schreckliche Attentat in Madrid, bei dem fast zweihundert Menschen umgekommen waren, wider besseres Wissen der baskischen ETA in die Schuhe schieben wollte, um Punkte im Wahlkampf zu sammeln. Obwohl alles auf al-Qaida als Urheberin des Anschlags deutete, unterdrückte er Informationen, um die Medien zu manipulieren.

Nicht zu vergessen der italienische Ministerpräsident Silvio Berlusconi. Er ist gleich in mehrere gerichtliche Betrugsverfahren verwickelt. In dieses Bild passt auch das Verhalten des ehemaligen griechischen Ministerpräsidenten Konstantinos Simitis. Seine Regierung hatte den Behörden in Brüssel seit dem Jahr 2000 falsche Zahlen über das jährliche Haushaltsdefizit gemeldet, um der Eurozone beitreten zu können. Ähnliche Vorwürfe wurden auch gegenüber Italien laut.

Bundeskanzler Schröder bricht nach Wahlen ebenso regelmäßig seine Versprechen. Weder für die Agenda 2010 noch für die Abschaffung der Arbeitslosenhilfe hatte er einen Wählerauftrag. Auch die anderen im Bundestag vertretenen Parteien verhalten sich nicht viel anders. Merkel und Stoiber beispielsweise versprachen den Wählern vor der Bundestagswahl 2002 das Blaue vom Himmel – und waren danach Schröders eifrigste Helfer beim Sozialabbau. Wen wundert es da noch, dass das Vertrauen der Bevölkerung in Misstrauen und Wut umschlug.

An dieser Stelle soll auch auf das asoziale und betrügerische Verhalten vieler Mitbürger hingewiesen werden. Steuerbetrug, Steuerhinterziehung, Versicherungsbetrug, Sozialmissbrauch und Schwarzarbeit sind an der Tagesordnung.

Es gilt allgemein: Der Verfall des Vertrauens gefährdet unsere freiheitlich-demokratische Grundordnung.

Wie grotesk aber die Situation mittlerweile geworden ist, zeigte sich, als Schröder, nachdem seine so genannten Reformen von der Bevölkerung mit großer Mehrheit abgelehnt worden waren, zur Abwechslung den Moralapostel spielte und einen Mentalitätswandel forderte. Die Ansprüche der Menschen an den Staat seien zu hoch, so sagte der Kanzler, jeder nehme, was er kriegen könne, und Sozialmissbrauch und Steuerbetrug seien an der Tagesordnung. Er erhielt dafür von den Eliten viel Beifall. Nur übersahen seine Bewunderer, dass jemand, der die Wähler so oft getäuscht hat, das Volk nicht mehr Mores lehren kann. Und es fiel ihnen auch nicht auf, dass Schröder schon wieder einmal einen seiner vielen Haken geschlagen hatte. War es doch seine Regierung, die über eine Steueramnestie die Betrüger mit Straffreiheit und niedrigeren Steuersätzen belohnt hatte. »Brücke in die Steuerehrlichkeit« nannten die Reformer dieses Machwerk. Darüber hinaus fehlte für die Aufnahme derartiger Ermahnungen das Gefühl des Volkes, es ginge in Deutschland gerecht zu. Nur wenn diese Voraussetzung gegeben ist, hat die Politik eine Chance, von den Wählern Opfer oder einen Mentalitätswandel zu verlangen.

Der Vertrauensverlust ist aber nicht nur im politischen Leben der Bundesrepublik festzustellen, sondern auch im Wirtschaftsleben, das den Alltag der Menschen noch stärker prägt. Die Belegschaften erleben fast überall, wie Unternehmer, Betriebsleiter und Manager ihnen Wasser predigen und selbst Wein trinken. Die Globalisierung hat bei Managern zu Gehaltsexplosionen geführt, bei den Belegschaften aber zu Lohnkürzungen. Das Ganze hat Methode und ist das Ergebnis des Wertewandels der Gesellschaft. Verdeutlichen lässt sich das am Beispiel des Kündigungsschutzes. Der Sinn dieses Arbeitnehmerrechtes ist es, nicht nur den Beschäftigten ein unverzichtbares Maß an Sicherheit zu geben, sondern auch ein Vertrauensverhältnis zwischen Chef und Arbeitnehmer aufzubauen. Die Belegschaft will auf ihren Betrieb stolz sein und sich als Gemeinschaft fühlen. Zusammenhalt und gegenseitiges Zutrauen wirken sich belebend auf Produktivität und Kreativität aus. Wenn es aber das erste Anliegen der Wirtschaft ist, den Arbeitsvertrag so zu gestalten, dass sie die Arbeitnehmer möglichst schnell und problemlos wieder loswerden kann, dann wird kein Vertauen aufgebaut. Und erst recht werden dann in Deutschland immer weniger Familien gegründet und immer weniger Kinder auf die Welt kommen.

Eine Studie des Institutes für Arbeitsmarkt- und Berufsforschung (IAB) widerspricht dem neoliberalen Irrglauben, der Abbau des Kündigungsschutzes führe zu mehr Beschäftigung. Ein Zitat daraus: »Die Änderung der Schwellenwerte im Kündigungsschutz hatte weder auf die Zahl der Einstellungen noch auf die Zahl der Kündigungen einen messbaren Einfluss.« Schon 1996 hatte die Regierung Kohl den Kündigungsschutz eingeschränkt. In Kleinbetrieben mit bis zu zehn Mitarbeitern war er nicht mehr gegeben. 1999 hat die rot-grüne Koalition den alten Zustand wieder hergestellt, nach dem der Kündigungsschutz wieder ab fünf Mitarbeitern galt. Im Jahr 2001 setzte dieselbe Koalition den Schwellenwert des Kündigungsschutzes – darin der Regierung Kohl folgend – wieder auf zehn Mitarbeiter herauf. Die IAB-Studie untersuchte in der Folge die Einstellungs- und Abgangsraten in Kleinbetrieben nach diesen Gesetzesänderungen und kam zu dem oben erwähnten Ergebnis. Die neoliberalen Modernisierer beeindruckte dies aber nicht. Der Schwellenwert, ab dem der Kündigungsschutz Gültigkeit hat, ist zu einem Tummelplatz der deutschen Reformer geworden, ähnlich wie der Ladenschluss, die Arbeitszeit oder die Lohnhöhe. Die FDP will den Kündigungsschutz erst ab fünfzig Mitarbeitern gelten lassen, die Junge Union erst ab achtzig Beschäftigten. Im Jahr 2003 führte eine OECD-Studie ebenfalls zu dem Ergebnis, dass der Kündigungsschutz wenig Einfluss auf Einstellung und Entlassung hat.

In einem umfassenden Sinn bestätigen hier die Modernisierer und Reformer als Zerstörer unseres sozialen Netzes die Erkenntnis, die Fürst Niccolò Machiavelli in seinen *Discorsi. Gedanken über Politik und Staatsführung* Anfang des 16. Jahrhunderts niedergeschrieben hat: »Will es aber das Schicksal, dass das Volk zu niemandem Vertrauen hat, wie es manchmal der Fall ist, wenn es schon früher einmal durch die Umstände oder durch die Menschen getäuscht worden ist, so stürzt es unaufhaltsam in sein Verderben.«

Wer als Journalist, Wirtschaftsführer oder Politiker permanent daran mitwirkt, die soziale Voraussetzung für die Gründung einer Familie zu zertrümmern, muss schließlich eines Tages darüber jammern, dass die Deutschen aussterben. Im Statistischen Jahrbuch 2004 steht es schwarz auf weiß: Mit 8,7 Babys auf tausend Einwohner hat Deutschland die niedrigste Geburtenrate in Europa. Entsprechend leben auch immer weniger Menschen in Deutschland mit Kindern unter 18 Jahren zusammen – zurzeit sind es noch 9,9 Millionen. Wer die miserabelste Wirtschafts- und Sozialpolitik macht, hat auch die niedrigste Geburtenrate. Der Appell an die jungen Leute, wieder mehr Kinder in die Welt zu setzen, wird auf taube Ohren stoßen, solange die Betriebe zu wenig Ausbildungsplätze bereitstellen und selbst hoch qualifizierte Akademiker in immer größerer Zahl keine Arbeit finden. Abgesehen davon bleibt die Flexibilität des Arbeitsmarktes, die Herzensangelegenheit der neoliberalen Modernisierer, immer noch der wichtigste Grund, warum es immer weniger Familien mit Kindern gibt. Dass sie selber das Übel verursachen, das sie ständig beklagen, will den neoliberalen Propheten nicht in den Kopf.

Seit sich ein Mangel an gut ausgebildeten Arbeitskräften abzeichnet, entdeckt die Wirtschaft die Mütter, die oft sehr qualifiziert sind, aber bei ihren Kindern geblieben waren. »Mütter in die Produktion« – das ist jetzt die neue Losung des BDI, der plötzlich befand, die Familienphase der Mütter sei in Deutschland zu lang. Mit den Augen der Wirtschaft betrachtet ist dieses Urteil verständlich, aber Kinder wollen ihre Eltern nicht nur am Abend und am Wochenende bei sich haben. Und zudem lieben viele Eltern ihre Kinder mehr als die Karriere. Wie wäre es, wenn die Wirtschaft durch eine menschliche Gestaltung der Arbeitszeiten und der Aufstiegschancen zur Abwechslung einmal Müttern, Vätern und Kindern entgegenkäme? Statt »Flexibilisierung des Arbeitsmarktes« und »Mütter in die Produktion« müsste es heißen: »Wir schaffen familienfreundliche Arbeitsbedingungen.«

Es könne doch nicht sein, hieß es auf einer Tagung der Synode der Evangelischen Kirche in Magdeburg, dass Mütter sich dafür entschuldigen müssen, wenn sie nicht ein halbes Jahr nach der Geburt ihres Kindes wieder berufstätig sind. Der sächsische Landesbischof Jochen Bohl widersprach auch der gängigen Auffassung, allein der Ausbau der Ganztagsbetreuung reiche aus, um junge Eltern dazu zu bewegen, Kinder zu bekommen. Die Kinderlosigkeit sei nämlich in Deutschland dort am höchsten, wo die Kinderbetreuung am besten sei – im Osten. Und im Hinblick auf die generationenübergreifende Funktion der Familie sagte ein Teilnehmer der Tagung, dass jemand, der bewusst kinderlos bleibe, darauf vertraue, dass die Kinder anderer Leute ihm im Alter das Lätzchen umbinden werden.

Gibt es soziale Gerechtigkeit?

Was soziale Gerechtigkeit sei, lasse sich überhaupt nicht konkret bestimmen, sagen die Neoliberalen. Daher könne man mit diesem zentralen Begriff der politischen Linken nichts anfangen. Sie berufen sich dabei nur zu gern auf den Wirtschaftsnobelpreisträger Friedrich August von Hayek, der das Adjektiv »sozial« einmal ein Wieselwort nannte, das der Gerechtigkeit die Substanz nehme. Er, Hayek, habe lange versucht, den Sinn eines Begriffs wie »soziale Gerechtigkeit« herauszufinden, aber das sei ihm nicht gelungen. Für eine Gesellschaft freier Menschen habe diese Formulierung überhaupt keine Bedeutung.

Zwar finden sich im Werk dieses Säulenheiligen des Neoliberalismus auch Feststellungen, die ein Linker unterschreiben könnte: So geht Hayek davon aus, dass sich kein vernünftiger Mensch ein Wirtschaftssystem vorstellen könne, in dem der Staat völlig untätig sei. Betrugsverhinderung, die Durchkreuzung einer Vorspiegelung falscher Tatsachen und ein Verbot der Ausbeutung von Unwissenheit seien Aufgaben des Gesetzgebers. Auch dürfe die liberale Phraseologie nicht zur Verteidigung unsozialer Privilegien missbraucht werden, und ebenso sei die Aufrechterhaltung des Wettbewerbs sehr wohl auch mit einem ausgedehnten System der Sozialfürsorge vereinbar, solange es den Wettbewerb nicht lahm lege. Jedoch mit der erwähnten Behauptung, die soziale Gerechtigkeit habe in einer Gesellschaft freier Menschen überhaupt keine Bedeutung, wurde er zum Guru der neoliberalen Bewegung.

Im Gegensatz zu Hayek war für Adam Smith die Gerechtigkeit der Hauptpfeiler der Gesellschaft. Ohne diesen Pfeiler werde die Gesellschaft, so der britische Ökonom, zusammenstürzen und in Atome zerfallen. Zwar verzichtete auch er auf das Adjektiv »sozial«, wenn er von Gerechtigkeit sprach. So heißt es bei Smith: »Darum hat die Natur, um die Beobachtung der Regeln der Gerechtigkeit zu erzwingen, der menschlichen Brust jenes Schuldgefühl eingepflanzt, jenes Bewusstsein, Strafe zu verdienen, die der Verletzung der Gerechtigkeit folgt, damit sie die Schutzwächterin der Gemeinschaft der Menschen sei – die Schwachen zu schützen, die Ungestümen zu zähmen und die Schuldigen zu züchtigen.« In dieser Aussage wird aber klar, dass die Gerechtigkeit nach Smith immer eine soziale ist, das heißt die Gesellschaft betreffend – in dieser Weise übersetzt auch der Duden das Wort »sozial«. »Schutzwächterin der Gemeinschaft der Menschen« – diese Formulierung von Adam Smith erinnert wiederum an das einstige Selbstverständnis sozialdemokratischer Parteien, Schutzmacht des kleinen Mannes zu sein.

Vor diesem Hintergrund erscheint Hayeks Wortklauberei gekünstelt und an den Haaren herbeigezogen. Gerechtigkeit kann eben nicht ohne gesellschaftlichen Bezug gedacht werden. Die Einwände der Neoliberalen laufen deshalb einzig darauf hinaus, dass ein verbindlicher Maßstab fehlt, ein Präzisionsmessgerät, um überprüfen zu können, was sozial gerecht ist. Adam Smiths Beobachtung, ein Schuldgefühl stelle sich ein, wenn man die Gerechtigkeit verletzt hat, steht dazu nicht im Widerspruch: Gerechtigkeit setzt

Mitgefühl für andere Menschen voraus. Und wenn das nicht mess- und quantifizierbare Mitgefühl dazu führt, jedem Menschen ein Recht auf ein selbstbestimmtes Leben zu ermöglichen, frei von Not und Existenzangst, dann führt es zu der Erkenntnis: Freiheit, Gerechtigkeit und Solidarität bedingen einander.

Um soziale Gerechtigkeit durchzusetzen, müssen wir uns von dem Marktfundamentalismus befreien, der das wirtschaftliche Denken unserer Zeit beherrscht. Der Glaube an die Märkte hat geradezu religiöse Züge angenommen. Er wird mit demselben Ausschließlichkeitsanspruch vertreten, mit dem der römische Papst ein Dogma verkündet oder mit dem die Mullahs oder Ayatollahs die Errichtung eines islamischen Gottesstaates und die Wiedereinführung der Scharia fordern. An die Stelle des lieben Gottes ist der Markt getreten. Aber dieser ist nicht barmherzig und gütig. Er vergibt seinen Schuldigern nicht. Er bringt die Menschen nicht dazu, einander zu helfen, im Gegenteil, er fördert das Konkurrenzverhalten.

Rein wirtschaftliche Überlegungen können nie zu einer Bestimmung dessen führen, was unter sozialer Gerechtigkeit zu verstehen wäre. Nur ein aus dem Inneren des Menschen kommendes moralisches Empfinden weist den Weg zu einer gerechten Gesellschaft. Debatten darüber, was das denn sei, erübrigen sich aber, wenn der Spitzensteuersatz für die Bezieher hoher Einkommen dreimal hintereinander gesenkt wird und gleichzeitig von Arbeitslosen, Rentnern und Kranken immer neue Opfer abverlangt werden.

Auch das zwanghafte Bemühen, das Wort »soziale Gerechtigkeit« durch »Chancengerechtigkeit« zu ersetzen, führt nicht weiter. Wenn Starke und Schwache aufeinandertreffen, dann führt die Abwesenheit von Regeln zur Unterdrückung der Schwachen, während das Gesetz dafür sorgt, dass die Schwächeren nicht zu kurz kommen. Daher kämpft die Linke für Regeln, die die Schwachen schützen. Dieser Kerngedanke einer Politik, die Gesetze fordert, um jedem Menschen den notwendigen Freiraum zu sichern, ist den Militärs völlig vertraut. Nichtintervention ist Intervention zu Gunsten der Stärkeren, sagen sie. Für die Gesellschaft heißt das: Deregulierung ist Regulierung zu Gunsten der Stärkeren. Die Neoliberalen kämpfen für das Recht des Stärkeren, damit dieser sich durchsetzen kann, und nennen das dann Freiheit. Das gilt nicht nur für die Auseinandersetzungen um den Sozialstaat oder die Steuergesetzgebung, sondern genauso für den Schutz der Kleinbetriebe vor den Großbetrieben.

Der sozial Schwache in diesem Kampf ist der Kleinbetrieb. Selbstverständlich sind in der neoliberalen Ära in nie gekanntem Ausmaß die Kleinbetriebe Opfer des unlauteren Wettbewerbs der Großbetriebe geworden. Die Großen fressen die Kleinen, sagt ein geflügeltes Wort. Die Unternehmenszusammenschlüsse, Fusionitis genannt, wurden zur Modeerscheinung. Die Manager der Großbetriebe wollten Global Players sein, weil ihre Unternehmen nur so eine Chance hätten, im internationalen Wettbewerb zu bestehen. Der Eifer, mit dem Firmenhochzeiten betrieben werden, speist sich aus zwei Quellen. Die Manager können so ihre Gehälter verdoppeln oder verdreifachen und die Investmentbanken, die einen großen Einfluss auf die Weltwirtschaft haben, verdienen ebenfalls viel Geld dabei.

Die soziale Gerechtigkeit muss wieder zu einem durchgreifenden Ordnungsprinzip der modernen Gesellschaft werden. Sie trägt zur Befriedung bei und garantiert die Freiheit der Schwächeren. Ohne soziale Gerechtigkeit gibt es nur die Freiheit der Stärkeren. Ohne sie gibt es keine Gesellschaft, in der jeder das Recht auf ein menschenwürdiges Leben hat.

Freiheit ist auch die Freiheit des anderen

Es gibt kaum ein politisches Programm auf der Welt, das ohne den Begriff der Freiheit auskommt. Auch Kriege werden im Namen der Freiheit geführt. Bush und Blair befreien die Afghanen und die Iraker, ob diese es wollen oder nicht. In den westlichen Medien sind die in Bagdad stationierten Amerikaner die Befreier, während die Iraker, die sich gegen diese Zwangsbefreiung zur Wehr setzen, »Aufständische« oder »Terroristen« genannt werden. Wieder sieht man hier die Macht der Sprache.

Selbst unsere Wirtschaftsordnung wird immer frei oder freiheitlich genannt. Oberflächlich betrachtet scheint die Marktwirtschaft ein Reich der Freiheit zu sein, in dem es keine Abhängigkeit gibt. Selbst wenn Menschen entlassen werden, kommt die Sprache ohne den Bezug auf die Freiheit nicht aus. Der Beschäftigte wird »freigesetzt«.

Mit kaum einem Wort wird auf der Welt so viel Missbrauch getrieben wie mit dem der Freiheit. Die Nazis schrieben über die Tore ihrer Vernichtungslager »Arbeit macht frei«. Wer sich in der Politik auf die Freiheit bezieht, muss sagen, was er darunter versteht. Zwei grundlegende Ausformungen des Freiheitsbegriffes lassen sich unterscheiden.

Einmal kann Freiheit verstanden werden als Abwesenheit äußerer Zwänge und Bindungen. In der politischen Auseinandersetzung ist das die Freiheit von Regeln und Gesetzen. Die Freiheit wird auf diese Weise negativ bestimmt. Es handelt sich dabei immer um eine Freiheit von etwas.

Die Freiheit kann andererseits aber auch als Fähigkeit aufgefasst werden, seinem Leben eine Richtung zu geben. Dann geht es um eine Entscheidungs- und Willensfreiheit. Diese Freiheit ist im Gegensatz zu einer, die sich als Abwesenheit von einem Zwang definiert, eine Form der Freiheit, die zu einer bestimmten Möglichkeit oder einer bestimmten Handlung befähigt. In dieser Ausrichtung ist Freiheit positiv bestimmt.

Die politischen Auseinandersetzungen zwischen Rechts und Links werden von diesen beiden Freiheitsauffassungen geprägt. Die Freiheit, tun und lassen zu können, was man will, ist verlockend. Ein solches Verständnis von Freiheit verliert aber den Bezug zum Mitmenschen. Wer Freiheit als Möglichkeit eines jeden Menschen begreift, über sein Leben selbst zu bestimmen, muss Regeln befürworten, die den Schwachen schützen. Das Verständnis von Verantwortung als Verantwortung von Menschen für Menschen führt zu diesem Freiheitsbegriff. Der Vorrang der Eigenverantwortung zielt dagegen auf eine andere Bestimmung der Freiheit – auf die Freiheit von Soziallasten und Kündigungsschutz. Natürlich gehen die beiden Freiheitsbegriffe auch ineinander über und haben fließende Grenzen. Freiheit von etwas ist immer auch eine Freiheit zu etwas – und umgekehrt. Aber die unterschiedliche Akzentuierung bestimmt das jeweilige politische Lager. Die Rechte will die Kräfte des Marktes von Schranken befreien, die Linke will den Markt Regeln unterwerfen, um die Schwachen zu schützen.

Dass heute den öffentlichen Auseinandersetzungen ein Freiheitsbegriff zugrunde liegt, der eher auf das Recht des

Stärkeren zielt, ist auch an der Geringschätzung der betrieblichen Mitbestimmung erkennbar. Sie ist für den neoliberalen Reformer nur ein Investitionshindernis. Freiheit meint aber nie die Freiheit der wenigen – in diesem Fall die Freiheit der Kapitalbesitzer –, sondern immer die Freiheit aller. Demokratie verlangt gesamtgesellschaftliche Teilhabe, also auch die Mitbestimmung der Arbeitnehmer in den Betrieben und in der Wirtschaft. Der Arbeitnehmer darf nicht nur ein Untertan der Wirtschaft sein. Heute kann von einer wirklichen Mitbestimmung der Arbeitnehmer in der gesamten Wirtschaft keine Rede sein. Die politischen Parteien teilen die Vorstellungen der Wirtschaftsverbände und die Gewerkschaften werden als Besitzstandswahrer und Betonköpfe diffamiert. Das Wort »Besitzstandswahrer« ist ein Paradebeispiel aus dem Lügenwörterbuch des Neoliberalismus. Nicht die sich selbst bereichernden Manager sind damit gemeint, diese müsste man eigentlich auch eher »Besitzstandsvermehrer« nennen. Gemeint ist auch nicht jenes eine Prozent der Bevölkerung, das 25 Prozent des Geldvermögens besitzt. Ebenso wenig diejenigen, die Produktionsmittel besitzen und Macht ausüben, indem sie mit Betriebsverlagerungen ins Ausland drohen und über das Schicksal der Arbeitnehmer entscheiden. Sie haben den Wegfall der Gewerbekapital- und Vermögenssteuer und die im Vergleich zu den angelsächsischen Ländern geringe Erbschaftssteuer durchgesetzt und vergrößern auf diese Weise unaufhörlich ihren Besitz. Mit Besitzstandswahren sind in der verlogenen Welt des Neoliberalismus Arbeitnehmer, Rentner, Arbeitslose, Sozialhilfeempfänger und diejenigen gemeint, die für die Interessen der sozial Schwachen eintreten. Nirgendwo war die neoliberale Sprachdressur so erfolgreich wie bei Eigentum und Besitz. »Alle Besitzstände müssen auf den Prüfstand«, rufen Deutschlands Reformer und denken nicht an die Reichen, sondern an die Bezieher sozialer Leistungen.

Eine Gesellschaft, die Milliardenvermögen nicht besteuert, aber die Hilfe für die Armen kürzt, ist weder christlich noch sozial. Sie ist schlichtweg pervers.

Die Reichen leben in Deutschland im Verborgenen. Auf dem 32. Soziologentag in München wurde die Meinung vertreten, wir hätten Anlass, den historisch verabschiedeten Klassenbegriff neu zu beleben. Denn Klassen im Sinne der Teilhabe oder Nichtteilhabe am Produktivvermögen gäbe es nach wie vor. Nur würden sie seit einem halben Jahrhundert zunehmend unsichtbarer werden. Diese Unsichtbarkeit hätte in Deutschland aber auch eine statistische Ursache. So gäbe es kaum Datenmaterial über die Verteilung von Produktionsmittelbesitz, da das Statistische Bundesamt solche Daten nicht mehr erfasse. Es wird also Zeit, ein Gesetz zu verabschieden, das das Statistischen Bundesamt verpflichtet – und ihm auch die Möglichkeit gibt –, die wahre Verteilung von Reichtum und Vermögen in Deutschland erneut festzuhalten.

Im Herbst 2004 richteten sich alle Augen auf Madeleine Schickedanz, die mit knapp 42 Prozent die größte Anteilseignerin bei dem in die Krise geratenen KarstadtQuelle-Konzern war. Sie gehört mit einem geschätzten Privatvermögen von 2,4 Milliarden Euro zu den Top 50 des deutschen Geldadels. Besorgt fragten sich die Beschäftigten, ob sie wohl bereit sei, ihren Anteil an der benötigten Kapitalzufuhr von 500 Millionen Euro zu leisten. Nachdem die vom Vorstand vorgeschlagenen Lohnkürzungen und Personalabbaupläne gebilligt worden waren, beteiligte sie sich an der Kapitalerhöhung.

Die Gefahr, die von der Konzentration des Besitzes in den Händen weniger für die Freiheit ausgeht, sah niemand klarer als der Freiburger Ökonom Walter Eucken. Er ist einer der geistigen Väter der sozialen Marktwirtschaft. Nicht die Missbräuche wirtschaftlicher Macht seien zu bekämpfen, sondern die wirtschaftliche Macht selbst, war seine Überzeugung. Kapitalismus und Sozialismus befehdeten sich zwar, aber in Wirklichkeit hätten sie vieles gemeinsam. Werde die Marktwirtschaft sich selbst überlassen, dann führe sie zu einer stets größer werdenden Machtkonzentration. Wirtschaftliche Interessengruppen würden dann verstärkt Märkte – also die Konkurrenten – durch Kartelle, Fusionen, Dumping-Preise und Marktsperren kontrollieren. Große Unternehmen könnten dann demokratische Regierungen allein durch ihre bloße Wirtschaftsmacht legal erpressen. Die Politik des Staates sollte deshalb darauf gerichtet sein, wirtschaftliche Machtgruppen aufzulösen oder ihre Funktionen zu begrenzen. Eucken wusste noch, dass eine soziale auch eine demokratische Marktwirtschaft sein muss.

Heute befürworten Politiker aller Parteien Fusionen. So zum Beispiel Bundeskanzler Schröder bei den Banken oder Wirtschaftsminister Clement bei den Medien. Das demokratische Anliegen des Freiburger Ökonomen der Sozialen Marktwirtschaft, die Zusammenballung wirtschaftlicher Macht zu verhindern, ist ihnen fremd. Die Globalisierung verlangt Global Players. Wenn diese Politiker mit den Schrempps und Ackermanns zusammenhocken, dann sind sie sich einig: Fusionen mehren den Einfluss Deutschlands in der Welt und haben den schönen Nebeneffekt, die Managergehälter zu verdreifachen. (Bekanntlich träumt der eine oder andere Politiker von einer Managerkarriere, um endlich Kohle zu machen.) Dass bei Fusionen oft Milliarden in den Sand gesetzt und viele Tausende Arbeitsplätze abgebaut werden, muss man leider wegen der Globalisierung in Kauf nehmen. Auch der mit dem wachsenden Einfluss von Konzernen verbundene Abbau der Demokratie stört die Neoliberalen nicht.

Ähnlich wie Ludwig Erhard, so ragte auch Karl Schiller unter den Wirtschaftsministern der Bundesrepublik

Deutschland heraus. Er wollte die Versöhnung des Freiburger Imperativs – Verhinderung und Kontrolle wirtschaftlicher Macht – mit der Botschaft von Keynes. So viel Wettbewerb wie möglich, so viel Staat wie nötig, hieß seine einfache Formel. Stattdessen haben wir heute die Fusionitis als Krankheit, weil die Großbetriebe Global Players sein wollen, Privatisierung, Deregulierung und Steuersenkung sind zu Leitvorstellungen geworden. Aus »So viel Wettbewerb wie möglich, so viel Staat wie nötig« wurde »So wenig Wettbewerb und Staat wie möglich«.

III. Mitmenschlichkeit als politische Aufgabe

Die Volksparteien und der Mangel an Widerstand

Die bisherigen Ausführungen haben gezeigt: Eine Erneuerung der Politik setzt eine andere Sprache, eine neue Begrifflichkeit im Sinne der Aufklärung und eine andere geistige Orientierung voraus. Nun wäre es vermessen, sich schon morgen die Verwirklichung einer neuen Ausdrucksweise zu wünschen, die die Zusammenhänge und Hintergründe gesellschaftlicher Konflikte deutlicher macht als die von Falschwörtern durchsetzte neoliberale Sprache. Aber der Vorsatz, in der politischen Debatte die sprachlichen Täuschungs- und Verschleierungsmanöver zu entlarven, ist nicht vermessen und ist eine Voraussetzung, die Politik zu verändern. Auch die Ansprüche an eine neue sittliche Orientierung sollten nicht zu hoch geschraubt werden. Aber: Mitmenschlichkeit in der Welt des Shareholder Value einzufordern bleibt Aufgabe der Politik.

Daher schauen wir uns jetzt Organisationen näher an, die zuallererst für nachhaltiges Wirtschaftswachstum und soziale Gerechtigkeit sorgen sollen, die Parteien und die Gewerkschaften. Beginnen wir mit der führenden Regierungspartei.

»Die Sozialdemokratie in Europa ist schon lange tot«, schreibt der angesehene französische Soziologe Alain Touraine. Die Kommunikation zwischen denen da oben und denen da unten funktioniere nicht mehr. In Großbritannien regiere mit Blair zum Beispiel eine Mitte-Rechts- und keine Mitte-Links-Regierung.

Dass die Regierung Schröder keine Politik macht, die sozialdemokratisch genannt werden kann, hat sich herumgesprochen. Mitglieder und Wähler laufen der sozialdemokratischen Partei Deutschlands scharenweise davon. Wie konnte es überhaupt dazu kommen? Und warum gibt es nach einer unglaublichen Serie von Wahlniederlagen keinen Aufstand in der SPD? Fakt ist: Die Wähler sind resigniert und bleiben zu Hause, und viele Mitglieder geben auf und treten aus der Partei aus. Der Mitgliederschwund gleicht der Entwicklung in Großbritannien. Die britische Labour-Party hat seit ihrem Wahlsieg im Jahr 1997 fast die Hälfte ihrer Mitglieder verloren. Von 407 000 ist ihre Zahl auf 215 000 gesunken.

Auch Blairs Partei hatte die Umverteilung in Richtung der Reichen nicht verhindern können. Ein Prozent der britischen Bevölkerung bezieht mittlerweile 13 Prozent aller Einkommen. Zehn Jahre zuvor waren es sechs Prozent gewesen. »Wir haben die Macht, aber wir haben nichts Vernünftiges damit angefangen«, bilanzierten Mitglieder der Labour-Party, die Blair noch im Wahlkampf 1997 mit Begeisterung unterstützt hatten. Die Politik des Premierministers könne man nicht von der Tory-Politik unterscheiden. Daher stünde die Lebensfähigkeit der Partei auf dem Spiel.

In Deutschland haben sich die Dinge ähnlich entwickelt. In der Zeit von Willy Brandt wäre es zu einer Rebellion gegen eine Politik gekommen, die in der Außenpolitik auf militärische Interventionen setzt und dabei die Verletzung des Völkerrechts in Kauf nimmt. Im Inneren Deutschlands

steigert sie die Arbeitslosigkeit und verschräft die Umverteilung von unten nach oben. Wo, so fragt man sich, bleibt die
nachwachsende Generation, die berufen wäre, den falschen
Kurs heute zu korrigieren?

Vielleicht ist die Erkenntnis des in Ägypten geborenen
englischsprachigen Historikers Eric Hobsbawm ein mögli-
cher Schlüssel für den mangelnden Widerstand: »Die Zerstörung der Vergangenheit oder vielmehr die jenes sozialen
Mechanismus, der die Gegenwartserfahrung mit derjenigen
früherer Generationen verknüpft, ist eines der charakteris-
tischen und unheimlichsten Phänomene des 20. Jahrhunderts. Die meisten jungen Menschen am Ende dieses Jahrhunderts wachsen in einer Art permanenter Gegenwart auf,
der jegliche organische Verbindung zur Vergangenheit ihrer
eigenen Lebenszeit fehlt.«

Linke Parteien sind immer auch Erinnerungsgemein-
schaften an die Kämpfe und an das Ethos der Vorgänger-
generationen. Das Ideal, die Gleichheit aller Menschen,
gehört zu den Fundamenten einer sozialdemokratischen
Partei. Es ging ihr immer um die Verantwortung für die
Mitmenschen. Sozialdemokratische Politik ist somit mehr
als nur die pragmatische Verwaltung des Bestehenden, wes-
halb sie sich dem internationalen Finanzkapitalismus und
der Kontrolle der Finanzmärkte nicht einfach unterwerfen
kann. Wenn die SPD die Welt nicht mit den Augen der Lei-
denden und Entrechteten betrachtet, dann verliert sie auf
Dauer ihr Gedächtnis und ihre Moral.

Eine weitere Erklärung für das Ausbleiben eines Aufstan-
des ist eine Öffentlichkeit, die sich völlig gewandelt hat. In
ihrer jetzigen Ausformung verführt sie viele jüngere Politiker dazu, die Erwähnung eines Gedankens oder eines Vor-
schlags in den Medien für seine Verwirklichung zu halten.
Zugespitzt kann man sagen, es geht nicht mehr darum,
etwas zu Stande zu bringen oder umzugestalten, sondern

darum, möglichst oft in Rundfunk, Fernsehen und Presse genannt zu werden oder gar selbst in Erscheinung zu treten. Vermögenssteuer, Erbschaftssteuer, Spitzensteuersatz, Börsenumsatzsteuer, Bürgerversicherung, Mindestlöhne, neue Zumutbarkeitsbedingungen hinsichtlich der Aufnahmepflicht von Arbeit – die Veränderungsvorschläge, die von der nachwachsenden Politikergeneration gemacht werden, füllen viele Seiten. Aber in Wirklichkeit geschieht nichts. Es bleibt bei den folgenlosen öffentlichen Erörterungen.

Als die sozialdemokratische Partei Deutschlands noch lebendig war, schlossen sich Einzelne zusammen, um ihre Anträge vom Ortsverein über den Unterbezirk, dann über den Bezirk bis hin zum Bundesparteitag durchzukämpfen. Wenn der Bundesparteitag letztlich einen Vorschlag beschlossen hatte, dann war die Entscheidung für die Regierungsmitglieder oder, wenn die Partei in der Opposition war, für die Führung der Fraktion verbindlich. Zwar konnten in der Zeit der sozialliberalen Koalition Kanzler wie Willy Brandt und Helmut Schmidt auf die FDP verweisen, wenn Parteitagsbeschlüsse nicht in ein Handeln der Regierung umgesetzt wurden. Aber der Grad der Verbindlichkeit solcher Entscheidungen war ungleich höher als heute. Ein Beispiel sind die berühmt gewordenen Parteitagsbeschlüsse der SPD zum NATO-Doppelbeschluss und zur Kernenergie. Der legendäre Fraktionsvorsitzende Herbert Wehner leitete stets die Antragskommission der Parteitage. Nach getaner Arbeit servierte er den Mitgliedern einen klaren Schnaps. Er wachte darüber, dass keine Beschlüsse gefasst wurden, die die Regierenden zu sehr in Bedrängnis gebracht hätten. Der alte Haudegen hatte noch Respekt vor den Aufträgen der Parteitagsdelegierten.

Heute ist das völlig anders. Schon im Vorfeld von SPD-Parteitagen können die Delegierten in der gesamten Presse lesen, wie belanglos die Entscheidungen für den Kanzler sein werden. Sie haben diese Entwicklung mitverursacht, weil sie den ständigen Bruch von Wahlversprechen und das ständige Hin und Her einer orientierungslos gewordenen Politik hingenommen haben. Kennzeichnend für die Geringschätzung der Mitglieder und die Distanz zur eigenen Partei ist der in Mode gekommene Satz: »Erst das Land, dann die Partei.« Er wird immer wieder von Leuten vorgetragen, die ohne die Partei niemals in ihre hochgradig geliebten Staatsämter aufgestiegen wären. Die von den Medien stets wohlwollend aufgenommene Platitude ist zudem noch dumm und anmaßend. Wer sie benutzt, geht wie selbstverständlich davon aus, dass er viel besser weiß, was dem Lande nützt, als viele hunderttausend Parteimitglieder. Der Satz ist aber auch deshalb so beliebt, weil er die in der Gesellschaft vorhandenen Interessengegensätze leugnet. Es geht eben nicht um das Land, sondern es geht um Arme und Reiche, um Gesunde und Kranke, um Leute, die Arbeit haben, und solche, die arbeitslos sind. Die Entscheidungen der Politik dienen eben nicht den Interessen aller in gleichem Maße.

Andere Parteien verfahren ähnlich. Auf ihrem Parteitag Anfang Oktober 2004 hatten die Grünen die Bundesregierung aufgefordert, auf die Lieferung von zwanzig Transportpanzern vom Typ Fuchs in den Irak zu verzichten. Postwendend erklärte Regierungssprecher Thomas Steg, die Bundesregierung habe die Lieferung verabschiedet und es gäbe keinen Anlass, diesen Beschluss aufzuheben. Die frisch gewählten Parteivorsitzenden der Grünen, Claudia Roth und Reinhard Bütikofer, äußerten sich entsprechend und distanzierten sich am nächsten Tag von der Entscheidung ihrer eigenen Partei. Claudia Roth sagte, bei der Fuchs-Lieferung handele es sich um eine »Ausbildungshilfe« und nicht um Rüstungsexport. Waffenexport als Ausbildungshilfe – das ist nun wirklich hübsch und zeigt, wie sprachbegabt die angepassten Grünen sind.

Den Parteigremien kommt allenfalls noch die Bedeutung zu, den Delegierten die Möglichkeit zu bieten, Dampf und Ärger abzulassen, um so zur Besänftigung der Basis beizutragen. Mitgliederentscheide wären hier geeignet, um diesem Prozess bewusst gegenzusteuern. Sie könnten die Parteimitglieder wieder an die Politik heranführen. Aber sie müssten für den Vorstand der Partei genauso verbindlich sein wie Volksentscheide für demokratisch gewählte Regierungen. Da in Europa Volksabstimmungen bei grundsätzlichen Richtungsentscheiden durchgeführt werden, warum dann nicht auch in politischen Parteien, wenn es um vergleichbare Weichenstellungen geht?

Demokratische Entscheidungen, an denen die Betroffenen mitwirken können, schaffen Vertrauen zwischen Wählern und Gewählten, zwischen Mitgliedern und Parteivorständen. In jedem Fall hätte es in der um 150 000 Mitglieder geschrumpften SPD einen Mitgliederentscheid über die Agenda 2010 und Hartz IV geben müssen. Aber vor einem solchen schreckten Schröder und Müntefering wohlweislich zurück. Schließlich wissen sie selbst besser als die Mitglieder und Wähler, was für Deutschland gut und vernünftig ist.

Bedauerlicherweise wurde der Versuch einiger linker Bundestagsabgeordneter, den Mitgliederentscheid gegen den Sozialabbau einzusetzen, vorzeitig abgebrochen. Mitgliederentscheide werden heute nur noch durchgeführt, wenn es um Personalfragen geht. Als nach dem Rücktritt Björn Engholms ein neuer SPD-Vorsitzender gesucht wurde, entschieden sich die Mitglieder für Rudolf Scharping. Auch bei dem Versuch, den wenig populären rheinland-pfälzischen CDU-Vorsitzenden Christoph Böhr als Spitzenkandidaten für die Landtagswahl zu verhindern, wurden die rheinland-pfälzischen CDU-Mitglieder um eine Entscheidung gebeten. Böhr konnte sich in einer Kampfabstimmung behaupten. Und als in Baden-Württemberg der durchaus angesehene

Ministerpräsident Erwin Teufel weggemobbt wurde, um sein Amt für den Fraktionsvorsitzenden Günther Oettinger frei zu machen, ging es nicht um Sachfragen. Auch bei diesem Streit sollten es die baden-württembergischen CDU-Mitglieder richten. Sie mussten sich zwischen dem Fraktionsvorsitzenden Günther Oettinger und der Kultusministerin Annette Schavan entscheiden. Oettinger setzte sich schließlich durch.

In der Politik geht es immer um Macht und Personalfragen. Aber wenn die Sachfragen so an den Rand gedrängt werden wie momentan, dann wendet sich das Publikum mit Grausen ab. In der Medienwelt ist es zu allem Überfluss zur Gewohnheit geworden, aus Sachfragen Personalfragen zu machen.

Ein Paradebeispiel ist das Ringen der CDU und der CSU um die Gesundheitspolitik. Systemwechsel (Kopfpauschale) oder Beibehaltung der bisherigen Form der Krankenversicherung – diese sachliche Kontroverse, auf die ich noch zu sprechen komme, ist von großer Bedeutung für unsere Zukunft. Sie reduzierte sich aber letztlich auf die Frage, ob sich Stoiber oder Merkel durchsetzen würde. Angesichts der Wichtigkeit der Kontroverse hätten CDU und CSU sich einen Gefallen getan, wenn sie die Mitglieder diesbezüglich gefragt hätten. Die von Merkel – wie auch von Schröder – bevorzugten Regionalkonferenzen bedeuten keinen Ersatz, weil bei der Zusammensetzung solcher Konferenzen beachtliche Manipulationsmöglichkeiten gegeben sind. Die Mitglieder von CDU und CSU wären ohne Zweifel in der Lage gewesen, bei der Gesundheitsreform zwischen gleichen Beiträgen für alle oder Beiträgen, die nach dem Einkommen gestaffelt sind, zu entscheiden. Es ist ein Widerspruch, wenn die Parteien Volksentscheide fordern, ihre Mitglieder aber bei Grundsatzentscheidungen außen vor lassen.

Vorbildlich in diesem Zusammenhang verhielt sich die

französische Parti Socialiste (PS). Als in der Führung ein Streit darüber ausbrach, ob die Partei dem Entwurf der Europäischen Verfassung zustimmen solle, wurden die Mitglieder befragt. Eine deutliche Mehrheit der französischen Sozialisten sagte Ja zur Europäischen Verfassung.

»Die Sozialdemokraten des Jahres 2004 haben keine Leidenschaft mehr. Sie empören sich nicht wirklich über den Zustand der Republik. Sie drängen nicht ernsthaft nach neuen Ufern. Eben deshalb haben sie keine Vision, kein Bild, keine Vorstellung des ganz anderen. Diese Sozialdemokraten des Jahres 2004 sind Menschen, die längst angekommen sind, arriviert, durchaus wohlanständig, im Kern saturiert«, schrieb der Politikwissenschaftler und Parteienforscher Franz Walter in der *Süddeutschen Zeitung*.

Ist wirklich das Ende des utopischen Zeitalters gekommen, das von einigen nach dem Zusammenbruch des Kommunismus ausgerufen wurde? »Brüder, zur Sonne, zur Freiheit, Brüder zum Lichte empor. Hell aus dem dunklen Vergangnen leuchtet die Zukunft hervor«, singen die Sozialdemokraten zum Abschluss ihrer Parteitage.

Heute geht es um eine Gegenwart, die durch Sozialabbau, Lohnkürzung und durch Täuschungsbegriffe wie Agenda 2010 und Hartz IV gekennzeichnet ist. Die stolze Vergangenheit der sozialdemokratischen Partei ist in Vergessenheit geraten und mit ihr die Ideale und Träume, die den Kämpfen früherer Generationen ihren Sinn gaben. Ohne den Traum von einer besseren Welt kommt aber keine Partei aus, die begeistern und etwas bewegen will. Nur ein großes Ziel, ein leuchtendes Bild von der Zukunft, bringt Menschen dazu, Opfer zu bringen und sich politisch zu engagieren.

»Wenn die utopischen Oasen austrocknen, breitet sich eine Wüste von Banalität und Ratlosigkeit aus«, sagte einst der Soziologe und Philosoph Jürgen Habermas. Wie wahr! Eine solche »Wüste von Banalität und Ratlosigkeit« ist die deutsche Reformpolitik. Um dies endgültig unter Beweis zu stellen, schlugen Schröder und Eichel vor, den Tag der Deutschen Einheit flexibel zu handhaben. Er sollte nicht mehr am 3. Oktober, sondern am ersten Sonntag im Oktober begangen werden. Von dem so gewonnenen zusätzlichen Arbeitstag erhofften sie sich mehr Wachstum und mehr Steuereinnahmen. Die geheuchelte Aufregung, die unmittelbar einsetzte, war groß. Ein CDU-Abgeordneter schimpfte, die beiden sozialdemokratischen Reformer seien »Vaterlandsverräter«. Der bayerische Ministerpräsident Stoiber nannte den Vorschlag, den er einige Jahre zuvor noch überlegenswert fand, hirnrissig. Bundespräsident Köhler regte sich in einem Brief an den Bundeskanzler über dieses Sakrileg auf. Westerwelle rundete das Bild ab, indem er vorschlug, den 1. Mai abzuschaffen. Aber warum empörte sich die Kostensenkungsrepublik Deutschland eigentlich über diesen Vorschlag, der doch zu mehr Flexibilität, zu einer Verlängerung der Arbeitszeit und damit zu einer Steigerung unserer internationalen Wettbewerbsfähigkeit geführt hätte? Der Neoliberalismus schafft nicht nur viele Tragödien, sondern er ist auch Stoff für Komödien.

Hat sich denn wirklich so viel in den letzten Jahrzehnten verändert? Haben Träume von einer besseren Welt keine Grundlage mehr? Nur wenn man nichts mehr sieht, wenn man blind geworden ist, wenn man nichts mehr fühlt, kann einem das Elend der Mitmenschen gleichgültig sein. Der Hunger in der Welt, eines der großen Themen Willy Brandts, ist nicht verschwunden. Das atomare Inferno, ein weiteres Anliegen des SPD-Übervaters, bedroht die Menschheit eher stärker als zu Brandts Zeiten, da immer mehr Staaten über Atomwaffen verfügen. Der Vietnam-Krieg, der eine ganze Generation gegen den US-Imperialismus aufbrachte, ist von den Kriegen in Afghanistan und im Irak abgelöst worden. Zwar gingen kurzfristig Millionen Menschen in aller

Welt auf die Straßen, aber unsere Zeit ist kurzatmig und schnelllebig geworden, und zudem gewöhnt man sich an die täglichen Nachrichten, die das Ungeheuerliche zum Inhalt haben.

Seit zwanzig Jahren hat sich in Deutschland die Lage der arbeitenden Menschen verschlechtert. Die Arbeitslosigkeit ist gewachsen und die Schere zwischen Arm und Reich ist größer geworden. Nötigung und Erpressung der Arbeitnehmerschaft gehören ebenso zum politischen Alltag wie Lohndumping und die Entlassung von Menschen in die Arbeitslosigkeit. Aber ehemalige Forderungen der Parteien, wie das Verlangen nach mehr Demokratie in der Wirtschaft, nach Beteiligungen der Arbeitnehmer am Betriebsvermögen und am Gewinn sowie nach Mitbestimmung, werden so gut wie nicht mehr erhoben.

Unsere Innenstädte veröden, aber von Städtebauförderung und einer weitergehenden Reform des Bodenrechts, einst wichtigstes Anliegen vieler Kommunalpolitiker, ist auch nichts mehr zu hören. Der Hinweis, die Sozialdemokraten seien arriviert und saturiert, liefert keine wirkliche Erklärung.

Friedrich Engels war bekanntlich nicht arm, und auch August Bebel und Willy Brandt hatten es zu bürgerlichem Wohlstand gebracht, wie die meisten Führer sozialdemokratischer Parteien. Saturiert, das heißt gesättigt und zufrieden gestellt, können in unserer Zeit nur Spießer sein, die mittels eines höheren Einkommens und eines entsprechenden Vermögens am Ziel ihrer Wünsche angelangt sind.

Ein lebendiger Mensch aber, der am Schicksal seiner Mitmenschen Anteil nimmt, beteiligt sich an den geistigen Auseinandersetzungen seiner Zeit. Er verknüpft sie mit den Erfahrungen früherer Generationen und kann sich nicht mit der Idylle des politischen Gartenzwergs zufrieden geben. Echtes politisches Engagement speist sich nie allein aus persönlichem Karrierestreben, sondern vor allem aus der Anteilnahme an dem Los der Menschen. Und dazu muss man nur mit offenen Augen durch die Welt gehen und wahrnehmen, was in der nächsten Umgebung passiert.

Auch die christlichen Parteien Europas, die nach dem Zweiten Weltkrieg Hervorragendes geleistet haben, verlieren ihre Identität. Der zentrale Wert der christlichen Lehre, die Nächstenliebe, ist im Zeitalter des Neoliberalismus nicht mehr bestimmend für ihre Politik. Das gilt auch für die Christdemokraten in Deutschland, die sich ebenfalls dem Zeitgeist unterworfen haben. Angela Merkel ist es nicht möglich, eine Alternative zur Politik von Schröder und Fischer zu entwickeln, weil der Kanzler Sozialabbau predigt und die Mitnahmementalität im Wohlfahrtsstaat geißelt. Schröder wildert in den geistigen Besitzständen seiner Gegner. Was soll die arme Frau Merkel aber machen, wenn der zum soundsovielten Mal gehäutete Reformkanzler den strammen Neoliberalen mimt?

Ihr geht es ähnlich wie Michael Howard, dem Chef der konservativen Tory-Partei in Großbritannien. Die tektonischen Platten der britischen Politik haben sich verschoben, seit Labour das Themenfeld der Konservativen kolonisiert, schreibt der britische *Spectator*. Labour sei für die Unternehmen, für bessere Universitäten, für die hart arbeitenden Familien, für die NATO, für eine starke Verteidigung und für *law and order*. Für die Konservativen blieben dann nur noch die Fuchsjagd, Gibraltar und das Oberhaus.

Auf dem weiten Feld der neoliberalen Reformpolitik macht Angela Merkel keine überzeugende Figur. Die Bierdeckel-Steuerreform von Friedrich Merz erweist sich als ein einziger Flop. Sie würde die besser Verdienenden weiter entlasten und die Überschuldung der öffentlichen Haushalte zusätzlich steigern. Sie taugte gerade mal für einen kurzfris-

131

tigen Medienrummel und half der Vorsitzenden auf einem Parteitag, als Reformerin zu glänzen. Als im Anschluss an die Jubelparty schließlich nachgerechnet wurde, kam der Kater. Das hochgelobte Steuermodell wanderte in den Papierkorb.

Nicht besser geht es Angela Merkel, die ihre Reformvorstellungen – darin Schröder gleich – aus der Wirtschaft bezieht, mit ihrer Kopfpauschale. Dem Mann auf der Straße ist es partout nicht beizubringen, es sei gerecht, wenn Pförtner und Generaldirektor einen gleich hohen Krankenversicherungsbeitrag zahlen. Und als überhastet nachgeschoben wurde, man werde die unteren Einkommen durch staatliche Zuschüsse vor einem ihren Geldbeutel überfordernden Kassenbeitrag bewahren, da stellte sich schnell heraus, dass das notwendige Geld dafür durch Steuererhöhungen bereitgestellt werden müsste. Diese aber fürchtet die Union wie der Teufel das Weihwasser.

Die CSU wehrte sich heftig gegen die einheitliche Kopfpauschale für alle. Stoiber und Seehofer waren überzeugt, dieses neoliberale Zaubermittel bedrohe die Zukunft der Union als Volkspartei. Die Christlich-Soziale Union verwies auf die absoluten Mehrheiten, die sie seit Jahrzehnten in Bayern gewinnen konnte. Das seien keine Zufallssiege, die sie nur der Schwäche der SPD zu verdanken habe. Vielmehr verdanke sie diese ihrer Verankerung im bayerischen Volk und ihrer Zustimmung bei den Arbeitnehmern.

Die Krankenversicherung sei, so die CSU, keine individuelle Absicherung, sondern ein Solidarsystem, in dem die Mehrheit der Gesunden die Minderheit der Kranken unterstütze. Kein Schwerkranker oder chronisch Kranker könne seine Behandlung über die eigenen Beiträge bezahlen. Und: In ein Solidarsystem müsse jeder nach seiner Leistungskraft einzahlen, sonst sei es sozial ungerecht.

Das ist richtig, wirft aber die Frage auf, warum die CSU

bisher keinen Anstoß daran nahm, dass Beamte, Selbstständige und besser verdienende Arbeitnehmer sich durch den
Wechsel in eine Privatkasse diesem Solidarsystem entziehen
konnten.

Der dann im November 2004 zwischen Merkel und Stoi-
ber ausgehandelte Kompromiss ist weder Fisch noch Fleisch.
Horst Seehofer trat von seinem Amt als stellvertretender
Fraktionsvorsitzender zurück.

Sollte das Konzept der Unionsschwestern jemals in Kraft
treten, dann würde es sich wieder um eine große Umver-
teilungsaktion handeln. Die Vorschläge würden den besser
Verdienenden eine massive Entlastung bringen. Auch Einkommensmillionäre müssten für ihre Kinder, wenn es nach
Merkel und Stoiber ginge, nicht mehr selbst bezahlen. Erinnern Sie sich noch an die immer wiederkehrende Forderung
unserer »Eliten«, Reiche sollten auf Kindergeld verzichten?
Auch Stoiber und Merkel hatten sich zu dieser Forderung
bekannt. In ihrem Gesundheitskompromiss schlagen sie
jetzt etwas vor, was in seiner Wirkung das genaue Gegenteil
ist: Durch die Hintertür würden die Reichen noch ein zu-
sätzliches Kindergeld erhalten.

Schröders Raubzug in dem Programm der Union –
sprich der Wirtschaftsverbände – macht es Angela Merkel
immer schwerer, ein eigenes Profil zu entwickeln. Stark ver-
unsichert legte sie für den Parteitag im Dezember 2004 ein
Wachstumspapier vor, das im Wesentlichen Eingriffe in den
Kündigungsschutz, in das Tarifrecht und in das Betriebsverfassungsgesetz vorsah. Das hatte die Unternehmerlobby
seit langem gefordert. Das Ganze war ein zwanghaftes Bemühen, den Wählern etwas anderes als Rot-Grün anzubieten. Der Text des Wachstumspapiers war ein Aufguss neoliberaler Falschwörter. Nachdem Gerhard Schröder erklärt
hatte, Helmut Kohl habe nicht tief genug ins soziale Netz
geschnitten, konterte Angela Merkel, Gerhard Schröder sei

beim Abbau von Arbeitnehmerrechten und sozialen Leistungen viel zu zögerlich.

Aber die Probleme der Union sind nicht nur vordergründig. In demselben Maße, in dem die SPD mit der Teilnahme an völkerrechtswidrigen Angriffskriegen und dem größten Sozialabbau in der Geschichte der Bundesrepublik – so lautete eine Überschrift in der *FAZ* – ihre Ideale preisgegeben hat, verlor die andere große Volkspartei, die CDU, ihre geistige Orientierung. Sie stand viele Jahrzehnte für Vaterland und Nation, für die Unterstützung der Familie, für eine aus der christlichen Soziallehre abgeleitete Sozialpolitik und für Ludwig Erhards Soziale Marktwirtschaft. Jetzt, im Zeitalter der Globalisierung, klingt Helmut Kohls einstige Beschwörung des Vaterlands nur noch wie ein Ruf aus vergangener Zeit. Die Familie ist längst der neoliberalen Wirtschaftsdoktrin geopfert worden. Flexibilität ist angesagt, das heißt Arbeitszeiten ohne Rücksicht auf kulturelle und soziale Traditionen. Befristete Arbeitsverträge, der Abbau des Kündigungsschutzes und Niedriglöhne machen es jungen Menschen immer schwerer, an die Gründung einer Familie überhaupt nur zu denken. Die Sozialpolitiker Norbert Blüm und Heiner Geißler, die jahrzehntelang die Sozialpolitik der Union geprägt haben, sind längst ins Abseits gedrängt worden. Und Erhards Ziel, Wohlstand für alle, ist von der Merkel-CDU wie von der Schröder-SPD längst in »Sozialkürzung« sowie »Steuersenkung für Reiche« übersetzt worden.

Korruption, Parteienfinanzierung und Antworten für die Zukunft

Wenn mir früher vorgehalten wurde, Mitglieder der SPD hätten Fehler gemacht und moralisch versagt, dann lautete meine Standardantwort: »Die Mitglieder von Parteien spiegeln in ihrem Verhalten das Volk wider. Es ist nicht vertretbar, höhere Maßstäbe an sie anzulegen.«

Aber zu Recht achten Wähler und Mitglieder besonders auf die Glaubwürdigkeit der Parteien und Volksvertreter. Den ständigen Bruch von Wahlversprechen verzeihen sie auf Dauer nicht. Nachdem ich zuvor einen Rentner und einen Taxifahrer zu Wort kommen ließ, zitiere ich jetzt wörtlich aus dem Kündigungsschreiben einer Frau, die die SPD verlassen hat: »Ich will mit sofortiger Wirkung aus der Partei austreten. Ich halte diese Lügen nicht mehr länger aus. Und ich will nicht in solche Lügen einbezogen werden, dann wäre ich genauso schlecht, und deshalb muss ich sofort aus der Partei aussteigen. Ich will nicht schuld sein am Elend anderer Menschen. Das macht mein Gewissen nicht mit. Es ist schade, dass man so belogen wird von etwas, an das man noch geglaubt hat.«

Zyniker werden sich über die schlichte Ausdrucksweise lustig machen, aber Menschen, die ihre Freizeit opfern, um am politischen Leben teilzunehmen, wollen an etwas glauben. Sie bilden sich nicht ein, wie immer wieder behauptet wird, besser als andere zu sein. Aber sie glauben an die großen Menschheitsideale, an Freiheit, an Gerechtigkeit und an Solidarität. In diesem Sinne schrieb der französische Sozialist und Ministerpräsident Léon Blum schon 1919: »Le socialisme est une morale, presque une religion.« Der Sozialismus ist eine sittliche Entscheidung, fast eine Religion.

Aus der SPD heraus haben sich mittlerweile drei Gruppen gebildet. Etwa 150 000 Mitglieder sind aus Enttäuschung über die Politik der Regierung Schröder aus der Partei ausgetreten. Für mich sind sie weiterhin Sozialdemokraten. Nicht das Parteibuch macht jemanden zum Sozialdemokraten, sondern die politischen Ideen und Ziele, für die er sich einsetzt. Die 600 000 verbliebenen Mitglieder teilen sich in neoliberale Modernisierer und Sozialdemokraten auf, die an ihren Überzeugungen und Idealen festhalten.

Früher machten wir uns in der Kommunalpolitik über Beamte und Angestellte lustig, die zwei Parteibücher in der Tasche hatten. Das brachte nämlich den Vorteil mit sich, dass gleich zwei Parteien für die Beförderung dieser Mitarbeiter der Kommunalverwaltung im Personalausschuss kämpften. Die gleichzeitige Mitgliedschaft in zwei Parteien ist jedoch nach der Satzung der SPD verboten und wird mit Parteiausschluss bestraft.

Nicht bestraft wird die Mitgliedschaft in den Propagandavereinen der Wirtschaft zur Schwächung der Sozialdemokratie und der Gewerkschaften. Dazu gehören neben der »Initiative Neue Soziale Marktwirtschaft«, die sich auch schon mal mit dem Namen des Bundeswirtschaftsministers Wolfgang Clement schmückte, der »Bürgerkonvent« von Meinhard Miegel, dem Vorsitzenden des Instituts für Wirtschaft und Gesellschaft (IWG) in Bonn, und der »Konvent für Deutschland«, dem außer Personen wie den einschlägig bekannten Sozialstaatsgegnern Hans-Olaf Henkel und Roland Berger auch die SPD-Politiker Klaus von Dohnanyi und Peter Glotz angehören. Dohnanyi brachte das Kunststück fertig, als einer der Ersten die Einführung der D-Mark zum Kurs von eins zu eins in der ehemaligen DDR zu fordern. Heute gilt er als »Ostexperte«. Der ehemalige Hamburger Bürgermeister ist zu der Erkenntnis gelangt, dass die deutsche Wachstumsschwäche zum großen Teil von dem vielen Geld herrühre, das wir für den Aufbau Ost aufbrachten. Das wäre zu vermeiden gewesen, wenn Dohnanyi und andere begriffen hätten, was die Einführung einer harten Währung in ein Gebiet mit einer sozialistischen Planwirtschaft für Konsequenzen hat.

Wenn die Glaubwürdigkeit im Zentrum der Politik steht, dann dürfen Politiker sich nicht korrumpieren lassen. Rufen wir uns noch einmal Montaignes Satz in Erinnerung: »Das erste Zeichen für den Verfall der Sitten ist die Korruption der Sprache.« Unbestritten benutzen heute Politiker die Sprache des Neoliberalismus. Im Sinne des französischen Moralphilosophen hat diese Sprache das Denken der Reformer verdorben.

Es gehört zur Tradition der deutschen Parteien, Kommissionen zu bilden. Heute wäre es notwendig, Arbeitsgruppen ins Leben zu rufen, die sich mit dem Thema Sprache und Politik zu beschäftigen hätten. Der ehemalige Generalsekretär der CDU, Kurt Biedenkopf, hatte Anfang der siebziger Jahre die Bedeutung der Sprache für die politische Auseinandersetzung thematisiert. Er bemerkte, wie in der Willy-Brandt-Ära die Linke Begriffe einführte, die in der politischen Debatte den Ausschlag gaben. Wörter und Formulierungen wie »Entspannungspolitik«, »gemeinsame Sicherheit«, »Sicherheit und Zusammenarbeit«, »Wandel und Annäherung«, »Politik der kleinen Schritte«, »die Mauer durchlässig machen«, »Friedenspolitik und Abrüstung«

kennzeichneten den außenpolitischen Diskurs. Sie standen gegen eine Begriffswelt, die von Bezeichnungen wie »Eiserner Vorhang«, »kommunistische Bedrohung«, »kommunistische Unterwanderung«, »5. Kolonne Moskaus«, »Mauer und Stacheldraht«, »Gulag« sowie »Niederschlagung des Ungarn-Aufstands und des Prager Frühlings« geprägt war.

Brandts Formel – »Mehr Demokratie wagen« – wurde ebenfalls in vielfältiger Weise aufgegriffen. So kam es zu Formulierungen wie »Demokratisierung der Gesellschaft«, »Demokratisierung der Wirtschaft«, »Demokratisierung der Universität«, »antiautoritäre Erziehung«, »Gleichstellung der Frau in Beruf und Gesellschaft«, »Teilhabe am Produktivvermögen«, »Wirtschafts- und Sozialbeiräte«, »Investitionslenkung«, »selbstverwaltete Jugendzentren« oder »Schülermitbestimmung«. Wörter dieser Art bestimmten den öffentlichen Dialog nach der Studentenrevolte. Die Linke besaß dadurch die kulturelle Hegemonie. CDU und CSU wollten das aber nicht einfach hinnehmen und etwas dagegensetzen. Sie instrumentalisierten den Freiheitsbegriff. »Freiheit statt Sozialismus«, »freie Marktwirtschaft«, »Freiheit der Wissenschaft« oder »Investitionsfreiheit« hieß es jetzt immer häufiger. Mit der Zeit bekam die Gegenkampagne der Union Rückenwind.

Eine von den USA und England ausgehende neoliberale Kulturrevolution veränderte die Programme aller politischen Parteien in Deutschland. Deren größte Propheten waren der amerikanische Präsident Ronald Reagan (1981 bis 1989) und die britische Premierministerin Margaret Thatcher (1979 bis 1990). Beide hatten sich die Schwächung der Gewerkschaften zum Ziel gesetzt. Reagan entließ im August 1981 11 400 streikende Fluglotsen und ersetzte sie durch Mitarbeiter, die nicht gewerkschaftlich organisiert waren. Der Kampf der eisernen Lady gegen streikende Bergarbeiter ging ebenfalls in die Geschichte ein. Reagan und Thatcher fanden bald in Deutschland glühende Anhänger. Die Standortdebatte setzte ein und damit das Gejammer über zu hohe Löhne, die drückende Steuerlast und den viel zu üppigen Sozialstaat.

Nach zwanzig Jahren hat die neoliberale Revolution Deutschland grundlegend verändert. Auch die Sprache ist eine andere geworden. Sie hat das Denken in völlig neue Bahnen gelenkt. Aus diesem Grund ist heute eine Revision erforderlich. Eine Arbeitsgruppe zum Thema Sprache und Politik könnte einen Anfang machen.

Wer die Parteien erneuern will, kann sich aber nicht mit einer Generalüberholung der Sprache begnügen. Vielmehr müssen die Einflussnahmen und Einwirkungsmöglichkeiten unterbunden werden, denen jede Politik, die soziale Gerechtigkeit will, durch die herrschenden Schichten ausgesetzt ist. Parlamentarier sollten nicht auf der Lohnliste von Unternehmen oder Wirtschaftsverbänden stehen. Die Ende 2004 bekannt gewordenen Fällen haben das erneut gezeigt. Geld wird nie ohne Absicht gegeben. Die Geldgeber erwarten vom Empfänger Wohlverhalten. Daher sollten die Satzungen der Parteien Regeln enthalten, die solcherlei Einflussnahmen unterbinden. Überhaupt müsste die Bestechung von Parlamentariern im Strafgesetzbuch genauso behandelt werden wie die Bestechung von Beamten. Die geltenden Bestimmungen sind völlig unzureichend. Zwar weigern sich die Abgeordneten, von denen viele Nebeneinkünfte haben, ein solches Gesetz zu beschließen. Es sei nicht möglich, so sagen sie, saubere Grenzen zu ziehen. Aber dieses Argument sticht nicht, weil es bei Beamten möglich ist. Im Übrigen sehen viele Staaten die Bestrafung der Abgeordnetenbestechung vor. Wenn über neunzig Prozent der Volksvertreter Gesetze bejahen, die die große Mehrheit der Wahlbevölkerung ablehnt, dann stimmt etwas nicht. Als die Verhandlungen zur Gesundheitsreform liefen, lasen Fachpolitiker oft Stellungnahmen vor, die ihnen die Verbandsvertreter und Lobbyisten aufgeschrieben hatten. Wundert sich da noch jemand, wenn die Patienten draufzahlen, während Pharmaindustrie und Ärzte eher geschont wurden?

Ein kritischer Punkt bei der Vermeidung von Korruption ist die Parteienfinanzierung. Wenn Wirtschaft und Industrie die Kassen der Parteien füllen, dann wollen sie ihre Interessen in der Politik der jeweiligen Partei gewahrt sehen. Daher ist die Finanzierung durch die Mitglieder und durch den Staat für demokratische Parteien angemessen. Selbstverständlich denke ich dabei nicht an Mitglieder, die Millionäre sind und Parteien wie Fußballvereine kaufen können. Es muss eine Beitragsobergrenze geben, die Parteimitglieder zahlen dürfen. Demokratische Parteien sollten sich darüber hinaus nicht von Wirtschaftsspenden abhängig machen. Wir kennen die Zustände, die dann einreißen, seit der Flick-Affäre – oder seit dem Wirken des Waffenhändlers Karlheinz Schreiber.

Als Bürgermeister von Saarbrücken, ich war Anfang dreißig, sammelte ich arglos Spenden von ansässigen Betrieben, bis ich eines Tages entdeckte, dass fast alle Spender auch Aufträge von der Stadt und ihren Gesellschaften erhielten. Seit diesem Zeitpunkt habe ich keine Wirtschaftsspenden mehr angenommen, um bei den Entscheidungen zur Auftragsvergabe an einheimische Unternehmen nicht befangen zu sein. Der Parteikassierer sammelte aber fleißig weiter. Heute ist mein Standpunkt konsequenter. Um jede Gefahr des Missbrauchs auszuschließen, sollten Wirtschaftsspenden auf 10 000 Euro im Jahr begrenzt werden. Industriespenden sind undemokratisch, da der Durchschnittsbürger, dessen Interessen ja so viel zählen sollten wie die von DaimlerChrysler, Siemens oder der Deutschen Bank keine großen Beträge lockermachen kann.

Wohin Staaten sich entwickeln, wenn die Parteienfinanzierung unzureichend geregelt ist und nicht kontrolliert wird, kann man in den USA beobachten. Die Vereinigten Staaten sind eher eine Plutokratie als eine Demokratie, auch wenn sie vielen in Deutschland als Musterland der Freiheit gelten.

Wie es im Parteiensystem mit Spenden so zugeht, zeigt das Verhalten der Grünen. Sie hatten einst die löbliche Absicht, ohne Wirtschaftsspenden auszukommen. Aber diese Zeiten sind längst Vergangenheit. In größerem Umfang erhalten auch sie jetzt Geld von der Industrie. Ihre neoliberale Wirtschaftspolitik muss schließlich honoriert werden. Der ehemalige Haushaltsexperte der Ökopartei, Oswald Metzger, sitzt im Kuratorium der »Initiative Neue Soziale Marktwirtschaft«, und die Steuerexpertin Christine Scheel ist Botschafterin dieses von den Unternehmern gesponserten Propagandavereins. Dietmar Strehl, Schatzmeister der Grünen, meinte dazu: »Die Firmen finden unser Programm interessant.« Er halte es mit Joseph Beuys: »Wer soll die Revolution bezahlen, wenn nicht der, der das Geld hat?«

Verbote von Unternehmensspenden führen nach Meinung des Schatzmeisters der Grünen auch nur dazu, dass sie umgangen werden. Die Grünen würden allerdings nach wie vor von Atomkonzernen und Rüstungsunternehmen kein Geld annehmen wollen. Auf die Vorhaltung, DaimlerChrysler habe ihnen auch 15 000 Euro gegeben und dieser Konzern stelle doch Panzermotoren her, erwiderte Strehl: »Das Geld stammt aus der Autosparte.« Da soll noch einer sagen, die Grünen seien nicht flexibel und anpassungsfähig.

Der grüne Kassierer wird hier unfreiwillig zur komischen Figur. Die, die das Geld haben, haben tatsächlich die Revolution bezahlt, aber eine andere als die, die Beuys im Sinn hatte. Die von der Wirtschaft bezahlte neoliberale Revolution wurde zu einem Putsch gegen den Sozialstaat und die Demokratie.

Der Motor einer lebendigen demokratischen Partei ist die Programmarbeit. Jede Zeit verlangt nach neuen Antworten, und wie die letzten Jahre gezeigt haben, verliert eine Partei sehr schnell ihre Seele oder ihren Kompass, wenn sie sich nicht um eine geistige Orientierung bemüht. Rechte Gruppierungen können sich vielleicht damit begnügen, nur ein Kanzlerwahlverein zu sein, eine sozialdemokratische Partei kann sich damit nicht zufrieden geben. Eine linke Partei braucht eine Programmdebatte auf hohem Niveau. Die Mitglieder müssen wissen, warum sie sich auch bei Kälte und Regen auf die Straße stellen, um Flugblätter zu verteilen und für ihre Partei zu werben. Nur der Glaube, einer Gemeinschaft anzugehören, die für eine gerechtere Welt eintritt, gibt ihnen das nötige Selbstvertrauen im Alltag.

Heute werden Programmkommissionen als Beschäftigungstherapie eingesetzt. Es geht nicht mehr darum, neue Ideen für die Handlungen der Regierung oder die Parlamentsarbeit zu entwickeln, sondern darum, unzufriedene Parteimitglieder ruhig zu stellen. Da das nicht unbemerkt geblieben ist, hat die Mitarbeit für viele ihren Reiz verloren. Als die SPD-Führung einmal zusammenkam, um über die Gestaltung der politischen Zukunft nachzudenken, wurden Angestellte von Wirtschaftsberatungsunternehmen eingeladen. Früher, als die Parteien noch intakt waren, waren die Vertreter aus dem ökonomischen Sektor immer nur eine unter vielen Gruppen, die bei der Programmarbeit angehört wurden. Heute bestimmen die Wirtschaftslobbyisten die Politik aller im Bundestag vertretenen Parteien.

Als ich ein Buch in die Hände bekam, in dem sozialdemokratische Nachwuchspolitiker, die sich Netzwerker nennen, neue Impulse für ein Grundsatzprogramm der SPD vorlegten, las ich darin eine Reihe guter Vorschläge. Haften blieben mir aber Sätze, in denen deutlich wurde, dass die Netzwerker sich um ein theoretisches Rüstzeug bemüht hatten, mit dem sich die neoliberale Wende der SPD rechtfertigen ließ. Das ist ihnen allerdings gründlich misslungen. »Wir wollen die Balance zwischen individueller Freiheit und gesellschaftlicher Verantwortung neu bestimmen und schlagen dazu den Weg in eine moderne Chancengesellschaft vor«, heißt es beispielsweise bei den Netzwerkern. Eine solche Vorgabe könnte man noch als Versuch abtun, Begriffe wie »Gleichheit«, »Brüderlichkeit« und »soziale Gerechtigkeit« gar nicht erst ins Spiel zu bringen. Wenn da aber zu lesen ist: »Wir wollen Freiheit durch gleiche Lebenschancen«, dann existiert die Gefahr, dass darunter auch folgende Lesart verstanden werden kann: »Jeder hatte seine Chance, einen Arbeitsplatz zu finden, und wenn er es nicht geschafft hat, dann ist er selbst daran schuld.«

Natürlich fordern die Netzwerker ökonomische Flexibilität, ohne jedoch das Wort kritisch zu hinterfragen. Sie bekennen sich zu neuen Mitteln der Friedenssicherung, womit die »humanitären Interventionen« gemeint sind, denen einige der Autoren als Bundestagsabgeordnete zugestimmt hatten. Sie wenden sich im neoliberalen Kontext gegen eine hohe staatliche Verschuldung und beklagen zudem die Belastung der Arbeitnehmer durch Steuern und Abgaben. Sie seien leistungsfeindlich und unsozial. Leider haben einige dieser Nachwuchspolitiker durch ihre Zustimmung zur Steuer- und Sozialgesetzgebung der letzten Jahre dazu beigetragen, dass die Steuern und Abgaben für die Malocher stiegen, während die Steuern für die Wohlhabenden sanken. Wenn es dann weiter heißt, die SPD wolle »die Menschen stärken«, dann fragt man sich, warum da nicht einfach steht: »Wir wollen Menschen helfen, die in Not geraten sind«?

Spätestens wenn man auf den Satz stößt: »Die wachsende Eigenverantwortung und selbstständige Arbeit wird einen Wandel des Arbeitnehmers hin zu einem Arbeitskraftunternehmer bewirken«, schüttelt man sich. Das ist die schöne neue Welt. Die Gewerkschaften werden aufgelöst und der »Arbeitskraftunternehmer« tritt dem BDI oder dem BDA bei. Die Partei der Arbeitnehmer wird zukünftig die Partei der Arbeitskraftunternehmer! Ein besseres Beispiel für die geistige Verwirrung, die der Neoliberalismus in der traditionsreichsten Partei Deutschlands angerichtet hat, lässt sich kaum finden.

Gewerkschaften contra Managerkaste

Als die Gewerkschaften – wie im Jahr 2003 in Ostdeutschland – die 35-Stunden-Woche durchsetzen wollten, stießen sie auf wenig Verständnis. Arbeitszeitverkürzungen sind, das wissen die Vertreter der Arbeitnehmerschaft, immer ein Kraftakt gegen die Belegschaften, weil sie mit Lohneinbußen verbunden sind. Die Gewerkschaften können die Beschäftigten für solche Arbeitszeitverkürzungen nur gewinnen, indem sie an ihr Mitgefühl und an ihre Solidarität mit den Arbeitslosen appellieren. Unbestritten erhalten Arbeitszeitverkürzungen bei Rationalisierungsmaßnahmen einer Reihe von Beschäftigten den Arbeitsplatz, und wenn die Arbeitszeit stark verringert wird, kommt es auch zu Neueinstellungen. Arbeitszeitverkürzung ist daher nach wie vor ein Mittel, die Arbeitslosigkeit zu bekämpfen. Trotz des mit dieser Forderung verbundenen schwierigen Spagats zwischen den Interessen der Beschäftigten und denen der Arbeitslosen werfen Arbeitgeberverbände, Politiker und Medienvertreter den Gewerkschaften immer vor, sie verträten ausschließlich die Interessen derjenigen, die Arbeit hätten.

Die Gewerkschaften sind unbeschadet ihres politischen Anspruchs in erster Linie Tarifvertragsparteien. Nimmt man die Lohnsteigerung der letzten beiden Jahrzehnte, dann waren die Gewerkschaften in der Ära des Neoliberalismus nicht erfolgreich. Der gewerkschaftliche Organisationsgrad von Arbeitnehmern ist in Deutschland in den letzten zehn Jahren von 36 Prozent auf 23 Prozent zurückgegangen. Ursache ist zum einen der Rückgang der Mitglieder in Ostdeutschland – im SED-Staat waren viele Arbeitnehmer nicht freiwillig Mitglied einer Gewerkschaft. Zum anderen macht sich die steigende Arbeitslosigkeit bemerkbar. Der DGB hat derzeit rund sieben Millionen Mitglieder. Nur noch 62 Prozent der Westbetriebe und 43 Prozent der Ostunternehmen unterliegen einer Tarifbindung. Das hindert die Gewerkschaftsgegner aber nicht daran, das deutsche Tarifsystem immer weiter auszuhöhlen. »Brecht das Tarifkartell«, heißt die Parole der Wirtschaftslobby. Und CDU/CSU und FDP beschließen auf jedem Parteitag, die Tarifverträge zu durchlöchern und an ihre Stelle betriebliche Bündnisse für Arbeit zu setzen.

Teile der Wirtschaft wissen aber durchaus den Tarifvertrag als Instrument für gleiche Wettbewerbsbedingungen der Unternehmen zu schätzen. So erklärten die Arbeitgeber der Chemiebranche, weder tarifliche Öffnungsklauseln für Flächentarife noch eine allgemeine Arbeitszeitverlängerung seien sinnvoll. Ein Gesetz, das die Lohnverhandlungen in die Betriebe verlege, sei nur scheinbar eine einfache Lösung. Die damit verbundenen Risiken dürfe man nicht übersehen. Das Ergebnis eines Häuserkampfes in der Wirtschaft könnten auch höhere Löhne sein. Der Branchentarifvertrag habe somit eine Schutzfunktion. Linke Gegner der Tarifverträge greifen genau dieses Argument auf. Sie sagen, gerade die schlechte Lohnentwicklung in Deutschland, mit seinen angeblich so starken Gewerkschaften, zeige im Vergleich zu anderen Ländern, dass der Häuserkampf erfolgreicher sei als die Flächentarifverträge.

Obwohl es die ökonomische Vernunft geboten hätte, die Reallöhne im Gleichklang mit dem Produktivitätsfortschritt steigen zu lassen, ist in den zwei Jahrzehnten der neoliberalen Ära eine Lücke von rund zwanzig Prozent entstanden. Um sich vorzustellen, was das bedeutet, muss man sich nur ausmalen, wie es um unsere Wirtschaft bestellt wäre, wenn Arbeitnehmer und Rentner zwanzig Prozent mehr im Geldbeutel hätten. Hier erkennt man unschwer, dass die zurückhaltende Lohnpolitik eine Hauptursache für die deutsche Wachstumsschwäche und die hohe Arbeitslosigkeit ist.

Im Herbst 2004 mussten die Gewerkschaften ihre Existenzberechtigung an allen Fronten nachweisen. Bei einer Gesprächsrunde in Regensburg schilderte ein Metaller die Dramatik der Lage: »Das gab's noch nie. Wir kommen mit Forderungen, die Löhne von zwei bis vier Prozent zu erhöhen, aber die Arbeitgeber wollen Lohnkürzungen von zehn bis zwanzig Prozent.«

Unter der Überschrift »Ein neuer Geist hält Einzug« feierte das Kölner Institut der Deutschen Wirtschaft (IW) in seinem Informationsdient die Lohndrückerei. »Nach drei wirtschaftlich schwierigen Jahren stand in der Tarifrunde 2004 die Sicherheit des Arbeitsplatzes ganz oben auf der Wunschliste der Beteiligten. Vielfach ist es den Verhandlungspartnern gelungen, dieses Anliegen in den Abschlüssen zu verankern. Zum einen fielen die Lohnerhöhungen vergleichsweise maßvoll aus, zum anderen haben die Verträge recht lange Laufzeiten. Das Tüpfelchen aufs i aber setzt die verstärkte Akzeptanz von Öffnungsklauseln und Ergänzungstarifverträgen, die Beschäftigung sichern helfen.« Mit der Formulierung »Wunschliste der Beteiligten« hat das von den Arbeitgebern finanzierte Institut die Erpressung doch wirklich niedlich beschrieben. In dem Artikel war eine Grafik zu sehen, die zeigte, dass die Tariflöhne von 1993 bis 2004 zwar um 30,1 Prozent, die wirklich gezahlten Löhne aber nur um

18 Prozent gestiegen waren. Der Bericht brachte noch eine weitere beeindruckende »Erfolgsmeldung«. Über einer Tabelle, die die Lohnerhöhung in Prozenten auswies, las man: »Tarifabschlüsse 2004. Einige Branchen auf Nulldiät.« Die gelobten Branchen waren das Bauhauptgewerbe, die Gebäudereinigung und die Textil- und Bekleidungsindustrie. Man sieht, in Deutschland wird wirklich alles getan, um die Binnennachfrage abzuwürgen.

Viele Gewerkschaftsmitglieder fragen sich angesichts dieser Entwicklung, wofür ihre Organisation noch gebraucht wird, wenn sie den Lohnkürzungsforderungen der Arbeitgeber kaum etwas entgegenzusetzen hat. Auf Weihnachtsgeld und Urlaubsgeld könne auch ohne den Beistand der Gewerkschaften verzichtet werden, und die ausgehandelten Beschäftigungsgarantien würden ja sowieso immer unter dem Vorbehalt einer normalen wirtschaftlichen Entwicklung stehen.

Auch die Auflehnung der Gewerkschaften gegen Agenda 2010 und Hartz IV blieb leider weitgehend erfolglos. Zwar gab es einige Massenkundgebungen und Montagsdemonstrationen – am 3. April 2004 waren in Berlin 500 000 Menschen auf der Straße –, aber die Regierung zeigte sich davon wenig beeindruckt. Die von den Gewerkschaften eingeleitete Unterschriftenaktion gegen die Reformpolitik stieß selbst bei ihren Mitgliedern auf wenig Resonanz. Sie wussten, Unterschriftslisten werden von den Herrschenden mit einem höflichen Lächeln quittiert und wandern dann in den Papierkorb. Allenfalls Stimmzettel bringen die politische Klasse, die davon ausgeht, zu ihrer Politik gäbe es keine Alternative, zum Nachdenken. Und die von den Gewerkschaftszentralen angeregten überbetrieblichen Diskussionsforen für einen Politikwechsel blieben hinter den Erwartungen zurück.

Warum, so fragten sich viele, schwindet die Bindekraft

der Gewerkschaften? Sicher ist die steigende Arbeitslosigkeit eine wichtige Ursache für die Mitgliederverluste. Wer Arbeitslosengeld II bekommt, für den ist jeder Euro, der als Beitrag für die Gewerkschaften herhalten soll, zu viel. Unter dem Strich ist aber seit vielen Jahren bei der Tarifentwicklung für die Arbeitnehmer nichts mehr herausgekommen. Wenn die deutschen Gewerkschaften wieder Zulauf haben wollen, dann müssen sie wieder bessere Tarifabschlüsse durchsetzen.

Mindestlöhne

Die hier zum Ausdruck kommende Schwäche der Gewerkschaften legt nahe, dass der Staat in größerem Umfang als bisher die Zielsetzungen gewerkschaftlicher Arbeit unterstützen muss. Wenn sich beispielsweise immer mehr Betriebe aus der Tarifgemeinschaft verabschieden, dann ist es Aufgabe des Staates – wie es in anderen Industrieländern üblich ist –, dem entgegenzusteuern. Mindestlöhne sind in der Ära des Neoliberalismus notwendig, um die Ausbeutung der Menschen durch Hungerlöhne zu verhindern. Wem das zu dramatisch klingt, dem rufe ich Zeitungsberichte in Erinnerung, in denen geschildert wurde, wie nach dem Fall der Mauer im Baubereich illegale ukrainische Bauarbeiter mit Stundenlöhnen von zwei Mark ausgebeutet wurden.

In vielen europäischen Ländern gibt es Erfahrungen mit Mindestlöhnen. Sie wurden meist auf Druck der Gewerkschaften eingeführt. Mindestlöhne sind die gesetzliche Festlegung eines nationalen oder branchenbezogenen Standards, der nicht unterschritten werden darf. Sie sollen einen ausreichenden Lebensstandard garantieren. In der von den Neoliberalen viel gelobten Steueroase Irland müssen beispielsweise für einen Vollzeitarbeitsplatz mindestens

1073 Euro gezahlt werden, im wohlhabenderen Luxemburg sind es 1369 Euro. Zwar jammern die Wirtschaftsverbände in Deutschland täglich über die viel zu hohen Löhne, aber auch bei uns haben zwölf Prozent der Vollzeitbeschäftigten ein Arbeitseinkommen, das weniger als die Hälfte des Durchschnittseinkommens beträgt. Nicht zu vergessen: Die wachsende Zahl von Zeitarbeitern, Teilzeitarbeitern und Minijobbern wird ebenfalls schlecht bezahlt.

Weil vor allem in der Baubranche Fälle brutaler Ausbeutung bekannt wurden, bei denen an illegal beschäftigte Ausländer Hungerlöhne gezahlt wurden, hat das Entsendegesetz (Gesetz über die zwingenden Arbeitsbedingungen bei grenzüberschreitenden Dienstleistungen) einen Mindestlohn für deutsche Baustellen festgesetzt. Im Hinblick auf die EU-Osterweiterung sollte dem Lohn- und Sozialdumping durch die Beschäftigung von Arbeitnehmern aus Osteuropa ein Riegel vorgeschoben werden. Auch die Europäische Kommission glaubt, dass nur über Mindestlohnregelungen der europäische Integrationsprozess sozial verträglich gestaltet werden kann.

Lange Zeit sperrten sich die deutschen Gewerkschaften gegen die Einführung von Mindestlöhnen. Man sah darin eine Gefährdung der Tarifhoheit. Der Einwand überzeugt aber schon lange nicht mehr. Es gibt in der Arbeitswelt längst große Bereiche, in denen die Gewerkschaften keine Rolle (mehr) spielen. Und zudem werden die neuen Zumutbarkeitsregeln der Hartz-IV-Gesetzgebung zu einer Ausweitung des Niedriglohnsektors führen.

In jüngster Zeit haben die deutschen Gewerkschaften ihren Widerstand gegen Mindestlöhne aufgegeben. Künftig sollen sich Arbeitgeber und Gewerkschaften branchenbezogen auf einen Mindestlohn verständigen. Anschließend soll die Regierung durch eine Verordnung, gleich der im Baugewerbe, diesen Mindestlohn für verbindlich erklären und ihm Gesetzeskraft verleihen. Das Modell hat jedoch Schwächen. Würde man den Vorschlag wörtlich nehmen, dann gäbe es Hunderte verschiedener Mindestlöhne. Der normale Arbeitnehmer hätte Schwierigkeiten, herauszufinden, wie viel ihm am Monatsende zusteht.

Die Diskussion um die Mindestlöhne kommt allerdings nur mühsam voran. Schröder und sein Superminister Clement torpedieren die entsprechenden Vorschläge. Zufrieden konnte die *FAZ* im Dezember 2004 vorerst Entwarnung geben: »Die Unternehmen können aufatmen: SPD-Chef Franz Müntefering ist zum zweiten Mal gescheitert. Erst haben der Kanzler und Wirtschaftsminister Wolfgang Clement die von Müntefering betriebene Ausbildungsplatzabgabe in die Schublade zurückbeordert, nunmehr haben sie auch seine Mindestlohnpläne endgültig begraben und dadurch die Wirtschaft vor großem Schaden bewahrt.«

Die Gegner des Mindestlohns führen ein Argument ins Feld, das auf den ersten Blick einleuchtet: Wenn es um die Sicherung eines Mindesteinkommens geht, dann müsste dies in den Zuständigkeitsbereich der Sozialpolitik fallen. Die Sozialhilfe, die man jetzt Arbeitslosengeld II nennt, sei so etwas wie ein Mindesteinkommen. Entsprechend könne man davon ausgehen, dass niemand für das gleiche Geld, oder gar weniger, eine Arbeit annehmen würde. Der Ausweg aus diesem Dilemma: Verdient der Sozialhilfeempfänger etwas dazu, dann darf er das Geld ganz oder teilweise behalten. Es bleibt aber dann wiederum das Problem, dass immer mehr Unternehmer mit dem Arbeitslosengeld II als Lohnbestandteil kalkulieren. Will der Staat diese Mitnahmeeffekte begrenzen, dann muss er einen branchenübergreifenden Mindestlohn festlegen, der sicherstellt, dass die aus den öffentlichen Kassen geleisteten Zuschüsse nicht zu hoch werden.

Bei der Diskussion um diese notwendige Reform wird

die wirtschaftliche Bedeutung einer solchen Regelung zu wenig beachtet. Mindestlöhne sind auch geeignet, zu Steuerung der Gesamtnachfrage beizutragen, da das in diesem Lohnsektor verdiente Geld in der Regel ganz ausgegeben wird. Bei einer Anhebung der Mindestlöhne wandert das Geld nicht aufs Sparkonto, sondern direkt in den Konsum. Frankreich, dessen Wirtschaft in den letzten Jahren doppelt so stark gewachsen ist wie die der Bundesrepublik, hat den Mindestlohn von 1999 bis 2004 um 24 Prozent erhöht, also um 4,8 Prozent im Jahr.

Genau wie bei den Parteien weisen auch bei den Gewerkschaften Mitgliederverluste auf Glaubwürdigkeitsprobleme hin. Einst war es der Skandal um die Neue Heimat, der das Vertrauen in die Gewerkschaften beschädigte. Heute sind es die schlechten Tarifabschlüsse und das Abstimmungsverhalten des ehemaligen IG-Metall-Vorsitzenden Klaus Zwickel. Der Gewerkschaftsvorsitzende ließ in einer Telefonkonferenz des Personalausschusses die Millionen-Abfindungen für Esser und Konsorten passieren, um dann in einer Pressemitteilung gegen diese unverschämte Selbstbedienung zu protestieren. Solch unglaubwürdiges Taktieren wirft Fragen nach der Rolle von Gewerkschaften und Betriebsräten in Aufsichtsräten auf. Den Kundigen war nicht verborgen geblieben, dass die von den Gewerkschaften heftig kritisierten Managergehälter vorher in den Personalausschüssen der Aufsichtsräte auch von Arbeitnehmervertretern abgenickt worden waren. Da es sich bei Gewerkschaftsfunktionären oder Betriebsräten nicht um Heilige oder Übermenschen handelt, sind auch sie anfällig in einem System des Gebens und des Nehmens. Die Gewerkschaften müssen Regeln entwickeln, die verhindern, dass Arbeitnehmervertreter und Vorstände zu viel miteinander kungeln.

Als ich vor einiger Zeit in der Kantine eines Betriebes zu Gast war, hatte ich anschließend Gelegenheit, mit dem

Betriebsratsvorsitzenden ins Gespräch zu kommen. Als der wackere Mann zu reden anfing, blieb mir die Spucke weg. Ich schloss die Augen und hatte plötzlich den Eindruck, dem Finanzvorstand des Unternehmens zu lauschen. Der Vertreter der Arbeiterklasse sprach nur noch von Kosten, von der Schwierigkeit, im internationalen Wettbewerb zu bestehen, von unsinnigen Umweltauflagen und von der Notwendigkeit, Gewinne zu erwirtschaften. Hätte ich seine Ausführungen schriftlich vor mir liegen gehabt, ich wäre nie auf die Idee gekommen, das sei der Redebeitrag eines Betriebsratsvorsitzenden.

Dass Arbeitsdirektoren und Personalvorstände rasch das Denken und die Sprache ihrer Kollegen übernehmen, ist bekannt. Aber in letzter Zeit sind Sitten eingerissen, die auch Zweifel an der Unbefangenheit mancher Betriebsräte bei Aufsichtsratsentscheidungen aufkommen lassen. Wenn vom Casino-Kapitalismus in Deutschland die Rede ist, dann sind in einer ganzen Reihe von Großbetrieben die Betriebsräte mit dabei. Jürgen Schrempp hatte beispielsweise dem Aufsichtsrat von DaimlerChrysler angesichts der Krise bei Mitsubishi seinen Rücktritt angeboten. Erst wenige Wochen zuvor, als das Debakel bei Mitsubishi längst bekannt war, hatten die Aufsichtsräte seinen Vertrag vorzeitig verlängert, und zwar einstimmig, obwohl seit der Fusion von Daimler Benz mit Chrysler der Börsenwert des Unternehmens um 50 Milliarden Euro eingebrochen war. Die Arbeitnehmervertreter hatten nicht nur den Einstieg bei Mitsubishi unterstützt, sondern auch die Elefantenhochzeit mit Chrysler und die Zusammenarbeit mit Hyundai gebilligt. Hätte der Aufsichtsrat den Rücktritt angenommen, dann wäre das dem Eingeständnis gleichgekommen, die Kontrolleure hätten versagt.

Wenn die Belegschaft bei DaimlerChrysler fragt, warum sie für die Fehler Schrempps bezahlen muss, dann wird sie darauf hingewiesen, dass ihre Kollegen im Aufsichtsrat seinen Fehlentscheidungen zugestimmt haben. Übrigens: Seit der Fusion mit den Amerikanern haben sich die Vorstandsbezüge von Schrempp und seiner Kollegen verdreifacht. Auch das geht kaum ohne die Zustimmung der Arbeitnehmerseite im Personalausschuss.

Ein Opfer der Fusionitis wurde auch die Belegschaft von KarstadtQuelle. Im Jahr 1993 hatte der ehemalige Karstadt-Chef Walter Deuss den Konkurrenten Hertie für 1,6 Milliarden Mark gekauft. Brancheninsider sagen, dass Karstadt sich schon damals übernommen hat. Auch die Versandhäuser Quelle und Neckermann wurden dem einst florierenden Unternehmen einverleibt. Das Tourismus-Geschäft kam als weitere Aktivität hinzu. Jetzt gilt Europas größter Warenhaus- und Versandhandelskonzern manchen Medien als Lehrstück für die Folgen schlechter Managemententscheidungen.

Für die *FAZ* war das Ringen um die Sanierung auch ein Beleg für die fragwürdige Rolle professioneller Gewerkschaftsfunktionäre in mitbestimmten Aufsichtsräten. Über Jahre hinweg hätten die Funktionäre von Verdi alle strategischen Fehlentscheidungen gemeinsam mit den Arbeitgebern getroffen, um jetzt, ohne rot zu werden, über die Fehler der Vergangenheit zu klagen. Die schon krankhaft gewordene gewerkschaftsfeindliche Haltung des größten Teils der deutschen Presse lässt die *Frankfurter Allgemeine Zeitung* hier übersehen, dass nicht nur betriebsfremde Funktionäre, sondern auch Belegschaftsangehörige in den Aufsichtsräten sitzen.

Es ist leicht, einzelne Mitarbeiter umzustimmen, schwieriger aber ist es, eine ganze Belegschaft für zweifelhafte Entscheidungen zu gewinnen. Genau wie in den vielen anderen Fällen fehlgeschlagener Fusionen wäre es richtig gewesen, die Belegschaft über die Fusion von Karstadt mit anderen

Unternehmen abstimmen zu lassen. Eine direkte Demokratie verlangt nicht nur Volksabstimmungen und Mitgliederentscheide, sondern auch Belegschaftsabstimmungen in den Unternehmen.

Jetzt, als das Kind bei Karstadt in den Brunnen gefallen war, mussten die Beschäftigten die Zeche zahlen. Die Personalkosten wurden um 760 Millionen gesenkt, übertarifliche Leistungen und Zulagen gestrichen und Lohnerhöhungen für drei Jahre gestundet. Dazu sollen 5500 Vollzeitarbeitsplätze sozialverträglich abgebaut werden.

Hätten Belegschaftsabstimmungen die Malaise verhindert? Im Nachhinein ist man immer klüger. Aber die Interessenlage spricht für eine sorgfältigere Prüfung durch die Belegschaft. Sie trägt das existenzielle Risiko des Arbeitsplatzverlustes. Die Vorstandsmitglieder verdoppeln oder verdreifachen bei Fusionen ihre Gehälter und werden, wenn sie das Unternehmen an die Wand gefahren haben, mit Millionenabfindungen entschädigt. Die vielfach beschworene Eigenverantwortung ist ihnen fremd.

Es mag ja sein, dass in unseren Sozialsystemen falsche Anreize gesetzt werden, die zum Missbrauch einladen. Diese sind aber im wahrsten Sinne des Wortes »Peanuts« gegenüber den falschen Anreizen, die Deutschlands Managerkaste zu einer Serie gravierender Fehlentscheidungen veranlasst haben. So ging der Karstadt-Vorstandsvorsitzende Hans Urban mit mehreren Millionen Euro Abfindung nach Hause. Die Verkäuferinnen, die 1981 Euro brutto im Monat verdienen, sollen dagegen auf ihr Weihnachtsgeld von 1240 Euro und auf ihr Urlaubsgeld von 937 Euro verzichten. Die Schamlosigkeit ist im neoliberalen Zeitalter zur Gewohnheit geworden.

Auch die von der Belegschaft gewählten Aufsichtsratsmitglieder und die von der Gewerkschaft Entsandten verlieren bei Personalabbauplänen nicht ihren Arbeitsplatz. Die Aktionäre von KarstadtQuelle hatten einen Verlust von siebzig Prozent des Kurses zu verkraften und die Anteilseigner mussten für die Kapitalaufstockung in die Tasche greifen. Aber schon bald soll der Konzern wieder Gewinne abwerfen. Existenziell sind aber die Beschäftigten betroffen, und daher sollten sie bei Unternehmensfusionen den Ausschlag geben.

Dass Belegschaftsabstimmungen helfen können, beweist auch ein Beschäftigungssicherungsvertrag, den die IG Metall mit der Robert Bosch GmbH für das Werk in Leinfelden-Echterdingen bei Stuttgart abgeschlossen hat. Die Personalkosten werden dabei jährlich um sieben Millionen Euro gesenkt. Im Gegenzug werden neun Millionen Euro in das Werk investiert. Der Betriebsrat sagte: »In solch gewichtigen Fragen wollen wir die Verantwortung nicht allein übernehmen. Die Belegschaft soll selbst entscheiden.«

Betriebliche Mitbestimmung

In Deutschland gehen die Angriffe auf die Arbeitnehmer aber munter weiter. Nach der Unternehmensmitbestimmung nahmen die Wirtschaftsverbände die betriebliche Mitbestimmung ins Visier. Sie verwiesen auf die deutlich gestiegenen Kosten von Betriebsräten, nachdem die rotgrüne Koalition das Betriebsverfassungsgesetz verbessert hatte. Die Kosten seien von 265 Euro auf 338 Euro je Mitarbeiter gestiegen. BDI und BDA verlangten, die Zahl der Betriebsratsmitglieder und Freistellungen wieder auf die Werte zurückzuführen, die vor 2001 gegolten hatten. Bei 1000 Arbeitnehmern wären dann wieder nur elf statt dreizehn Betriebsratsmitglieder zu wählen, die Freistellung beträfe danach auch nur zwei der Mitglieder (jetzt drei).

Die Demokratie darf aber an den Pforten der Betriebe nicht aufhören. Die Mitbestimmung in ihnen hat in Deutschland viele Jahre zum sozialen Frieden beigetragen. Die Erweiterung der Mitbestimmung über die Montanindustrie hinaus war im Jahr 1976 von der sozialliberalen Koalition eingeführt worden. Die damalige FDP hatte gerade das Freiburger Programm verabschiedet, dessen Inhalt heute nicht nur in der Westerwelle-FDP, sondern auch in den anderen neoliberalen Parteien des deutschen Bundestages keine Mehrheit mehr fände. Nach dem Mitbestimmungsgesetz müssen in Unternehmen mit mehr als 2000 Beschäftigten die Aufsichtsräte je zur Hälfte mit Vertretern der Eigentümer und der Arbeitnehmer besetzt sein. Bei Stimmengleichheit gibt der Vorsitzende, den die Anteilseigner bestimmen, mit seiner dann doppelt gezählten Stimme den Ausschlag.

Diese Form der Mitbestimmung wird heute in Deutschland in 763 Unternehmen praktiziert. Die Bundesvereinigung der deutschen Arbeitgeberverbände (BDA) und der Bundesverband der deutschen Industrie (BDI) wollen sie aber abschaffen. Die Mitbestimmung im Aufsichtsrat sei ein Irrtum der Geschichte, meinte einst der ehemalige BDI-Präsident Michael Rogowski. Europäische Investoren würden aufgrund dieser Tatsache einen Bogen um Deutschland machen, Länder außerhalb Europas seien erst recht nicht bereit, das deutsche Mitbestimmungsmodell zu akzeptieren. Deshalb gelte es zu entscheiden: Wollen wir Arbeitslosigkeit mit Mitbestimmung oder Mehrbeschäftigung ohne Gewerkschaftsfunktionäre in den Aufsichtsräten, wo sie ohnehin nichts verloren hätten?

Die Weltsicht des Ex-BDI-Präsidenten ist falsch. Die Arbeitnehmer haben wie kein anderer das Interesse, ihre Arbeitsplätze zu erhalten – weit mehr als alle ihre öffentlichen Ratgeber, die meist auf gesicherten und hoch bezahlten Posten sitzen. Daher sind ihre Vorschläge in den Aufsichtsräten –

siehe das Beispiel Opel – oft besser als die der Anteilseigner oder Manager, die, um den Gewinn oder das Gehalt zu steigern, oft unverantwortliche Risiken eingehen. Das machen diese vor allem dann, wenn ihre Bezüge an den Aktienkurs geknüpft sind. Die Manager sind keine Unternehmer, die mit ihrem Vermögen haften, sondern Angestellte ihrer Firma. Sie wollen viel verdienen, wenn es geht, von Jahr zu Jahr mehr. Es ist nur verhängnisvoll, dass sie übermäßig auf den Aktienkurs schielen, da ihre Gehälter davon abhängen.

Aktienoptionen bei der Managerentlohnung sollten gesetzlich verboten werden. Um die Vorstände zu einem verantwortlichen Handeln anzuhalten, müssen, neben der Managerhaftung, Abfindungen und Pensionen an die längerfristige Entwicklung des Unternehmens gekoppelt werden. Ein Vorschlag wurde in der Praxis schon getestet, bei dem nach fünf Jahren die Höhe der zugesagten Pension neu festgelegt wird. So steigt das Interesse der Manager an einer längerfristigen Entwicklung des Unternehmens. Ich habe Manager kennen gelernt, die eine besondere Fähigkeit entwickelt hatten, sich nach kurzer Zeit in einem Unternehmen kündigen und abfinden zu lassen. Mehrfach wiederholt, wird auf diese Weise aus einem Managementversagen ein ansehnliches Millionenvermögen.

Selbst die amerikanische Handelskammer in Deutschland widersprach Rogowski. Die unternehmerische Mitbestimmung sei zwar vielen lästig, gab sie zu verstehen, aber sie sei mit Sicherheit nicht der Grund dafür, dass Investitionen in Deutschland nicht getätigt werden.

Das andere Argument der Wirtschaftsverbände, die deutsche Mitbestimmung sei den europäischen Nachbarn fremd, ist ebenfalls nicht stimmig. In 13 der 25 Mitgliedsstaaten Europas gibt es Unternehmenskontrollorgane, in denen die Arbeitnehmer beteiligt sind und ein volles Stimmrecht besitzen. Vor allem die osteuropäischen Länder orientieren sich an Deutschland. Trotz der Mitbestimmung setzte die bei Neoliberalen renommierte Heritage Foundation Deutschland auf Platz eins ihres Index of Economic Freedom für ausländische Unternehmen. Die Zahlen bestätigen dieses Urteil. In Deutschland gibt es mehr als 22 000 ausländische Unternehmen mit über 2,7 Millionen Beschäftigten.

Sogar auf dem größten Markt der Welt, in China, erhalten die Gewerkschaften Unterstützung. Chinas Arbeitnehmervertreter wagen mit Billigung der Partei die Kraftprobe mit US-Konzernen, weil diese chinesischen Arbeitern verbieten wollen, sich gewerkschaftlich zu organisieren. Zu diesen Firmen gehören der Handelsriese Wal-Mart, die Fastfoodkette McDonald's, das Fotounternehmen Eastman Kodak, aber auch Südkoreas Computerfirma Samsung. Wegen der gewerkschaftsfeindlichen Haltung hat China diese Multis auf die schwarze Liste gesetzt, wie der englischsprachige Staatssender CRI meldete. Die deutschen Niederlassungen von VW, Siemens oder BASF werden dagegen nicht kritisiert. Sie halten sich an die chinesischen Regeln. Zumindest in China ist das Bekenntnis der deutschen Investoren zu den Arbeitnehmerrechten kein Investitionshemmnis. Im Reich der Mitte waren Ende 2003 rund 85 Millionen Menschen in drei Millionen Privatbetrieben beschäftigt. Ein Drittel davon war gewerkschaftlich organisiert.

Die Demokratie verlangt nicht den Abbau, sondern den Ausbau und die Weiterentwicklung der Mitbestimmung. So wenig wie zwischen Parlament und Volk, so wenig dürfen zwischen Betriebs- und Aufsichtsräten und den Belegschaften Verständigungs- und Wahrnehmungsprobleme auftreten. Auch die Befangenheit der Arbeitnehmervertreter in den Entscheidungsgremien der Unternehmen muss diesbezüglich thematisiert werden.

Als ich kürzlich während einer Vortragsreise mit der Bahn fuhr, lud ich einige Zugbegleiter zu einem Kaffee ein. Sie hatten mir schon während der Fahrt ihr Leid geklagt und sich über die familienfeindlichen Dienstpläne beschwert. Beim Kaffeeplausch teilten sie mir weitere Einzelheiten mit und ihre Verbesserungsvorschläge klangen plausibel. Als ich fragte, was ihre Personalvertreter dazu sagten, kam die Antwort: »Die nicken alles ab, in der Hoffnung, nochmal befördert zu werden.« Unabhängig davon, ob der Vorwurf in diesem Fall zutraf, zeigt das Beispiel, wie wichtig das Thema der persönlichen Befangenheit für das Vertrauensverhältnis zwischen den Belegschaften in den Unternehmen ist. Wie zur Kontrolle der Parlamentarier Volksabstimmungen und zur Kontrolle der Parteivorstände Mitgliederentscheide, so sind zur Kontrolle der Unternehmensorgane Belegschaftsabstimmungen erforderlich.

Gibt es in der heutigen Zeit für die Arbeitnehmer aber tatsächlich keine Möglichkeit mehr, sich gegen die multinationalen Konzerne zu wehren? Sind sie dem global agierenden Kapitalismus schlichtweg hilflos ausgeliefert? Einen Ausweg weisen die Globalisierungskritiker. Wenn sie beispielsweise Konzerne bei der Ausbeutung von Kindern erwischen, rufen sie mit Erfolg zum Käuferstreik auf. Selbst Wal-Mart und McDonald's können ihre Verbraucher nicht auf die Straße setzen. Sie können auch nicht drohen, nur dort Filialen zu eröffnen, wo die Verbraucher brav sind. Seit der Pleite mit Coop, dem Unternehmen, das aus den ehemaligen Genossenschaften hervorgegangen war, haben die Gewerkschaften keine Versuche mehr unternommen, ihre Mitglieder als Verbraucher zu organisieren. In diesem Fall wäre die Zielsetzung aber eine ganz andere. Es ginge dabei nicht um günstigere Einkaufsmöglichkeiten, sondern darum, die Kaufkraft der Arbeitnehmer gegen die Macht der Konzerne einzusetzen. Der Versuch, sich hier ein neues gewerkschaftliches Betätigungsfeld zu erschließen, wäre lohnend.

General Motors kann alle deutschen Werke aus Kosten-
gründen schließen. Aber wenn der Drohung, wir bauen alle
Arbeitsplätze in Deutschland ab, die Gegendrohung gegen-
übersteht, wir kaufen nichts mehr von euch, dann sieht die
Welt schon anders aus. Die Globalisierungskritiker haben
in Verhandlungen mit weltweit agierenden Konzernen allein mit der Androhung von Käuferstreiks Abkommen mit
diesen Unternehmen über Menschenrechtsfragen, über den
Umweltschutz und über Fragen der sozialen Sicherheit geschlossen. Die Gewerkschaften können in diesem Fall von
den sozialen Bewegungen lernen. Sie müssen sich wie das
Kapital international organisieren. Das war schon Ziel und
Programm an der Wiege der Arbeiterbewegung. Aber in der
Praxis galt und gilt: Das nationale Hemd ist einem näher als
der internationale Rock.

Um die Attraktivität der Mitgliedschaft in den Gewerk-
schaften zu steigern, versucht die IG Metall im Bezirk Nordrhein-Westfalen bei kleineren Betrieben einen Tarifbonus für
Gewerkschaftsmitglieder durchzusetzen. In Bergneustadt
hatte sie beispielsweise bei einer Maschinenbaufirma einer
Arbeitszeitverlängerung ohne Lohnausgleich zugestimmt.
Gewerkschaftsmitglieder erhielten aber – Presseberichten
zufolge – erstmals einen Bonus. Im Stahlbetrieb Bochumer
Verein bekommen Gewerkschaftsmitglieder wiederum eine
Jahressonderzahlung in Höhe eines Monatslohns. Und in
einer Motorenfabrik werden Gewerkschaftsmitglieder von
einer betriebsbedingten Kündigung ausgeschlossen. Diese
Vorgehensweise der Gewerkschaft ist verständlich. Für die
Mitglieder, die brav ein Prozent ihres Bruttolohns in die
Gewerkschaftskasse zahlen, ist es ärgerlich, wenn andere
von ihren Kämpfen profitieren. Die Arbeitgeber sehen das
naturgemäß anders. Sie liefen Sturm gegen diese Vereinbarungen. Sie entdeckten plötzlich die Gleichbehandlung und
sagten: »Wir machen nichts mit, was die Belegschaften spal-

tet und das Prinzip ›gleicher Lohn für gleiche Arbeit‹ im Betrieb verletzt.« Aber das Gleichheitsprinzip wird auch dann verletzt, wenn die einen mit ihren Gewerkschaftsbeiträgen Tarifverträge ermöglichen, die anderen aber ohne Beiträge davon profitieren. Auch die Industriegewerkschaft Bergbau, Chemie, Energie (IGBCE) denkt darüber nach, wie sie den Mitgliederschwund stoppen kann. Sie hatte 1997 1,1 Millionen Mitglieder. Ende 2004 waren es nur noch 772 000. Sie will ebenfalls bei Tarifabschlüssen Sonderleistungen für ihre Mitglieder verlangen und stellt sich einen Bonus beim Weihnachtsgeld oder bei der Anzahl der Urlaubstage vor.

Kungelkapitalismus

Zum deutschen Kungelkapitalismus gehört auch der Wechsel ehemaliger Vorstandsmitglieder in den Aufsichtsrat. Oft übernehmen sie dort sogar den Vorsitz. Bei den vierzig größten Industrie-Aktiengesellschaften war diese Praxis im Jahr 1999 bereits schon zu 33 Prozent Alltag geworden. Wenn es Reformbedarf in Deutschland gibt, dann hier. Diese üble Gewohnheit verhindert, dass Nachfolger Fehler korrigieren können, die die mittlerweile zum Aufsichtsratsvorsitzenden gewählten ehemaligen Vorstandschefs gemacht haben.

Der europäische Kommissar Frits Bolkestein startete nach den Skandalen von Großunternehmen, wie dem amerikanischen Energieversorger Enron oder dem italienischen Lebensmittelkonzern Parmalat, den Versuch, dem Kungelkapitalismus Grenzen zu setzen. Er wollte mehr unabhängige Aufsichtsratsmitglieder und zugleich verhindern, dass ausscheidende Vorstandsmitglieder ihre Nachfolger beaufsichtigen. Erst nach einer Sperrfrist von fünf Jahren sollten Vorstandsmitglieder in den Aufsichtsrat gewählt werden dürfen. Ihre Amtszeit sollte auf zwölf Jahre begrenzt wer-

den. Repräsentanten der Konzernmutter sollten ebenso außen vor bleiben wie Verwandte der Eigentümer eines Fami-
lienunternehmens. Im Hinblick auf das System des Gebens
und des Nehmens hatte Bolkestein auch vorgeschlagen,
keine Mitarbeiter oder Betriebsräte mehr im Aufsichtsrat
zuzulassen.

Natürlich haben die Betroffenen in Deutschland den BDI
veranlasst, in Brüssel Druck auszuüben und Einspruch ein-
zulegen. Den Gewerkschaften passte wiederum die Absicht
des Holländers nicht, Mitarbeiter aus den Aufsichtsräten
auszuschließen. Dabei wird in den Arbeitnehmerorganisa-
tionen längst über Fehlentwicklungen diskutiert, die in der
Mitbestimmung aufgetreten sind. Der stellvertretende IG-
Metall-Vorsitzende Berthold Huber sieht darin ein Glaubwürdigkeitsproblem der Gewerkschaften. Auf die Vorhaltung, auch Arbeitnehmervertreter würden in Aufsichtsräten
Millionengehälter und Millionenabfindungen abzocken,
antwortete er: »Letztendlich werden wir diese Auswüchse
allein nicht verhindern. Wir müssen aber stärker als bisher
dafür sorgen, dass Arbeitnehmervertreter sich in Zukunft
solchen Auswüchsen entgegenstellen. Darüber brauchen
wir innerhalb der Gewerkschaften eine offene und intensive
Debatte.«

Spätestens das Verhalten des ehemaligen IG-Metall-Vorsitzenden Zwickel bei Mannesmann hat gezeigt, wie notwendig eine solche Debatte im Gewerkschaftslager ist.

Eine neue Partei im Eintopf
des Neoliberalismus?

Wenn die Wahlbeteiligung immer weiter sinkt und die großen Volksparteien mit ihrer neoliberalen Politik nur noch dreißig bis vierzig Prozent der Wähler ansprechen, dann ist etwas faul in Deutschland. Wenn die Partei der Nichtwähler zur stärksten Partei wird, dann muss im Interesse der Demokratie etwas geschehen. Es gibt zwei Möglichkeiten: Die Parteien ändern ihre Politik und gewinnen so wieder Wähler zurück. Oder eine neue Partei wird gegründet, um die Wähler anzusprechen, die nicht mehr zur Wahl gehen.

Die Ursachen für die deutsche Entwicklung sind in den vorangegangenen Kapiteln erläutert worden. SPD, CDU/CSU, FDP und Grüne servieren der Bevölkerung einen Einheitsbrei, der denen, die ihn seit Jahren auslöffeln müssen, allmählich hochkommt. Es ist der Eintopf des Neoliberalismus. Seine Zutaten sind Umverteilung von unten nach oben, stagnierendes Wachstum, steigende Arbeitslosigkeit und Sozialabbau. Es ist auch geklärt, wer Koch und Kellner sind. Schröder und Fischer bilden sich nur ein, die Verteilung dieser beiden Rollen sei ihre Angelegenheit. Die wirklichen Köche in Deutschland sind die Wirtschaftsverbände, die Kellner die Politiker aller Parteien. Die Mehrheit des

Volkes lehnt die von den Eliten in Parteien und Medien vertretene neoliberale Politik ab. Und da es Demokratie und Volksherrschaft und nicht Elitenherrschaft heißt, verlangt sie nach einer Änderung der Politik.

Als Schröder 1999 die bisher von CDU/CSU und FDP gestaltete Politik übernahm, wurden viele Wähler heimatlos. Zeitweilig schien es so, als sei die CSU noch die einzig verbliebene sozialorientierte Partei in Deutschland. Ihre folgenden Wahlerfolge bei den Arbeitnehmern waren beachtlich. Aber Stoiber mimt heute den Sozialdemokraten und morgen den harten Reformer. Seine wirtschaftspolitischen Vorstellungen von der Arbeitszeitverlängerung bis zur Haushaltspolitik sind auch nur ein müder Abklatsch der angebotsorientierten Irrlehre.

Sozialdemokratische Mitglieder und Wähler geraten in dieser Lage in einen Loyalitätskonflikt. Ungern lösen sie sich von einer Partei, in der sie viele Jahre mitgearbeitet oder die sie lange Zeiten gewählt haben. Aber sozialdemokratische Loyalität ist keine Vereinsmeierei und erst recht keine Kumpanei unter Funktionären. Sie speist sich aus dem Mitempfinden für die sozial Schwachen, für die Arbeitslosen, die Kranken, die Behinderten oder die Alten, die allein leben und zusehen müssen, wie sie mit einer knappen Rente auskommen. Sozialdemokratische Loyalität gilt somit in erster Linie denjenigen, deren Interesse eine richtig verstandene sozialdemokratische Politik vertreten muss. Und wenn eine von Sozialdemokraten geführte Regierung den marktbedingten Umverteilungsprozess von unten nach oben noch weiter verstärkt, dann muss ein wirklicher Sozialdemokrat sich gegen diese Regierung stellen. Indem sie Lohnkürzungen befürwortet und den sozial Schwächeren in die Taschen greift, macht die Regierung das krasse Gegenteil dessen, was die Aufgabe sozialdemokratischer Politik im Zeitalter der Globalisierung wäre.

»Ich will nicht schuld sein am Elend anderer Menschen. Das macht mein Gewissen nicht mit«, schrieb die einige Seiten vorher erwähnte Frau in ihrer Austrittserklärung. Loyalität hört da auf, wo das eigene Stillhalten zur Mittäterschaft wird. Aus ähnlichen Motiven haben sich ehemalige SPD-Mitglieder und engagierte Gewerkschafter zu einer »Wahlalternative Arbeit und Soziale Gerechtigkeit« zusammengeschlossen. Sie haben eine neue Partei gegründet und wollen sich an den kommenden Wahlen beteiligen. Die Programmdebatte der neuen Partei läuft zwar noch, aber ihre führenden Köpfe, Gewerkschafter und SPD-Mitglieder halten an den politischen Zielen und Inhalten fest, die die SPD vor Schröders Politikwechsel vertreten hat.

Auch nach dem schlechtesten Kommunalwahlergebnis in Nordrhein-Westfalen seit Bestehen der Bundesrepublik am 26. September 2004 hat die SPD-Führung beteuert, sie wolle ihren Kurs fortsetzen. Standhaftigkeit nennt sie ihre demokratische Unbelehrbarkeit, die auf die Anmaßung hinausläuft, dass sie besser als die Wähler wisse, was gut für sie sei. Mit dieser Haltung spaltet die SPD-Führung die Partei, nur um eine Politik fortzuführen, die seit Jahren – siehe Entwicklung der Arbeitslosigkeit – gescheitert ist. Wie die Regierung Kohl glaubt mittlerweile auch die Regierung Schröder, Sozialabbau führe zu wirtschaftlichem Wachstum. Eine moderne Industriegesellschaft braucht aber eine Partei, die die Interessen der sozial Schwachen, der Arbeitnehmer und Rentner vertritt. Gibt die Partei, die den Namen SPD trägt, diese Aufgabe preis, für die sie sich seit über hundert Jahren eingesetzt hat, dann muss eine neue Partei diese Aufgabe übernehmen.

Wenn die SPD auf Schröder-Kurs bleibt und die »Wahlalternative Arbeit und Soziale Gerechtigkeit« bei den nächsten Wahlen antritt, dann werden sich Sozialdemokraten und Gewerkschaftsmitglieder entscheiden müssen, ob sie ihrer

Organisation oder ihrer Überzeugung treu bleiben wollen. Die Wahlalternative vertritt nämlich in der Wirtschafts- und Sozialpolitik ein Programm, das sich nicht nur mit der langjährigen SPD-Programmatik, sondern auch über weite Strecken wörtlich mit den Vorschlägen der deutschen Gewerkschaften deckt. Die Gewerkschafter und ehemaligen Sozialdemokraten wenden sich gegen die Zusammenlegung der Arbeitslosenhilfe mit der Sozialhilfe und lehnen die Verschärfung der Zumutbarkeitsregelung für Arbeitslose und Sozialhilfeempfänger ab. Sie werben für den gesetzlichen Mindestlohn und für Arbeitszeitverkürzungen im Rahmen des Produktivitätsfortschritts. Sie sind für die Bürgerversicherung, also die Einbeziehung aller in die Finanzierung der Sozialversicherung. In der Steuerpolitik fordert die Alternative eine stärkere Besteuerung von Gewinnen, Vermögen und höheren Einkommen. Sie sieht im Kündigungsschutz und in den Flächentarifverträgen unverzichtbare Voraussetzungen für die Sicherheit der Arbeitnehmer. Die Ausbildungsplatzabgabe gehört ebenso zu ihrem Programm wie die Forderung nach höheren Bildungsausgaben. In der Umweltpolitik setzt sie auf Energieeinsparung und erneuerbare Energieträger. International wirbt sie für eine gerechte Weltwirtschaftsordnung und die Tobin-Steuer. (Der amerikanische Volkswirtschaftler James Tobin hatte schon 1972 vorgeschlagen, eine Steuer von einem Prozent auf alle Devisengeschäfte zu erheben.) Sie drängt auf die Beachtung des Völkerrechts und sie ist gegen immer neue Rüstungsprogramme und Kriegseinsätze in der Welt.

Die Gewerkschaften haben bisher keine klare Einstellung zu der neuen Partei gefunden. Ihr Dachverband, der Deutsche Gewerkschaftsbund (DGB), wurde 1949 in München gegründet. Er trat an die Stelle der 1933 von den Nazis zerschlagenen Gewerkschaftsbünde, die eher Richtungszusammenschlüsse waren. Man rief die parteipolitische Unabhängigkeit der Einheitsgewerkschaft aus und verpflichtete sich zur weltanschaulichen Toleranz.

Aber die Zeiten haben sich geändert. Das Kapital ist immer mächtiger geworden und hat die Gewerkschaften in die Defensive gedrängt. Das Konzept der Volkspartei, die sich zum Ziel gesetzt hatte, die Interessen aller Schichten der Bevölkerung zu vertreten, hat sich in der Ära des Neoliberalismus nicht bewährt.

Die Idee der Volkspartei stammt aus den Vereinigten Staaten. Die amerikanischen Volksparteien wollen die Wähler aller sozialen Schichten ansprechen. Konrad Adenauer schuf nach dem Kriege die CDU nach diesem Vorbild. 1957 schloss sich die SPD mit ihrem Godesberger Programm dieser Entwicklung an. Der neue Parteientyp ersetzte die Klassen- und Richtungsparteien der Weimarer Republik. Die neoliberale Politik aber hat die Ära der Volksparteien in Deutschland beendet. Die beiden Volksparteien sind zum verlängerten Arm der Wirtschaftsverbände geworden. Sie haben sich zu Richtungsparteien zurückentwickelt.

Herbert Wehner fürchtete einst, seine Partei werde kommunistisch unterwandert. Und er sah mit Sorge, wie linke Studentengruppen die SPD in einen von der Wirklichkeit der Betriebe abgelösten Debattierclub verwandeln wollten. Als Gegengewicht drängte er auf die Gründung der Arbeitsgemeinschaft für Arbeitnehmerfragen (AfA). Das Gegenstück in der CDU/CSU ist die Christlich Demokratische Arbeitnehmerschaft (CDA). Beide Arbeitsgemeinschaften konnten die Wandlung ihrer Parteien zu Erfüllungsgehilfen der Wirtschaftsverbände nicht verhindern. Heute sind alle Parteien nicht kommunistisch, sondern kapitalistisch unterwandert. Da die Gewerkschaften massiv an Einfluss in den Volksparteien verloren haben, stellt sich die Frage, ob nicht für sie die Zeit gekommen ist, sich neu zu orientieren. Viele Ziele, für die die Gewerkschaften eintreten, sind nur im Parlament zu verwirklichen. Was nicht organisiert ist, wird gesellschaftlich nicht wirksam.

Immer noch verfügen die Gewerkschaften mit 7,2 Millionen Arbeitnehmern über mehr Mitglieder als alle Parteien zusammen. Dem großen Geld der Wirtschaft können sie nur die Zahl ihrer Mitglieder entgegensetzen. Der Finanzkapitalismus hat das ausgewogene Kräftegleichgewicht der deutschen Nachkriegsrepublik zerstört. Die Entwicklung der Einkommen und Vermögen verlangt nach einer neuen politischen Kraft, die die Interessen derjenigen vertritt, die nicht vom Spitzensteuersatz betroffen sind und nicht über große Vermögen verfügen.

Spätestens nach der Landtagswahl in Nordrhein-Westfalen, im Mai 2005, muss die Entscheidung fallen. Die SPD muss klären, ob sie mit Schröder und seinem neoliberalen Kurs die Bundestagswahl 2006 bestreiten will. Befürwortet die SPD diesen Weg, dann muss eine neue Partei antreten, um vielen Wählern die Möglichkeit zu bieten, mit ihrer Stimme eine Politik zu unterstützen, die das Ziel hat, die Umverteilung von unten nach oben zu beenden. In der Außenpolitik muss diese neue Partei an die Ideen Willy Brandts anknüpfen. Weder die logistische Unterstützung des völkerrechtswidrigen Irak-Krieges noch die direkte Beteiligung an den ebenfalls völkerrechtswidrigen Kriegen in Jugoslawien und in Afghanistan sind mit einer Friedenspolitik im Sinne Brandts vereinbar gewesen.

Die PDS kann die Aufgabe dieser neuen Partei nicht übernehmen, obwohl sie mittlerweile ein sozialdemokratisches Programm hat. Als Nachfolgeorganisation der SED hat sie auch 15 Jahre nach dem Fall der Mauer in Westdeutschland ein Glaubwürdigkeitsproblem. Zudem gerät sie in Schwierigkeiten, weil sie in Mecklenburg-Vorpommern und in Berlin an Landesregierungen beteiligt ist, die die sozialen Abbaugesetze umsetzen müssen.

Im Sommer 2004 mehrten sich unter Politologen und Publizisten Stimmen, die die Meinung vertraten, nur durch die Gründung einer neuen Partei sei es noch möglich, auch nach der nächsten Bundestagswahl eine Mitte-Links-Regierung zu bilden. Dieser Gedanke liegt nahe, wenn man davon ausgeht, dass es der SPD nicht mehr gelingen wird, in größerem Umfang verlorene Wähler zurückzugewinnen. Der Parteienforscher Franz Walter beispielsweise schrieb im Juli in der *Süddeutschen Zeitung*: »Schröder kann seine Reformpolitik nur dann stringent verfolgen und politisch gegen die CDU/CSU zum Erfolg führen, wenn eine kampagnenstarke, gut geführte, populistisch raffinierte Linkspartei die zurückgebliebenen und sozial frustrierten Unterschichten neu sammelt und dem bürgerlichen Lager entzieht. Eine solche Linkspartei wäre mithin keine Gefahr für eine Einheit der Arbeiterbewegung, wie es Müntefering im verstaubten Ballonmützenjargon des 19. Jahrhunderts formuliert, sondern eine Entlastung für Schröders Reformismus und eine Barriere gegen die unmittelbar drohende flächendeckende bürgerliche Hegemonie in Deutschland.«

Eine neue Partei darf Schröders Wirtschaftsverbandspolitik jedoch nicht entlasten, sondern sie muss ihre Fortsetzung verhindern, wenn es schon nicht möglich sein sollte, die Agenda 2010 und Hartz IV rückgängig zu machen. Mit anderen Worten: Die neue Partei könnte, wenn sie den Sprung ins Parlament schafft, sich nur mit einer SPD einlassen, die den neoliberalen Irrweg verlässt.

Ich hatte die Möglichkeit einer neuen Linkspartei im Vorfeld der saarländischen Landtagswahlen mit einigen Parteifreunden erörtert, weil ich darin die einzige Möglichkeit sah, den Wahlsieg der Saar-CDU, die sich in der Regierungsarbeit nicht bewährt hatte, zu verhindern. Ich machte den Vorschlag, mit einer alternativen Liste anzutreten, um die enttäuschten ehemaligen sozialdemokratischen Wähler

170

zu sammeln. Die Idee leuchtete meinen Gesprächspartnern ein, aber sie scheuten das Risiko und die unvermeidlich auftretenden Konflikte. Das Landtagswahlergebnis brachte eine absolute Mehrheit der CDU und einen starken Einbruch der SPD. Die Wahlbeteiligung war beschämend gering. Nur 55 Prozent der wahlberechtigten Saarländer waren in die Wahllokale gegangen. Gerade mal jeder vierte Saarländer hatte für den »Wahlsieger« Müller (CDU) gestimmt.

Wenn sich nichts ändert, werden viele Deutsche auch bei der kommenden Bundestagswahl zu Hause bleiben, weil sie nicht wissen, wen sie wählen sollen. Die sinkende Wahlbeteiligung wird den Parteien der besser Verdienenden, den Grünen und der FDP zugute kommen. Profitieren werden aber auch die Rechten, deren Einzug in den Bundestag beim heutigen Stand der Dinge wahrscheinlich ist. Eine neue Partei wäre daher auch eine Möglichkeit, das Wechseln von Protestwählern zu den Rechtsparteien zu verhindern. Wenn die Schröder/Müntefering-SPD den Bundestagswahlkampf mit dem zündenden Motto »Wählt uns, die anderen sind noch schlimmer« führen will, dann wäre es doch besser für unsere Demokratie, wenn eine neue Partei antritt, die einen grundsätzlichen Politikwechsel will.

Die SPD-Granden haben sich ohnehin in einen Widerspruch verwickelt. Sie behaupten ja, die Regierung Kohl habe viel zu wenig ins soziale Netz geschnitten, und gleichzeitig wollen sie »weniger schlimm« sein als CDU/CSU und FDP. Jeder Kenner der deutschen Politik weiß, dass sich die Regierung Kohl weder den mit Hartz IV verbundenen Sozialabbau noch die mit der Steuerreform 2000 verbundenen Milliardengeschenke an die Großindustrie geleistet hätte. Die Regierung Schröder war im Umverteilen von unten nach oben sogar härter als die Regierung Kohl. So sehen das auch die deutschen Unternehmer. Auf dem deutschen Arbeitgebertag im November 2004 zollte Arbeitgeberpräsident Dieter Hundt dem Kanzler Respekt und Anerkennung und sagte ihm Unterstützung für seinen Reformkurs zu. Und hinter vorgehaltener Hand geben die Industriebosse zu verstehen, so stand es jedenfalls in der *Welt*, nur eine rot-grüne Regierung sei strategisch in der Lage, schmerzhafte Reformen gegen den Widerstand der Gewerkschaften durchzusetzen. Wenn diese Annahme zutrifft – und vieles spricht dafür –, dann ist das die sauberste Begründung für eine neue Partei. Wenn alle Bundestagsparteien auf Unternehmerverbandstagen schulterklopfenden Beifall ernten, dann fehlt ein Gegengewicht im deutschen Parlament. Natürlich müssten sich die Bundestagskandidaten der neuen Partei verpflichten, nicht auf der Gehaltsliste eines Wirtschaftsverbandes zu stehen.

IV. Eine andere Politik ist notwendig: Blick über die Grenzen

Wohin will die deutsche Außenpolitik?

Nicht jeder wird in allen Punkten den bisherigen Ausführungen zustimmen. Fest steht aber: Viele Wähler fühlen sich von der Berliner Politik nicht mehr vertreten und gehen nicht mehr zur Wahl. Nur eine andere Politik kann sie für die Demokratie zurückgewinnen. Das Ärgerliche der letzten Jahre war, dass Politiker und Meinungsmacher unisono behaupteten, zur jetzigen Politik gäbe es keine Alternative.

Schon der Blick über den Gartenzaun scheint die selbst ernannten Eliten zu überfordern. In anderen Ländern kann man andere Politikentwürfe kennen lernen. Wenn aber die Anwälte der gegenwärtigen Reformpolitik über die Politik anderer Staaten reden, dann picken sie sich die Punkte heraus, die ihre Vorurteile stützen.

So wird von den USA nur wahrgenommen, was den deutschen Reformpolitikern in den Kram passt. Es gibt dort, so wird hervorgehoben, einen schwachen Sozialstaat, keinen Kündigungsschutz, und das *Hire-and-Fire*-Prinzip sorgt für die Flexibilität des amerikanischen Arbeitsmarktes. Wären damit die Voraussetzungen für wirtschaftliches Wachstum gegeben, dann hätte es in den USA keinen konjunkturellen Einbruch geben dürfen.

173

Noch kurioser ist es, wenn der Arbeit Alan Greenspans auch in Deutschland viel Beifall gezollt, aber gleichzeitig behauptet wird, in Europa müsse man eine ganz andere, nur auf Preisstabilität ausgerichtete Geldpolitik machen. Als ich in einer Fernsehsendung eine Konjunktursteuerung nach amerikanischem Vorbild forderte, eiferte sich der FDP-Vorsitzende Westerwelle: »Ausgerechnet Lafontaine fordert eine amerikanische Wirtschaftspolitik.« Seine Empörung war echt, weil er unter einer amerikanischen Wirtschaftspolitik eben nur *hire and fire* und Sozialabbau versteht. Eine expansive Geld- und Fiskalpolitik sowie eine der Produktivität folgende Einkommenspolitik sind den Vertretern des deutschen Elitenkonsenses ein Buch mit sieben Siegeln.

Bevor ich auf Gegenvorschläge zur deutschen Wirtschafts- und Sozialpolitik zu sprechen komme, wende ich mich der internationalen Ebene zu. Was ist die Rolle Deutschlands in der Welt? Auf diese wichtige Frage gibt die rot-grüne Koalition ebenso wenig eine schlüssige Antwort wie die Opposition.

Ein nicht wieder gutzumachender Fehler unterlief der CDU-Vorsitzenden, als sie vor dem Irak-Krieg dafür warb, an der Seite des großen Verbündeten George W. Bush in den Krieg zu ziehen. Die Vorstellung, dass dann nicht nur mehr als Tausende amerikanische GIs im Irak für einen völkerrechtswidrigen Krieg ihr Leben verloren hätten, sondern wenn es nach Angela Merkel gegangen wäre, auch deutsche Soldaten im Zweistromland umgekommen wären, wird ihr selbst in Zukunft zu schaffen machen. Für viele Deutsche ist sie deshalb nicht geeignet, Bundeskanzlerin zu werden.

Schröder schwankte zwischen der uneingeschränkten Solidarität mit den Vereinigten Staaten und dem deutschen Weg, den er beschwor, als er richtigerweise entschied, keine deutschen Soldaten in den Irak zu schicken.

Seit die Formel vom »deutschen Weg« aufgegeben wurde, weil sie leicht in einen deutschen Sonderweg übersetzt werden konnte, fehlt ein nachvollziehbares, langfristig tragfähiges Konzept der deutschen Außenpolitik.

»Runter von den Zuschauerbänken«, lautete der Schlachtruf all derjenigen, die in Deutschland an militärischen Interventionen Gefallen gefunden hatten. Die Deutschen sollten endlich wieder dabei sein. Aber unser Land hatte in der internationalen Politik nach dem Zweiten Weltkrieg nie eine Zuschauerrolle eingenommen. Vielmehr hat es Hervorragendes geleistet. Konrad Adenauers Westintegration war eine historische Entscheidung. Der Aufbau der sozialen Marktwirtschaft brachte tatsächlich Wohlstand für alle. Nach dem Nationalsozialismus festigte er das Vertrauen der Deutschen in die parlamentarische Demokratie. Willy Brandts Ostpolitik kam ohne militärische Interventionen aus. Sie hatte für den Fall des Eisernen Vorhangs eine ausschlaggebende Bedeutung. Brandt war der Wegbereiter Michail Gorbatschows. Zu Recht erhielt er den Friedensnobelpreis.

Helmut Schmidt stand für wirtschaftliche Zusammenarbeit und gemeinsames Handeln der großen Industrienationen. In einer globalisierten Weltwirtschaft wurde diese Kooperation immer notwendiger. Aber leider verhindern auch heute noch nationale Egoismen bei den Industrienationen ein fruchtbares ökonomisches Zusammenwirken. Helmut Schmidt war seiner Zeit voraus.

Helmut Kohls Beitrag zur deutschen Einheit ist unbestritten. Ebenso wichtig aber war seine Vertiefung der deutsch-französischen Freundschaft und sein Einsatz für das weitere Zusammenwachsen Europas.

Mithin: Westintegration, Soziale Marktwirtschaft, Ostpolitik, Zusammenarbeit in der Weltwirtschaft, deutsch-französische Freundschaft, deutsche und europäische

Einigung – die deutsche Politik hat in den vergangenen Jahrzehnten ihren Beitrag zur Weltpolitik geleistet.

Wer wie ich ein Anhänger der Philosophie der Aufklärung ist, befürwortet eine Weltgesellschaft der Freien und Gleichen. Da wir sie nicht morgen verwirklichen können, müssen Institutionen geschaffen werden, die sich diesem Ziel verpflichtet fühlen. Dazu zählen die Vereinten Nationen, der Internationale Währungsfonds, die Weltbank, die Welthandelsorganisation und die internationale Gerichtsbarkeit. Die Aufgabe der Bundesrepublik Deutschland ist es, zur Stärkung und Demokratisierung dieser Weltorganisationen beizutragen. Beginnen wir mit der UNO.

Militärische Intervention und Weltpolizei

Die Vereinten Nationen sind nach dem Zweiten Weltkrieg gegründet worden. Ihr Vorläufer war der Völkerbund, der seinen Sitz in Genf hatte. Mit einem vierzehn Punkte umfassenden Plan hatte der amerikanische Präsident Thomas Woodrow Wilson 1918 die Gründung dieses Bundes vorgeschlagen, unter der Bezeichnung »Völkerbund« übte er von 1920 bis 1946 seine Tätigkeit aus. Seine Hauptanliegen waren die Förderung der Zusammenarbeit unter den Nationen und die Gewährleistung des internationalen Friedens. Als der französische Außenminister Aristide Briand und Gustav Stresemann die deutsch-französische Entspannungspolitik betrieben und die Locarno-Verträge schlossen, stand der Völkerbund in hohem Ansehen. Er verlor dann an Einfluss, als er der Expansionspolitik Deutschlands, Italiens und Japans nicht wirkungsvoll entgegentreten konnte. Im Jahr 1946 übertrug er seine Aufgaben an die Vereinten Nationen.

Die Vereinten Nationen bekennen sich zu dem Grundsatz der Gleichheit der Staaten, zur Vertragstreue, zum Verzicht auf Gewaltanwendung in internationalen Beziehungen sowie zum Selbstbestimmungsrecht der Völker. Sie treten für den Schutz der Menschenrechte ein – ein Anliegen, das in den letzten Jahren dazu führte, den alten Grundsatz der Nichteinmischung in die inneren Angelegenheiten der Mitgliedsstaaten aufzugeben.

Das wichtigste Organ der Vereinten Nationen ist der Weltsicherheitsrat. Seine Entscheidungen bei internationalen Streitigkeiten sind für die Mitglieder der Weltorganisation verbindlich. Dem Rat gehören fünf ständige Mitglieder an. Das sind die USA, Russland, Großbritannien, Frankreich und China. Dazu kommen zehn nichtständige Mitglieder, die in einem zweijährigen Wechsel unter Berücksichtigung geographischer Aspekte von der Generalversammlung gewählt werden.

Die ständigen Mitglieder des Sicherheitsrates haben ein Vetorecht. Das ist zwar nicht demokratisch, trägt aber der wirklichen Machtverteilung in der Welt Rechnung. Gegen die Supermacht USA kann der Sicherheitsrat in der Regel nichts bewirken. Bei den meisten internationalen Konflikten ist es auch von Vorteil, die Zustimmung der anderen Veto-Mächte zu haben. So unvollkommen die UNO auch ist, ihre Entscheidungen setzen internationales Recht, und darauf kommt es in der heutigen Welt an.

Die Charta der UNO sieht eine ständige internationale Streitmacht vor, die vom Sicherheitsrat eingesetzt werden kann. Eine solche Streitmacht ist leider bis zum heutigen Tag nicht entstanden, weil die militärisch starken Mitgliedsstaaten, allen voran die USA, vorzugsweise eine eigene Machtpolitik verfolgen. An diesem Punkt spätestens kommt die deutsche Politik ins Spiel: Sie muss auf die Existenz einer der UNO unterstehenden internationalen Streitmacht drängen, weil nur auf diese Weise die Vereinten Nationen von allen Völkern als internationale Polizei akzeptiert werden können.

Der Aufbau einer derartigen Weltpolizei, an der Deutschland sich beteiligen muss, ist genauso wichtig wie die Änderung der Zusammensetzung des Sicherheitsrates. Die Regierung Schröder hat einen alten Vorschlag aufgegriffen, der vor allem von dem ehemaligen Außenminister Klaus Kinkel (FDP) vertreten worden war. Sie verlangt einen permanenten Sitz im reformierten Sicherheitsrat und begründet diesen Vorschlag mit der großen Truppenpräsenz Deutschlands in Spannungsgebieten und mit dem Finanzierungsbeitrag der Bundesrepublik Deutschland zur UNO, der nach dem Beitrag der USA und Japans der drittgrößte ist. Wer bezahlt, bestellt, sagt schließlich eine Redewendung.

Deutschland sei bereit, verkünden Schröder und Fischer, »mehr Verantwortung zu übernehmen«. Die europäischen Nachbarn hören aus solchen Worten einen unangenehmen Unterton heraus. Manche fühlen sich bei der hartnäckigen Forderung nach einem deutschen Sitz im UN-Sicherheitsrat an das Verhalten Kaiser Wilhelm II. erinnert. Dieser wollte für Deutschland einen »Platz an der Sonne«.

Ist es für uns Deutsche wirklich klug, so unverhohlen einen Platz am Tisch der Mächtigen zu verlangen? Die Absicht, stattdessen auf einen europäischen Sitz im Sicherheitsrat zu drängen, gibt die deutsche Regierung damit auf, zumindest für einen überschaubaren Zeitraum. Dieser sei zurzeit unrealistisch, argumentieren der Kanzler und der Außenminister, weil Frankreich und Großbritannien sich nicht bereit zeigten, ihre Sonderstellung aufzugeben. Das ist zwar richtig, die Schlussfolgerung jedoch, die die Regierung Schröder/Fischer aus dieser Gegebenheit zieht, ist falsch. Wer die europäische Einigung will, muss alles unterlassen, was diesem Ziel im Wege steht. Gerade in der elementaren Frage von Krieg und Frieden bleibt ein gemeinsames Vorgehen der Europäer die einzige Perspektive – Sonderstellung hin oder her. Ein Deutschland, das nach Frankreich und Großbritannien ebenfalls eine Sonderrolle in

Anspruch nähme, würde aus der Sicht der übrigen europäischen Staaten nur eine Struktur des Sicherheitsrates festigen, die überwunden werden soll. Eine Weltgesellschaft der Freien und Gleichen verlangt als Vorstufe ein Europa der Freien und Gleichen, auch auf der staatlichen Ebene. Unbeschadet der Tatsache, dass die europäischen Staaten unterschiedliche Interessen haben und Deutschland eine andere Rolle besitzt als Luxemburg, sollte das Ziel einer einheitlichen europäischen Außenpolitik nicht aufgegeben werden.

Die größten Schwierigkeiten bereitet dem Sicherheitsrat in den letzten Jahren aber sein wichtigstes Mitglied, die Vereinigten Staaten. Sie sind aufgrund ihrer außerordentlichen Machtstellung nicht bereit, sich dem internationalen Recht zu unterwerfen. Höhepunkt dieser Position stellte die Forderung des Präsidenten George W. Bush dar, für Amerika wieder das Recht des Präventivkrieges in Anspruch zu nehmen. Es war nur eine Frage der Zeit, bis andere Staaten diesem schlechten Beispiel folgten. So erklärte auch Russland nach den Terroranschlägen im ossetischen Beslan im Jahr 2004, Präventivschläge seien ein geeignetes Mittel, den Terrorismus zu bekämpfen. Viel Kredit haben die USA durch die Gefangenenmisshandlung im Gefängnis Abu Ghraib bei Bagdad und im Gefangenenlager Guantanamo Bay auf Kuba verloren. Die Folterbilder aus Bagdad haben sich tief in das Bewusstsein der Muslime in aller Welt eingegraben. In Guantanamo Bay haben die USA nach Meinung von CIA-Mitarbeitern sogar Kriegsverbrechen begangen, denn mehr als die Hälfte der Inhaftierten sei ohne Grund festgehalten worden. Zudem hätten die Häftlinge in ihren eigenen Fäkalien gelegen, wurden geschlagen und mit kaltem Wasser übergossen, bis sie an Unterkühlung litten. Andere wurden in Zwangsjacken mit verhülltem Kopf brutal der Sonne ausgesetzt.

Erste Pflicht der deutschen Politik ist es, auf die Durchsetzung eines internationalen Rechts zu drängen, das für alle Staaten verbindlich ist. Ohne eine solche Rechtsordnung kann es keinen Frieden geben. Auch international gilt: Die Freiheit des Stärkeren führt zur Unterdrückung. Das Recht schützt die Freiheit der Schwächeren.

Wie immer man zu dem Krieg in Jugoslawien, dem Afghanistan-Krieg oder dem Irak-Krieg steht, in allen drei Fällen war die Politik der Regierung Schröder/Fischer nicht überzeugend, weil eine langfristige Orientierung nicht erkennbar war. Im Jugoslawien-Krieg sprachen viele Gründe für ein Eingreifen der Vereinten Nationen. Dass die NATO sich an ihre Stelle setzte und ohne internationale Rechtsgrundlage Belgrad bombardierte, war ein schwerer Bruch des Völkerrechts. Die USA beriefen sich auf dieses Vorgehen, als sie wiederum ohne einen UNO-Beschluss den Irak angriffen.

Die Beteiligung an militärischen Interventionen, auf die sich die rot-grünen Politiker so viel einbilden, war in Wirklichkeit ein Fehlschlag. Sie trug nämlich dazu bei, das internationale Recht zu schwächen. Das gilt auch für die Teilnahme der Bundeswehr am Afghanistan-Krieg. Zwar gab es nach dem Anschlag auf das World Trade Center die Zustimmung der UNO zu einem Militärschlag gegen die al-Qaida. Und es war auch richtig, den USA beizustehen, weil der Bündnisfall der NATO ausgerufen wurde. Aber Deutschland hätte auch auf die Einhaltung der Genfer Konventionen drängen müssen, da diese Bestandteil des Völkerrechts sind. Die Regierung Schröder/Fischer versäumte es sowohl im Jugoslawien-Krieg als auch im Afghanistan-Krieg, nach dem militärischen Vorgehen zu fragen – und hinsichtlich der Art des Einsatzes Bedingungen für ihr Mitmachen zu stellen.

UNO-Einsätze müssen sich an Polizeigrundsätzen orientieren. Spätestens als in Jugoslawien und in Afghanistan drauflos bombardiert wurde – es kam in Afghanistan sogar zu einem Einsatz von Streubomben –, hätte Deutschland auf die Einhaltung der Genfer Konventionen drängen müssen. Diese verlangen nämlich eine Kriegsführung, die die Zivilbevölkerung schont.

Die Gegenwartserfahrung muss mit der früherer Generationen verknüpft werden. Wie wir uns erinnern, ist das eine Forderung von Eric Hobsbawm. Das sei ein wichtiger sozialer Mechanismus, der nicht zerstört werden dürfe, sollten Fehler nicht immer wiederholt werden. An diesen Gedanken des englischen Historikers kann nicht oft genug erinnert werden. Schon die grausamen Erfahrungen, die die deutsche Zivilbevölkerung im Zweiten Weltkrieg machte, als Brandbomben auf deutsche Städte und Dörfer geworfen wurden, um den Widerstand der Bevölkerung zu brechen, verpflichtet uns, international darauf hinzuwirken, dass die Zivilbevölkerung nicht bombardiert wird und die Genfer Konventionen beachtet werden. Hier können sogar die Fortschritte der Militärtechnik genutzt werden. Präzisionswaffen ermöglichen es, nach Polizeigrundsätzen vorzugehen und unschuldige Kinder, Frauen und Männer zu schonen.

Bleibt der Irak-Krieg. Bis heute wurden keine deutschen Soldaten in den Irak geschickt. Und Schröders Widerstand – zusammen mit dem von Chirac, Putin und anderen – gegen eine Billigung der amerikanischen Angriffspläne durch den UN-Sicherheitsrat war richtig und verdient Anerkennung. Aber im Sinne des Völkerrechts haben wir den Irak-Krieg dennoch mitgemacht. Auch nach der Einheit ist die Bundesrepublik immer noch kein souveränes Land. Wenn Bush Präventivkriege führen will, ohne die Welt zuvor zu fragen, werden in Deutschland amerikanische Kommandoeinrichtungen und Nachschubbasen benutzt. Hätte Saddam Hussein über Mittelstreckenraketen verfügt, dann wäre er nach der Bombardierung Bagdads berechtigt gewesen, amerikanische Flugplätze in Deutschland anzugreifen. Und wenn er das Recht des Präventivkrieges auch für sich reklamiert hätte, dann wäre es ihm erlaubt gewesen, US-Basen in Deutschland vorsorglich zu zerstören. Über diesen unangenehmen Tatbestand sprechen wir nicht gerne.

Zwar hatte der Kanzlerkandidat der CDU/CSU im Bundestagswahlkampf 2002, Edmund Stoiber, in einem schwachen Moment richtigerweise die Frage aufgeworfen, ob wir den Amerikanern nicht die Benutzung ihrer Militärbasen in Deutschland verbieten müssten, aber noch am selben Abend wurde die Dementiermaschine angeworfen, weil man so etwas unseren amerikanischen Freunden nicht antun dürfe. Das aber muss man, und zwar so selbstverständlich, wie andere Länder es auch machen. Die historische Leistung Charles de Gaulles besteht darin, immer wieder auf die Unabhängigkeit Europas von amerikanischer Bevormundung gedrängt zu haben. Bündnispartnerschaft darf nicht derart verstanden werden, dass der stärkste Partner machen kann, was er will. Wie Frankreich und andere Länder muss Deutschland souverän werden und selbst darüber bestimmen, ob es bei einem Krieg mitmacht oder nicht. Unter diesem Gesichtspunkt müssen auch der Abzug amerikanischer Truppen aus Deutschland und die Verlagerung von Truppenteilen nach Osteuropa gesehen werden.

In Deutschland waren im Jahr 2002 73 000 US-Soldaten mit hunderttausend Familienangehörigen und Zivilbeschäftigten stationiert. Das Pentagon plant, ab 2006 rund 30 000 Soldaten zurück in die Vereinigten Staaten zu holen. Ein Verbleiben von Truppen und militärischen Einrichtungen der USA in Deutschland kann durchaus in unserem Interesse sein. Aber es muss vertraglich geregelt sein, dass Deutschland nicht gegen seinen Willen in amerikanische

Angriffskriege verwickelt wird. Bedauerlicherweise ist diese Revision der deutschen Außenpolitik immer noch ein Tabu.

Gibt es ein Recht auf Massenvernichtungswaffen?

Willkür und Berufung auf das Recht des Stärkeren tauchen auch immer dann auf, wenn international geregelt werden soll, wer Atomwaffen besitzen darf und wer nicht. Die Veto-Mächte des UN-Sicherheitsrates, die USA, Russland, Frankreich, Großbritannien und China, wollen natürlich unter sich bleiben und verhindern, dass andere Staaten Atomwaffen besitzen. Aber mit welchem Recht? Die UNO bekennt sich doch zum Grundsatz der Gleichheit der Staaten. Was also berechtigt die Veto-Mächte des Sicherheitsrates, selbst über Atomwaffen zu verfügen, während sie diese anderen Staaten verweigern wollen?

Aus der US-Außenpolitik der letzten Jahre haben die asiatischen Staaten folgenden Schluss gezogen: Wir müssen uns Atomwaffen beschaffen, wenn wir sicher sein wollen, dass Amerika uns nicht einfach angreifen wird. Der Westen kann noch so viele realpolitische Überlegungen ins Feld führen, er muss eine Sache besonders lernen: Voraussetzung für den Weltfrieden ist es, sich mit den Augen der anderen sehen und diesem Blick standhalten zu können. Davon sind wir weit entfernt.

Inder und Pakistaner haben bereits ihre Konsequenzen

aus der Verlogenheit des Westens gezogen und sich Atomwaffen zugelegt. Und mit welchem Argument will man dem Iran Atomwaffen verbieten, wenn Israel – mit Zustimmung der USA – über derartige Waffen verfügt? Israel hat schon erklärt, es werde nicht tatenlos zusehen, sollte Teheran ebenfalls Atomwaffen herstellen. Und schon wird gedroht, man werde mit einem Präventivschlag die iranischen Atomanlagen ebenso zerstören, wie vor zwanzig Jahren den irakischen Atomreaktor Ozirak.

Der wünschenswerte Verzicht auf die Ausbreitung der Atomwaffen setzt internationale Kontrollen voraus, ebenso aber die Unterstellung der jetzigen Atomstreitkräfte unter die Kontrolle und Verfügungsgewalt der UNO, solange es nicht zur vollständigen atomaren Abrüstung gekommen ist, wozu sich die Unterzeichner des Atomwaffensperrvertrags am 1. Juli 1968 verpflichtet hatten. In Artikel IV steht: »Dieser Vertrag ist nicht so auszulegen, als werde dadurch das unveräußerliche Recht aller Vertragsparteien beeinträchtigt, unter Wahrung der Gleichbehandlung und in Übereinstimmung mit Artikel I und II die Erforschung, Erzeugung und Verwendung der Kernenergie für friedliche Zwecke zu entwickeln.« Und in Artikel VI heißt es, jede Vertragspartei verpflichtet sich, »in redlicher Absicht Verhandlungen über wirksame Maßnahmen zur Beendung des nuklearen Wettrüstens in naher Zukunft, zur nuklearen Abrüstung sowie über einen Vertrag zur vollständigen Abrüstung unter strenger und wirksamer internationaler Kontrolle zu führen«. An diesem Vertrag muss sich die deutsche Außenpolitik orientieren. Artikel VI weist somit darauf hin, dass die Atommächte vertragsbrüchig geworden sind.

Wenn Fischer mit markigen Worten den Iran ermahnt, keine Atomwaffen zu bauen, dann beschleicht mich immer ein seltsames Gefühl. Der junge Fischer hatte noch die USA zur atomaren Abrüstung aufgefordert. Und auf die spin-

nerte Idee, die einen hätten ein Recht auf Massenvernichtungswaffen, die anderen aber nicht, wäre er erst gar nicht
gekommen. Würde Fischer das Völkerrecht zum Maßstab
seiner Außenpolitik machen, dann könnte er von den Ira-
nern nicht verlangen, auf Uran-Anreicherungsanlagen zu
verzichten. Im Nichtverbreitungsvertrag wird allen Nationen das Recht eingeräumt, diese Technologie zu entwickeln
und zu nutzen. Wie schon beim Jugoslawien-Krieg bestärkt
die rot-grüne Regierung die USA in der Haltung, das internationale Recht willkürlich nach ihren vermeintlichen
Interessen auszulegen.

Die Welt ist kein Spielcasino

Nach den Terroranschlägen im September 2001 sagte der amerikanische Präsident George W. Bush: »Wir werden die Terroristen auch durch die Schaffung von Wohlstand bekämpfen.« Dass nun in Afghanistan und im Irak der Wohlstand ausgebrochen sei, wird wohl niemand behaupten. Das zur Verfügung stehende Geld, das für die Kriegsmaschinerie ausgegeben wird, steht für vernünftigere wirtschaftliche und soziale Hilfsprogramme nicht mehr zur Verfügung. Auch jeder Dollar kann nur einmal ausgegeben werden.

Eine wachsende Weltwirtschaft mit steigenden Pro-Kopf-Einkommen würde dem Terror, der sich aus Armut speist, den Nährboden entziehen. Wie aber können wir Wirtschaftskrisen vermeiden, die soziale Not hervorrufen und die Arbeitslosigkeit erhöhen?

Voraussetzung für eine stetig wachsende Weltwirtschaft ist ein neues Weltfinanzsystem mit stabilen Wechselkursen und einer Regulierung des Kapitalverkehrs. Wie der Autoverkehr auf unseren Straßen, der Schiffsverkehr auf den Weltmeeren und der internationale Flugverkehr in der Luft, so braucht auch der grenzüberschreitende Finanzverkehr Regeln, damit es nicht zu Zusammenstößen und Katastrophen kommt. Das Wissen um die Schäden, die die weltweite Finanzspekulation angerichtet hat und immer noch anrichtet, ist vorhanden. Aber die entscheidenden Mitspieler, allen voran die USA und die Finanzindustrie der Wall Street, weigern sich, den Weltfinanzmarkt Regeln zu unterwerfen. Wir haben mittlerweile gelernt: Die Freiheit der Stärkeren, rücksichtslos zu spekulieren, führt zur Unterdrückung der Schwächeren. Ein Gesetz, das die wilde Spekulation verhindert, würde zur Befreiung der Armen beitragen. Die Vereinigten Staaten haben jedoch wenig Interesse, die Wechselkurse zu stabilisieren. »Das ist euer Problem«, sagen forsche US-Bürger, wenn man sie darauf anspricht. Der Dollar ist die Leitwährung der Welt. Die wichtigsten Rechnungen – vor allem die des Öls – werden in dieser Währung ausgestellt. Warum also sollte sich die stärkste Volkswirtschaft der Welt um stabile Wechselkurse bemühen? Je nach eigenen Interessen kann sie den Dollar steigen oder fallen lassen. 2004 passte gerade mal wieder ein schwacher Dollar, da das Außenhandelsdefizit der USA ein erschreckendes Ausmaß angenommen hatte.

Den größten Widerstand gegen die Rückkehr zu einem System stabiler Wechselkurse leistet aber die Finanzindustrie. In keiner Branche wird so viel Geld verdient. Ein Beispiel sind die immer mehr in Mode gekommenen Hedge-Fonds. Das Durchschnittseinkommen der höchstverdienenden Topmanager dieser Fonds hat sich nach Angaben des US-Fachmagazins *Institutional Investor* im Jahr 2003 von 110 auf 207 Millionen Dollar fast verdoppelt. Das Magazin betont, noch nie hätten einige Leute in der Branche derart viel Geld verdient. Da können selbst unsere Essers, Ackermanns, Schrempps und wie sie alle heißen nur neidisch werden. Wenn Unsummen mit Spekulation verdient werden können, dann versteht man, welche Widerstände es gibt, wenn dieses Spielcasino geschlossen werden soll.

Hier bestätigt sich die alte Volksweisheit: »Geld regiert die Welt.« Und das geht so: Die amerikanischen Wahlkämpfe werden von der Wirtschaft finanziert. Geldgeber für die Präsidentschaftskandidaten, Senatoren und Kongressabgeordneten sind auch die Wall-Street-Banken. Und die spenden kein Vermögen, um die Armut in der Welt zu lindern, sondern um das Spekulationscasino am Leben zu halten. Ob Clinton oder Bush, ob Bush oder Kerry, es ist vollkommen egal, jeder Präsident muss den Geldgebern zusichern, ihre Kreise nicht zu stören. Aus diesem Grund hat sich in den letzten Jahren, trotz der Krisen in Mexiko, Russland, Südostasien, Brasilien und Argentinien, wenig geändert.

Dabei hat das ökonomische Denken Fortschritte gemacht. Mittlerweile werden nämlich in kontrollierten Experimenten Theoreme der Wirtschaftswissenschaften überprüft. Lange Zeit wurde das nicht für möglich gehalten. So konnte jetzt in einer Art Laborversuch die Effizienz von Märkten getestet werden. Das Ergebnis der Versuchsanordnung: Es besteht zwischen Gütermärkten und Finanzmärkten ein krasser Unterschied. Während Gütermärkte im Experiment funktionieren, tun Finanzmärkte dies nicht, sie unterliegen zu stark spekulativen Einflüssen. Dazu bemerkte der französische Volkswirt Bernard Ruffieux im Mai 2004 in dem Fachblatt *Spektrum der Wissenschaft*: »Es ist zweifelhaft, ob die Finanzmärkte die Funktion erfüllen, die die Gesellschaft ihnen zuweist und die keine Institution erfüllen kann. Das Problem besteht darin, dass der Marktpreis die Akteure über den Wert der gehandelten Papiere informieren soll. Aber die Akteure steuern den Preis durch ihr Verhalten selbst. Dieser geschlossene Kreis führt dazu, dass der Markt sich selbst täuschen kann. Wenn alle kaufen, steigen die Preise, was einen Anreiz zum Kaufen bietet, und so weiter.« Und irgendwann platzt die Blase.

Erschwerend kommt hinzu, dass viele Staatsmänner, was

die Rolle der Währungen angeht, nicht über den Wissensstand des ehemaligen deutschen Reichspräsidenten Paul von Hindenburg hinausgekommen sind. Als diesem einst berichtet wurde, der Dollar sei gesunken, dachte er an ein Schiff und fragte, so die Legende, ob die brave Mannschaft gerettet wurde.

Es ist auch dem Versagen der neoliberal gewendeten Sozialdemokraten in Europa zuzuschreiben, wenn heute immer noch eine Weltfinanzarchitektur besteht, die zu schlimmen sozialen Verwerfungen führt. Als sie Ende der neunziger Jahre mehrheitlich die Regierungschefs stellten, versäumten sie es, Schritte zur Eindämmung der Weltfinanzspekulation zu unternehmen. Zwar gab es wunderbare Erklärungen zur Notwendigkeit eines neuen Weltfinanzsystems, aber der ernsthafte Wille, tatsächlich etwas zu tun, fehlte, sieht man von dem ehemaligen französischen Premierminister Lionel Jospin und seiner Regierung ab. Der britische Premierminister Tony Blair dachte an seine Finanzindustrie in der Londoner City und gab aus diesem Grund nur Lippenbekenntnisse ab. Die anderen sozialdemokratischen Regierungschefs waren größtenteils den neoliberalen Irrlehren auf den Leim gegangen oder hatten gar nicht die Absicht, sich mit der Wall Street anzulegen.

Täglich werden Devisen im Volumen von 1,9 Billionen Dollar gehandelt. Bei über neunzig Prozent der Geschäfte werden die schwankenden Wechselkurse ausgenutzt, sie haben also spekulativen Charakter. Aus diesem Grund hatte der Nobelpreisträger James Tobin jene Steuer vorgeschlagen, auf alle Devisengeschäfte ein Prozent zu erheben. Da ein Großteil der spekulativen Transfers eine Gewinnspanne von weniger als einem Prozent hat, hoffte er mit dieser Steuer die Devisenspekulation einzudämmen und die Wechselkurse zu stabilisieren. Diese Idee ist nach wie vor richtig und sollte umgesetzt werden. Aber die Wall-Street-Firmen stellen sich dagegen, und weil sie den amerikanischen Präsidenten sehr viel Geld spenden, tragen diese nichts zur Stabilisierung der Weltwirtschaft bei. Auf dem Weltwirtschaftsgipfel in Davos 2005 haben sowohl Chirac als auch Schröder die Tobin-Steuer befürwortet. Nach den bisherigen Erfahrungen mit solchen Ankündigungen ist Skepsis geboten.

Zur Reform des Internationalen Währungsfonds, der Weltbank und der Welthandelsorganisation habe ich in meinem Buch *Die Wut wächst. Politik braucht Prinzipien* Vorschläge gemacht. Es geht hier um ein und denselben Grundsatz: Die Regeln müssen so gefasst werden, dass sie den Starken Grenzen setzen und den Schwachen Freiräume schaffen. Der »freie Welthandel« ist ein Standardbegriff aus dem Falschwörterbuch des Neoliberalismus, denn gemeint ist einzig ein Handel, der die Starken nicht einschränkt. Will man Markt und Wettbewerb Geltung verschaffen, dann braucht man Kartellgesetze, und zwar innerhalb der Nationalstaaten wie auch auf internationaler Ebene. Schafft man diese nicht, dann schlucken die Großen die Kleinen. Kartellgesetze sind in einer demokratischen Marktwirtschaft ebenso wichtig wie die sozialen Sicherungssysteme. Der Sozialstaat garantiert die soziale Sicherheit des Einzelnen, die Kartellgesetze garantieren den Wettbewerb und, was noch wichtiger ist, die Begrenzung wirtschaftlicher Macht. Sie schützen die Demokratie.

Neben Gesetzen, die Fusionen untersagen, wenn sie zu einer zu starken Stellung von Firmen auf den Märkten führen, brauchen die schwachen Staaten Schutzzölle. Heute ist es so, dass die starken Staaten für Teile ihrer Wirtschaft – ein Beispiel ist die Stahlindustrie in den USA – Zölle verlangen, während sie solche den Schwachen verbieten. Nicht genug damit, sie subventionieren ihre Agrarwirtschaften mit sehr viel Geld – derzeit 300 Milliarden Dollar – und zerstören auf diese Weise landwirtschaftlichen Anbau in Südamerika, Asien und Afrika. Die USA geben allein ihren 25 000 Baumwollfarmern 3,5 Milliarden Dollar im Jahr und machen damit die Preise am Weltmarkt kaputt. Darunter leiden vor allem die zwölf Millionen Menschen in West- und Zentralafrika, die vom Baumwollanbau leben. Gleichzeitig wettern die Vereinigten Staaten gegen die Zölle und Subventionen der Schwachen und demonstrieren moralische Entrüstung. Hier hätte George W. Bush ein weites Feld, um die Terroristen durch Schaffung von Wohlstand zu bekämpfen.

Einer der ersten prominenten Ökonomen, die die Lehre vom segensreichen Freihandel wieder in Frage stellten, war der Nobelpreisträger der Volkswirtschaft, Paul Samuelson. In der US-Zeitschrift *Journal of Economic Perspectives* überraschte er die Fachwelt mit der These, im Zeitalter des Turbokapitalismus könnten für die USA die Verluste der Globalisierung größer sein als die Gewinne: »Wenn man bei Wal-Mart zwanzig Prozent billiger einkaufen kann, dann gleicht das nicht notwendigerweise die Lohneinbußen aus.« Länder mit sehr niedrigen Löhnen – wie beispielsweise China – würden nämlich ihren technologischen Rückstand sehr schnell aufholen und mit den Industrieländern auch bei hoch qualifizierten Jobs konkurrieren.

Die Debatte über die notwendige Regulierung der Weltwirtschaft hat durch die Thesen Paul Samuelsons und den zwischen Bush und Kerry geführten Wahlkampf einen neuen Schub bekommen. Jede Epoche verlangt nach neuen Antworten. Im Turbokapitalismus tragen Theorien nicht mehr, die im 19. Jahrhundert entwickelt wurden. Der Zeitfaktor wird immer wichtiger. Wenn sich eine Entwicklung zu stark selbst beschleunigt, dann werden Bremssysteme gebraucht. Weltweit freie Arbeitsmärkte zum Zwecke der Globalisierung hat noch keiner ausgerufen. Es besteht ein Einvernehmen darüber, dass die Einwanderung reguliert werden muss. Freie Kapitalmärkte entsprechen den Wünschen der Finanzindustrie. Aber im Interesse der Menschen muss auch der Kapitalverkehr reguliert werden. Freier Warenverkehr ist die Parole der multinationalen Konzerne, die jeden einheimischen Erzeuger mit Dumping-Preisen vom Markt verdrängen können. Daher ist auch die Regulierung des Warenverkehrs erforderlich. Nicht für die Starken – siehe Schutzzölle und Agrarsubventionen –, sondern für die Schwachen, die durch das rücksichtslose Vorgehen des Westens die Fähigkeit verloren haben, sich selbst zu ernähren.

Ein fairer Welthandel hilft den Armen. Statt völkerrechtswidriger Angriffskriege und rücksichtslosem Verfolgen eigener wirtschaftlicher Interessen auf den Absatz- und Rohstoffmärkten der Welt ist es heute notwendig, den Terror zu bekämpfen. Der Terror ist die Waffe der Schwachen. Sie haben keine Atomwaffen, keine Flugzeugträger, keine Bomberflotten und keine Panzer. Viele werden aus Verzweiflung zu Terroristen und Selbstmordattentätern.

Die Welt will den Terror bekämpfen. Was aber ist Terror? Terror ist für mich das Töten unschuldiger Menschen, um politische Ziele zu erreichen. Zur »Befreiung« der Afghanen und der Iraker haben Bush, Blair und ihre Mittäter viele unschuldige Menschen umgebracht. In Afghanistan spricht man von über 5000 zivilen Opfern, aber so genau weiß man es nicht, weil es dort keine Einwohnermeldeämter gibt. In einer im Oktober 2004 bekannt gewordenen Studie schätzten amerikanische und irakische Gesundheitsexperten die Zahl der seit Beginn des Irak-Krieges ums Leben gekommenen Zivilisten auf 100 000. Der britische Außenminister Jack Straw sagte, man werde das Ergebnis ernsthaft prüfen. Im Pentagon hieß es, man führe keine Strichlisten über zivile Opfer.

Was unterscheidet Bush und Blair, die großen Staatsmänner der freien Welt, von Terroristen? Weil Menschen, die sich dem Willen einzelner Staaten widersetzen, Terroristen genannt werden, ist die Bekämpfung des Terrorismus in einigen Staaten nichts anderes als die Unterdrückung von Freiheit und Demokratie. Der russische Präsident Wladimir Putin hat den europäischen Staaten und den USA eine Unterstützung tschetschenischer Terroristen vorgeworfen, weil die Sprecher der tschetschenischen Rebellen sich ungehindert in Europa und den USA bewegen können.

Dass die imperiale Politik den Terror fördert, hat der demokratische Präsidentschaftskandidat John Kerry am 27. Februar 2004 in erstaunlich offener Weise dargelegt. Ich zitiere ihn gerne, damit man mir keine antiamerikanische Haltung unterstellt: »Wenn ich Präsident bin, werde ich alles dransetzen, alternative Treibstoffe und die entsprechenden Fahrzeuge der Zukunft zu entwickeln, damit dieses Land innerhalb von zehn Jahren vom Öl des Nahen Ostens unabhängig wird und unsere Söhne und Töchter nicht mehr für dieses Öl kämpfen und sterben müssen.« Kerry vergaß hinzuzufügen, dass auch Afghanen und Iraker bei diesen Ölkriegen ums Leben kommen. Im Gegensatz zu Bush wollte er stärker mit den Verbündeten zusammenarbeiten. Aber was hätte das bedeutet? Wenn damit gemeint ist, die Zahl amerikanischer Opfer im Irak durch den Einsatz europäischer Streitkräfte zu vermindern, dann ist eine so verstandene stärkere Einbeziehung der Partner in die amerikanische Außenpolitik ein Danaer-Geschenk. Die Europäer würden erst beteiligt, wenn die USA das Chaos, das sie anrichten, nicht mehr beherrschen.

Für eine Mitarbeit müssen selbstbewusste Partner jedoch Bedingungen stellen. Eine bestünde darin, dass das internationale Recht durch die USA beachtet werden würde, die Unterwerfung unter die internationale Gerichtsbarkeit eingeschlossen. Und im Nahen Osten müssten die Vereinigten Staaten ihre einseitige Unterstützung Israels aufgeben und in Kooperation mit den arabischen und europäischen

Staaten zu einer fairen Lösung des jahrzehntelangen Konfliktes beitragen. Es fiel auf, dass dieses Thema innerhalb der Nahostpolitik – das wichtigste überhaupt – im Präsidentschaftswahlkampf eher an den Rand gerückt war. Stattdessen diskutierten Bush und Kerry über den Irak-Konflikt, die atomare Rüstung Nordkoreas und den Versuch des Iran, sich ebenfalls Atomwaffen zuzulegen.

Dem demokratischen Präsidentschaftskandidaten kam auch das Verdienst zu, auf die Widersprüchlichkeit der US-Politik gegenüber Saudi-Arabien hingewiesen zu haben. Aus diesem Land stammten nämlich die Terroristen des 11. September 2001. Nach Kerrys Meinung würden die Amerikaner die Saudis so lange schonen, wie Washington vom saudischen Erdöl und von saudischen Geldanlagen abhängig ist: »In Wirklichkeit ist es so, dass es tiefe und zurzeit auch unauflösliche Verflechtungen gibt, eine ökonomische und energiepolitische Abhängigkeit, die unsere Beziehungen mit Saudi-Arabien kompliziert macht.« Auch deshalb würden die USA eine neue Energiepolitik brauchen.

Leider wird daraus vorerst nichts, da der Wahlkampf, insbesondere der von Bush, auch von der Ölindustrie gesponsert wurde. Wenn Kerry gewonnen und als Präsident der Vereinigten Staaten eine umweltschonende Energiepolitik auch nur ansatzweise verwirklicht hätte, dann wäre seine Wahl ein Fortschritt für die Menschheit gewesen. Der Wahlsieger Bush steht für die Weigerung, das Kyoto-Protokoll zu unterzeichnen, in dem die Staaten der Welt sich verpflichten, die Umweltverschmutzung einzudämmen. Zudem bezeichnet er Ölkriege als »Kriege für Freiheit und Demokratie«, wobei man bei ihm nicht weiß, ob das Dummheit oder Zynismus ist. Die Worte sind Ihnen zu hart? Ich kann mir jedenfalls keinen Reim darauf machen, dass ein Präsident, nachdem man ihm gesagt hat, sein Land werde angegriffen, noch zwölf Minuten mit einem Kinderbuch in der Hand in einer Schule ratlos sitzen blieb. So verhielt sich Bush am 11. September 2001, wie wir in Michael Moores Film *Fahrenheit 9/11* sehen konnten.

Europa ist unsere Zukunft

In einer Welt, die zusammenwächst, können die Nationalstaaten viele Aufgaben nur gemeinsam mit ihren Nachbarstaaten lösen. Deutschlands Zukunft liegt in Europa. Vor
allem in der Außen- und Sicherheitspolitik wie auch in der
Wirtschaftspolitik muss Europa immer stärker kooperieren,
um seine Interessen in der Welt zur Geltung zu bringen.
Eine Zusammenarbeit über die Grenzen hinweg ist die Antwort auf die Globalisierung. Dem Souveränitätsverlust auf
nationaler Ebene steht eine erweiterte Handlungsmöglich-
keit auf europäischer Ebene gegenüber.

Erweiterung oder Vertiefung – das war die Alternative vor einigen Jahren. Weil sie diese Frage nicht eindeutig
beantworten wollten, sagten die europäischen Staatsmänner, sie beabsichtigten, die Erweiterung und die Vertiefung
gleichermaßen voranzutreiben. In der Zwischenzeit wurde
der Erweiterung der Vorrang eingeräumt. Und obwohl die
Osterweiterung noch nicht verkraftet und auch noch nicht
abgeschlossen ist, wird schon über den Beitritt der Türkei
verhandelt.

Ich bin weiter für eine bevorzugte Zusammenarbeit
der europäischen Staaten mit der Türkei, aber gegen eine

Vollmitgliedschaft. Da die europäischen Staatsmänner bei Auslandsreisen dazu neigen, jedem alles zu versprechen, können nur noch Volksbefragungen das Tempo hinsichtlich einer Vertiefung und Erweiterung bestimmen. Bei uns in Deutschland wurde es bisher versäumt, die Menschen bei dem Fortgang der europäischen Einigung zu beteiligen. Diesbezüglich wurde bislang alles in undemokratischer Weise über die Köpfe der Bevölkerung hinweg entschieden. Das mag nach dem Zweiten Weltkrieg, als die Erinnerungen an die Schrecken des Krieges noch lebendig waren und Sieger und Verlierer viele Vorbehalte gegeneinander hatten, der richtige Weg gewesen sein. Heute aber, in einer Zeit, in der unsere Jugend europäisch aufwächst, muss das Volk an grundsätzlichen Entscheidungen über den Fortgang der europäischen Einigung beteiligt sein. Das gilt für die Verfassung ebenso wie für die Aufnahme der Türkei.

Auf die Frage »Wird die Europäische Union ein globales Gegengewicht zu den USA bilden können?« antwortete der amerikanische Nahost-Forscher Bernard Lewis im Juli 2004 in der *Welt*: »Nein. Neben den Vereinigten Staaten werden künftig China, Indien und möglicherweise ein gesundes Russland globale Spieler sein. Europa wird jedoch Teil des arabischen Westens, des Maghrebs sein. Dafür sprechen Migration und Demokratie. Europäer heiraten spät und haben gar keine oder nur wenige Kinder. Aber es gibt eine starke Immigration, beispielsweise die Türken in Deutschland, die Araber in Frankreich und die Pakistani in England. Diese wiederum heiraten früh und haben viele Kinder. Nach den aktuellen Trends wird es in Europa spätestens Ende des 21. Jahrhunderts moslemische Mehrheiten in der Bevölkerung geben.« Sicher weiß niemand, was in diesem Jahrhundert noch passiert, doch der Islam-Experte bezieht sich auf überprüfbare Zahlen.

Als die Beitrittsverhandlungen mit der Türkei aufgenommen wurden, sagte Bundeskanzler Schröder: »Ich denke, dass Europa ein Interesse daran hat, die Türkei bei einem Vorhaben zu unterstützen, das in der Region seinesgleichen sucht, nämlich einen nichtfundamentalistischen Islam mit den Werten der europäischen Aufklärung zu verbinden und damit für einen Zuwachs an Stabilität in der Türkei selbst, aber auch in Europa zu sorgen.« Die Überlegung mag für die Türkei richtig sein. Aber werden eine verstärkte Immigration und die daraus folgende Zusammensetzung der Bevölkerung Europa tatsächlich stabilisieren?

Die Befürchtung des ehemaligen Bundeskanzlers Helmut Schmidt, die EU werde sich zu einer Freihandelszone zurückentwickeln, ist berechtigt. Auch die durch die Erweiterung schwindende Handlungsfähigkeit der Europäischen Union ist ein Problem. Die Frage aber, die wir jetzt beantworten müssen, ist die: Welche kulturelle Identität soll Europa letztlich am Ende dieses Jahrhunderts haben? Das Einwanderungsland USA wird bereits in fünfzig Jahren keine weiße Mehrheit mehr haben. Der berühmt-berüchtigte amerikanische Dokumentarfilmer Michael Moore sieht darin einen Trost. Schließlich seien 88 Prozent der Wähler von George W. Bush Weiße gewesen. Aber wahrscheinlich nimmt Michael Moore diesen Kommentar zur Präsidentenwahl selbst nicht ernst.

Ein deutsch-französischer Staatenbund

Die letzten Jahre haben gezeigt, wie ohnmächtig Europa auf der Weltbühne agiert, wenn die größeren Mitgliedsstaaten nicht gemeinsam vorgehen. England wird auf absehbare Zeit eine Sonderposition beanspruchen. Es will erster Verbündeter der Vereinigten Staaten bleiben und gleichzeitig in Europa eine wichtige Funktion einnehmen. Bei dem Versuch, beide Rollen unter einen Hut zu bringen, hemmt Großbritannien den europäischen Einigungsprozess.

Die Osterweiterung hat viele neue Mitgliedsstaaten gebracht. Europa ist größer, aber auch schwerfälliger und handlungsunfähiger geworden. Zudem schwanken die Osteuropäer zwischen einer engeren Bindung an die Vereinigten Staaten, denen sie nach ihrem Verständnis die Befreiung von der sowjetischen Herrschaft verdanken, und einer Einbindung in die bestehende europäische Gemeinschaft. Zuletzt hat sich diese problematische Haltung im Irak-Krieg gezeigt. Washington spielte entsprechend geschickt auf der Klaviatur der unterschiedlichen Erfahrungen und Interessen der europäischen Staaten. Und da im Weißen Haus noch für lange Zeit machtpolitische Erwägungen ausschlaggebend sein werden, bevorzugt Amerika ein uneiniges Europa, das größtenteils eng und brav mit den Vereinigten Staaten zusammenarbeitet. *Divide et impera*, teile und herrsche – diese Maxime gilt heute noch am Potomac.

Europa muss, will es seine Interessen in einer unsicherer gewordenen Welt wahren, zusammenrücken und seine Kräfte bündeln. Da 25 Nationen mit 455 Millionen Einwohnern aber schwer unter einen Hut zu bringen sind, ist die Antwort auf die Herausforderungen der heutigen Zeit ein deutsch-französischer Staatenbund. Als Konrad Adenauer und Charles des Gaulle den Elysée-Vertrag vereinbarten, hatten sie in ihren Kamingesprächen bereits über einen solchen deutsch-französischen Bund gesprochen. Die Zeit war damals noch nicht reif, aber heute spricht vieles für die Verwirklichung dieser Idee.

Deutschland und Frankreich sind zwei moderne Industriestaaten mit zusammen 142 Millionen Einwohnern. Das ist schon etwas, bei den heutigen Kräfteverhältnissen in der Welt. Ein deutsch-französischer Staatenbund wäre ein wichtiger Partner für die Vereinigten Staaten, für Russland, Japan, China und Indien, also für die Staaten, die in den kommenden Jahrzehnten eine hervorgehobene Position in der Weltpolitik spielen werden.

Der deutsch-französische Bund würde sich innerhalb Europas gegen keinen Staat richten. Eher sollte er andere Länder einladen, sich dieser praktischen Verschmelzung anzuschließen. Diese wäre dann so etwas wie der Kern oder der Ausgangspunkt der Vereinigten Staaten von Europa. Der Bund wäre somit die richtige Antwort auf die überstürzte Osterweiterung.

Ein solcher Zusammenschluss hätte nicht nur eine militärische und ökonomische Bedeutung. Er wäre auch ein kultureller Akt, da die Philosophie, die Kunst und die Literatur beider Länder ein reiches Erbe begründen, das nicht preisgegeben werden darf. Es ist schon ein Zeichen geistiger Verarmung, wenn englische Wortfetzen immer mehr die europäischen Sprachen verhunzen. Ein Beispiel ist das jüngste Projekt der bayerischen Staatsregierung, die beiden Münchener Hochschulen zur »University of Munich« zusammenzuschließen. Sind wir Deutsche immer noch so unsicher, wenn es um die Behauptung unserer Sprache und Kultur geht? Es ist kaum vorstellbar, dass die Franzosen die Sorbonne künftig in »University of Paris« umtaufen werden, geschweige auf diesen Gedanken kommen.

Wenn Charles de Gaulle die Selbstbehauptung Europas verlangte, dann war das für ihn immer auch eine kulturelle Entscheidung. Zwar haben auch die angelsächsische und die europäische Kultur vieles gemeinsam, aber es gibt auch bedeutende Unterschiede, die die Politik der Zukunft bestimmen werden. Wir aber sollten uns mehr anstrengen, das Erlernen der französischen Sprache in Deutschland und das der deutschen Sprache in Frankreich zu fördern. Obwohl sich die englische Sprache in der Geschäftswelt endgültig etabliert hat, verlangt die Welt des Geistes auch nach der Pflege von Sprachen, aus denen ganze Kulturen geboren wurden. Dazu zählen zweifellos die deutsche und die französische Sprache. Mein Vorschlag: Deutschland und Frankreich sollten im Verwaltungsbereich das Beherrschen der Sprache des Partners mit einem Zuschlag auf das Gehalt belohnen.

Jeremy Rifkin, amerikanischer Wissenschaftsautor und Präsident der Foundation on Economic Trends, hat in einem Buch mit dem Titel *Der europäische Traum. Die Vision einer leisen Supermacht* die unterschiedlichen Lebensentwürfe der Amerikaner und Europäer einander gegenübergestellt. Der spezifische amerikanische Traum, so Rifkin, habe die USA in die gegenwärtige Sackgasse geführt. Folgt man ihm in seiner gängigen Interpretation, dann habe jeder Einzelne unbegrenzte Möglichkeiten, sein Glück zu machen, was bedeutet, reich zu werden. Dieser uralte Traum konzentriere sich aber viel zu sehr auf das persönliche materielle Fortkommen und zu wenig auf das allgemeine menschliche Wohlergehen.

Der europäische Traum dagegen stelle nach Rifkin Gemeinschaftsbeziehungen über die individuelle Autonomie, Lebensqualität über die Anhäufung von Reichtum, nachhaltige Entwicklung über unbegrenztes materielles Wachstum, spielerische Entfaltung über ständige Plackerei, universelle Menschenrechte und die Rechte der Natur über Eigentumsrechte sowie globale Zusammenarbeit über einseitige Machtausübung. Zwar hänge er, Jeremy Rifkin, dem amerikanischen Traum an, vor allem seinem unerschütterlichen Glauben an die Vorrangstellung des Individuums und die Verantwortung des Einzelnen. Doch seine Zukunftshoffnung richte sich auf den europäischen Traum, der die gemeinsame Verantwortung und das globale Bewusstsein betone.

Man erkennt unschwer, dass der Autor hier über das Spannungsverhältnis von Verantwortung als Verantwortung für Mitmenschen und einer Art Eigenverantwortung nachdenkt, der zufolge jeder seines Glückes Schmied ist. Seine Beobachtung, dass die Amerikaner tendenziell Individualisten seien und die Europäer eher Menschen, die die Gemeinschaft suchen würden, ist jedoch zu hinterfragen. In Europa ist es geradezu modern geworden, der amerikanischen Lebensart nachzueifern. Wir erinnern uns an die Generation Ich, an die Ichlinge und Ich-AGs, und den Vorrang der Eigenverantwortung auf den auch die Neoliberalen in Europa setzen. Aber zweifellos stehen sich diesseits und jenseits des Atlantiks immer noch zwei unterschiedliche Gesellschaftsentwürfe gegenüber. Allein der europäische Sozialstaat ist, auch wenn sich die Reichen kaum an seiner Finanzierung beteiligen, das Ergebnis einer Gesellschaft, die Verantwortung als Verantwortung für die Mitmenschen begreift und unter Freiheit das Recht eines jeden versteht, ein selbstbestimmtes und menschenwürdiges Leben zu führen.

Das, was Rifkin als europäischen Traum beschreibt, ist für mich die Kurzfassung eines sozialdemokratischen Programms, weil es Gemeinschaftsbeziehungen über die individuelle Autonomie stellt, nachhaltige Entwicklung über unbegrenztes, materielles Wachstum, Menschenrechte über Eigentumsrechte und globale Zusammenarbeit über einseitige Machtausübung. Übersetzt auf die praktische politische Ebene heißt das: Eine staatlich organisierte soziale Sicherung steht der Privatversicherung gegenüber, die ökologische Erneuerung der Industriegesellschaft der alten Wirtschaftsweise, die auf die Umwelt zu wenig Rücksicht nimmt, Mitbestimmung und Beteiligung der Arbeitnehmer am Betriebsvermögen der Shareholder-Value-Ideologien und das von Brandt und Bahr vertretene Konzept der gemeinsamen Sicherheit dem Beharren auf Präventionskriegen und Militärschlägen, die das Völkerrecht missachten. Es wäre zu schön, um wahr zu sein, wenn Jeremy Rifkins Entwurf des europäischen Traumes Grundlage der hiesigen Politik wäre.

Die Amerikaner und Europäer haben jeweils entgegengesetzte Vorstellungen von Freiheit und Sicherheit, dies konstatiert Jeremy Rifkin weiter. Für die US-Bürger hat Freiheit stets mit Autonomie zu tun, also damit, nicht von anderen abhängig zu sein. Es ist eine Definition, die von einer Negation ausgeht. Die Europäer suchen dagegen seiner Meinung nach diese Freiheit in sozialen Beziehungen. Hier zeigt sich der Gegensatz von einer Freiheit als Freiheit von Zwängen im Verhältnis zu einer Freiheit, die als Freiheit zu einer bestimmten Lebensweise mit anderen verstanden wird. Es ist der Gegensatz, den ich in einem vorangegangenen Kapitel dieses Buches dargelegt habe. Der Freiheit werden in Europa seit der französischen Revolution Gleichheit und Brüderlichkeit zur Seite gestellt, was heißt, dass man nicht frei sein kann, wenn es der andere nicht ist.

Problematischer als der Freiheitsbegriff ist für die Zukunft der Welt die Vorstellung der Amerikaner, sie seien ein auserwähltes Volk. Zu dieser gehört auch die Überzeugung, Amerika sei zur Größe bestimmt und der amerikanische *Way of Life* sei der Weg Gottes. Europäer finden diesen besonderen Aspekt des amerikanischen Traumes meist unangemessen und oft sogar erschreckend, meint jedenfalls Jeremy Rifkin. Und in der Tat, wenn man ein von Rifkin erwähntes Zitat aus Herman Melvilles Buch *Weißjacke oder Die Welt auf einem Kriegsschiff* liest, dann läuft es einem kalt über den Rücken, auch wenn man weiß, dass dieses Zitat aus der Gründerzeit Amerikas stammt. Ich gebe es verkürzt wieder: »Und wir Amerikaner sind das auserwählte Volk, das Israel unserer Zeit. Wir tragen die Bundeslade mit den Freiheiten der Welt ... Gott hat es vorherbestimmt, die Menschheit erwartet große Dinge von unserem Stamm, und große Dinge bewegen wir in unserer Seele.«

Noch heute stehen jeden Morgen Millionen amerikanischer Schüler auf, wenn der Lehrer das Klassenzimmer betritt, und beteuern angesichts der amerikanischen Fahne: »Ich gelobe Treue der Flagge der Vereinigten Staaten von Amerika und zur Republik, für die sie steht, eine Nation unter Gott, unteilbar, Freiheit und Gerechtigkeit für alle.«

Die Ursache solchen Überschwangs ist immer ein Glaube, der zugleich die Nichtgläubigen und die Anhänger anderer Religionen ausgrenzt. Dieses in der Welt weit verbreitete Glaubensverständnis führt zu Kriegen und hat der Menschheit sehr viel Unglück gebracht. Das Erbe der europäischen Aufklärung – alle Menschen sind gleich und frei – verpflichtet die Bewohner dieses Kontinents, solchen rückständigen Weltanschauungen entgegenzutreten.

Es gibt keine auserwählten Völker. Unabhängig davon, ob solche Auffassungen in einem religiösen, rassistischen oder machtpolitischen Gewand daherkommen, sie sind immer eine Verirrung des menschlichen Geistes. Wenn ich Fotos sehe, auf denen das Kabinett von George W. Bush betet, ähnlich innig wie eine Versammlung afghanischer Mullahs, dann wird deutlich, dass der Fundamentalismus nicht nur in den muslimischen Ländern beheimatet ist. 53 Prozent der US-Bürger bezeichnen sich in Umfragen stolz als Fundamentalisten. Und der wiedergeborene Christ, George W. Bush, der mit 39 Jahren unter dem Einfluss des Predigers Billy Graham dem Alkohol abschwor und Jesus umarmte, sieht sich als Werkzeug Gottes. Gefährlich daran ist: Wer glaubt, er erfülle einen göttlichen Auftrag, kann sich nicht irren. Er korrigiert seine Politik auch dann nicht, wenn ihr Scheitern offenkundig ist.

Deutschland und Frankreich haben heute die Aufgabe, zusammen mit den anderen europäischen Staaten in einer Auseinandersetzung mit ausgrenzenden Weltanschauungen Pluralismus und Toleranz zu fördern. Die Ringparabel aus Lessings Drama *Nathan der Weise* zeigt einen Weg auf, der nicht von einem törichten Glauben an auserwählte Völker und allein selig machende Religionen ausgeht. Alle Konfessionen sind nach dieser Ringparabel einzig geschichtliche Ausprägungen eines gemeinsamen menschlichen Strebens nach Vollkommenheit. Der Dichter Gotthold Ephraim Lessing war ein herausragender Vertreter der Aufklärung. Er warb für Vernunft, Freiheit und Menschlichkeit – die Ideale dieser Bewegung – und kämpfte gegen Vorurteile, kirchliche Bevormundung und Fürstenwillkür. Nach seiner Meinung sollten sämtliche Urteile, die sich dogmatisch verfestigt haben, überprüft werden. Insbesondere auch die Personen, von denen sie als ewiglich gegeben proklamiert werden.

Stabilitätspakt und Schulden

In der globalisierten Wirtschaft sind Außen- und Wirtschaftspolitik der Staaten nicht mehr voneinander zu trennen. Dabei denke ich nicht nur an die Kriege um Rohstoffe und Absatzmärkte. Auch die Gestaltung der Weltwirtschaft durch Regeln ist eine Aufgabe sowohl der Außen- als auch der Wirtschaftspolitik. So, wie die Weltwirtschaft einen Ordnungsrahmen braucht, der den Interessen aller Beteiligten Rechnung trägt, so benötigt die europäische Wirtschaft Rahmenbedingungen und Regulierungsmechanismen, die den ebenfalls für die Binnenwirtschaft geltenden Grundsätzen entsprechen.

Seit der gemeinsamen Währung sind die zum Eurogebiet gehörenden Staaten – und mittelbar auch die übrigen Mitgliedsstaaten der Europäischen Gemeinschaft – wirtschaftlich mehr als früher aufeinander angewiesen. Aber die ökonomische Zusammenarbeit kommt zu langsam voran. Zudem gibt es institutionelle Hemmnisse, die einer an Wachstum und Beschäftigung orientierten Politik entgegenstehen.

Da ist an erster Stelle der Stabilitätspakt zu nennen. Er wurde von der Regierung Kohl und der Deutschen Bundesbank durchgesetzt, weil man um die Geldwertstabilität der neuen Währung fürchtete. Aber längst ist die Preisstabilität nicht mehr das Problem der europäischen Gemeinschaft. Viel dringender ist die Frage, warum Europa bei Wachstum und Beschäftigung hinter den Vereinigten Staaten und anderen Wirtschaftsregionen zurückbleibt. Die Antwort ist einfach: Die USA und andere Länder setzen die Staatsausgaben, die Steuergesetzgebung, die Geldpolitik und die Einkommenspolitik ein, um die Wirtschaft in Schwung zu bringen. Die Europäer machen dagegen eine restriktive Fiskalpolitik, eine restriktive Geldpolitik und eine restriktive Lohnpolitik, wobei insbesondere die Deutschen, deren Wirtschaft einen bestimmenden Einfluss auf die europäische Entwicklung hat, im Bremserhäuschen sitzen.

Beginnen wir mit der Finanzpolitik: Es ist erstaunlich, wie lange die Europäer brauchten, um zu lernen, dass der Stabilitätspakt nicht funktionieren kann. Er ist die Ursache der Verschuldung, die er eigentlich verhindern will. Wenn der Staat bei einem Rückgang der Wirtschaft, der von sinkenden Einnahmen und höheren Ausgaben begleitet wird, zu sparen anfängt, dann steigt die Verschuldung. Wie das? In der Gesamtwirtschaft sind die Ausgaben des einen auch immer die Einnahmen des anderen. Das gilt selbstverständlich für sämtliche Staatsausgaben. Nimmt der Staat bei einer schwächer werdenden Wirtschaft durch Sparmaßnahmen den privaten Haushalten und den Unternehmen Einnahmen weg, dann verstärkt er aufgrund der Rückkoppelungseffekte den Abschwung der Wirtschaft. Er hat dann noch weniger Einnahmen und noch mehr Arbeitslose. Und weil noch mehr Arbeitslose Mehrausgaben bedeuten, steigen letztlich die Schulden. Erstaunlicherweise sind diese Zusammenhänge den meisten angelsächsischen Ökonomen bekannt, während sie insbesondere deutschen Wirtschaftswissenschaftlern – sieht man von einigen Ausnahmen ab – weitgehend fremd sind.

Da mag der Papst der Neoliberalen, der amerikanische Wirtschaftswissenschaftler Milton Friedman, den Pakt noch so oft absurd und sinnlos nennen, da kann ihn James Tobin für ziemlich unsinnig halten, weil er nicht zwischen Konsumausgaben und Investitionsausgaben unterscheidet, da darf der US-Wirtschaftsvordenker Lester Thurow vorschlagen, seine starren Regeln zu modifizieren, indem in rezessiven Phasen ein jahresbezogenes Defizit von einem bis zu fünf Prozent zugelassen werden sollte, in Boomzeiten aber nur eines in Höhe von einem Prozent – nichts davon beeindruckt unsere Ideologen. Und sie überhören auch, wenn der Wachstumsforscher Robert Solow rät, diesem Dinosaurier schnellstens zu kündigen. Deutsche Vorzeigeökonomen, aber auch viele europäische Politiker und – nicht zu vergessen – die phantasielosen Beamten der Zentralbanken halten unbeirrt an ihrem Glauben fest. Nur stabile Preise bräuchte man, so ihr Credo, dann stellten sich Wachstum und Beschäftigung von alleine ein.

Erst in letzter Zeit fängt diese einst geschlossene Front zu bröckeln an. Der Fortschritt ist auch in Europa eine Schnecke. Beispielsweise versucht der neue Währungskommissar, der Spanier Joaquin Almunia, die deutschen Politiker von ihrem Steckenpferd Stabilitätspakt herunterzubringen. Hilfreich sind jetzt die Defizite in vielen Mitgliedsstaaten, die trotz vollmundiger gegenteiliger Ankündigungen in den vergangenen Jahren höher als drei Prozent waren. Es ist aber etwas anderes, wenn die Defizite Ergebnis einer zyklischen oder einer antizyklischen Finanzpolitik sind. Im ersten Fall hat man längst das Heft des Handelns aus der Hand gegeben und ist durch eigene Fehler vom Pfad einer soliden Finanzpolitik abgekommen. Im zweiten Fall stützt man mit der Haushaltspolitik das Wachstum, um in Zeiten des Aufschwungs Schulden zurückzubezahlen oder Rücklagen zu bilden. Unabhängig davon, wie man zu den einzelnen ökonomischen Schulen steht, es ist noch nirgendwo auf der Welt gelungen, im konjunkturellen Tief zu sparen und den Staatshaushalt zu konsolidieren. In der Clinton-, Rubin-, Greenspan-Ära gelang die Sanierung des amerikanischen Haushalts, weil der New-Economy-Boom zu Wirtschaftswachstum und steigenden Einnahmen führte und weil die Geldpolitik Greenspans diesen Prozess unterstützte. Dadurch waren die Voraussetzungen für die Haushaltskonsolidierung gegeben, die Clinton auch mit Steuererhöhungen für besser Verdienende einleitete. Letztere Möglichkeit schließt die schwarz-rot-gelb-grüne Sozialabbaukoalition kategorisch aus. Eine antizyklische Finanzpolitik und ein reformierter Stabilitätspakt sind aber notwendig, um in Europa die Arbeitslosigkeit abzubauen.

Geldpolitik muss demokratisch
kontrolliert werden

Eine Zeit lang wiesen die USA einen Leitzins von einem Prozent und ein Wirtschaftswachstum von vier Prozent auf. Die Europäer hatten zur selben Zeit einen Leitzins von zwei Prozent und ein Wachstum, das noch nicht mal halb so hoch wie in Amerika war. Aber wie beim Stabilitätspakt legen auch bei der Geldpolitik die europäischen Dogmatiker der Wirtschaft Steine in den Weg. »Ihr verzichtet auf Fiskalpolitik und die Europäische Zentralbank betreibt keine Geldpolitik – wie soll so die europäische Konjunktur anspringen?«, fragt Lester Thurow.

Seit zwei Jahrzehnten hätte man immer dann, wenn europäische Zentralbanker die wirtschaftliche Lage kommentieren, eine Platte auflegen oder einen Papagei sprechen lassen können. Nur Reformen auf dem Arbeitsmarkt und in den Sozialsystemen sind geeignet, die Wirtschaft nach vorne zu bringen, sagten sie. Und wenn hundert Maßnahmen in diesem Sinne getroffen wurden, beispielsweise befristete Arbeitsverträge, Abbau des Kündigungsschutzes, Minijobs, Überstunden, Kürzung bei Renten, bei Gesundheitsausgaben, bei der Arbeitslosenunterstützung und bei der Sozialhilfe, die Kommentare der Mitglieder der Zentralbankräte änderten sich nicht. Mit stoischer Gleichgültigkeit trugen sie immer wieder denselben selbstgefälligen Unsinn vor.

Den Höhepunkt der »Tumbheit« – der Ausdruck stammt übrigens von Lester Thurow – erlebten wir, als der Ölpreis stieg und der Chefvolkswirt der Europäischen Zentralbank (EZB), Otmar Issing, im Dezember 2004 sagte, man werde notfalls die Zinsen anheben, um die durch den Ölpreis verursachte Preissteigerung in den Griff zu bekommen. Der steigende Ölpreis entzieht dem Wirtschaftskreislauf Nachfrage, weil die Leute an anderer Stelle sparen. In einer solchen Situation hat die EZB nichts Besseres zu tun, als öffentlich über Zinssteigerungen zu schwadronieren und so die Wirtschaft weiter zu verunsichern. Dümmer, da hat Thurow wahrscheinlich Recht, geht es nun wirklich nicht mehr. Amerikanische Ökonomen halten im Gegensatz dazu niedrige Leitzinsen bei einer Dämpfung der Konjunktur durch den Ölpreis für angemessen.

Wie der Stabilitätspakt, so muss auch die Verfassung der Europäischen Zentralbank geändert werden. Sie ist in Zukunft – darin der amerikanischen Zentralbank FED folgend – ausdrücklich auf Wachstum und Beschäftigung zu verpflichten. Die europäischen Finanzminister sollten in die Lage versetzt werden, Mitglieder des Zentralbankrates mit einer Zwei-Drittel-Mehrheit vorzeitig abzuberufen und geldpolitische Entscheidungen zu korrigieren. Für die Übertragung der Geldpolitik auf eine Fachbehörde mag es gute Gründe geben. Aber in demokratischen Gesellschaften müssen Entscheidungen von großer Tragweite einer demokratischen Kontrolle unterliegen. Die Politiker sollen dazu nicht sachkompetent genug sein? Dieser Einwand ist lächerlich. In den Zentralbankräten sitzen, siehe Bundesbank, ehemalige Staatssekretäre und Landesminister, die als Politiker eher braver Durchschnitt waren.

Im Juli 2004 forderten der französische Staatspräsident

Jacques Chirac, der damalige Wirtschafts- und Finanzminister Nicolas Sarkozy sowie der Gouverneur der Banque de France, Christian Noyer, eine Änderung der Geld- und Fiskalpolitik in Europa. Gleichzeitig wurde in Paris kritisiert, der Präsident der Europäischen Zentralbank, Jean-Claude Trichet, setze sich nicht genügend gegenüber dem orthodoxen Monetaristen Otmar Issing durch. Europa solle sich vor allem in der Nachfragepolitik an den Vereinigten Staaten ein Beispiel nehmen, die Geld- und Finanzpolitik müsse das Wachstum unterstützen. »Die Preisstabilität darf nicht die einzige Aufgabe der Europäischen Zentralbank sein«, sagte Jacques Chirac am französischen Nationalfeiertag und fuhr fort: »Es ist doch frappierend, den Unterschied zwischen unserer Politik und der amerikanischen, maßgeblich von Herrn Greenspan betriebenen festzustellen. Die FED zögert, anders als die EZB, nicht, Maßnahmen zur Belebung der Konjunktur zu ergreifen.« Es sei daher notwendig, fuhr Chirac fort, die Aufgabe der Europäischen Zentralbank zu überprüfen.

Einige Zeit später forderte Nicolas Sarkozy die Veröffentlichung der Sitzungsprotokolle der Europäischen Zentralbank mit den Worten: »Ich wünsche, dass das Abstimmungsverhalten in der EZB und die Sitzungsprotokolle veröffentlicht werden.« Unabhängigkeit der Zentralbank würde keine Intransparenz bedeuten, fuhr Sarkozy fort, und geldpolitische Probleme seien kein Tabu, man müsse darüber diskutieren können. Der damalige französische Wirtschafts- und Finanzminister bezog sich auf die amerikanische und die britische Notenbank, die die Sitzungsprotokolle und das Abstimmungsverhalten der Mitglieder des Zentralbankrates veröffentlichen. Leider wurden die Vorgaben aus Paris von Berlin nicht aufgegriffen. Als Sarkozy Anfang 2005 Gast bei der CDU/CSU war, hat man wohl über das Wetter gesprochen.

Auch in der Finanzpolitik vertritt Paris eine Auffassung, die im Gegensatz zur Ideologie der deutschen Angebotspolitiker steht. Chirac nannte den Stabilitätspakt »brutal«, weil er keine Flexibilität zulieLe. Er verwies auch hier auf die amerikanische Finanzpolitik, die im Interesse einer Konjunkturbelebung hohe Staatsdefizite in Kauf nähme. Er hoffe auf eine Veränderung des Stabilitäts- und Wachstumspaktes in der ersten Jahreshälfte 2005, wenn Luxemburg die Ratspräsidentschaft in der Europäischen Union übergeben werde. Zugleich forderten Sarkozy und Noyer eine europäische Wirtschaftsregierung. Der Minister lobte ausdrücklich die antizyklische Finanzpolitik des britischen Schatzkanzlers Gordon Brown, weil sie pragmatisch und keinen Dogmen verhaftet sei.

Von Frankreich wird seit langem eine europäische Wirtschaftsregierung gefordert – zu Recht. Die Franzosen haben erkannt, dass die Finanzpolitik der Mitgliedsstaaten besser als bisher koordiniert werden muss. Es geht Paris dabei aber auch um die Frage, wer der wahre Monsieur Euro ist. Diesen Titel nimmt bislang der EZB-Präsident Jean-Claude Trichet für sich in Anspruch. An der Seine bevorzugt man aber das amerikanische Modell, nach dem der Finanzminister für die Wechselkurspolitik zuständig ist.

Die französische Position wurde von Robert Mundell auf dem Nobelpreisträgertreffen 2004 in Lindau am Bodensee unterstützt. Der Ökonom, der an der Columbia University in New York lehrt und das Konzept des »optimalen Währungsraumes« entwickelt hat, wies auf Folgendes hin: Der Euro sei ein überwältigender Erfolg. Jedes Unternehmen habe Zugang zu einem kontinentalen Kapitalmarkt. Überall, außer in Deutschland, seien die Zinsen so niedrig wie noch nie. Das einzige Problem, das er sehe, bestünde darin, dass der Euro-Dollar-Wechselkurs für die Interessen der Vereinigten Staaten benutzt werden könnte. Er verwies in diesem

Zusammenhang auf die Entwicklung in den achtziger Jahren. Als damals die Inflation bekämpft werden sollte, habe man den Dollar stark werden lassen, war der Boom dann zu Ende, hätten sich die Notenbanken wiederum verständigt, den Dollar erneut schwächer werden zu lassen. Dieses Vorgehen sei eindeutig ein Währungsmanagement im Interesse der Vereinigten Staaten gewesen. Ende 2004 wurden die Warnungen Mundells bestätigt. Der Dollar fiel und der Euro stieg immer weiter an.

Die Ideologen der europäischen Geldpolitik lehnen im Gegensatz zu den Vereinigten Staaten und Japan eine Steuerung des Wechselkurses ab. Robert Mundell hält das für falsch. Er fordert ebenfalls eine europäische Wirtschaftsregierung, die über wichtige makroökonomische Fragen, einschließlich der Wechselkurspolitik, entscheiden solle. Er wiederholte seine Forderung nach einer Bandbreite für den Euro von 0,85 bis 1,15 Dollar. Im europäischen Zentralbanksystem gäbe es schließlich 500 Milliarden Dollar Währungsreserven, die man hervorragend zur Wechselkurssteuerung einsetzen könne. Als Bundesfinanzminister hatte ich mich, heftig angefeindet von der Finanzindustrie, für diese Lösung eingesetzt.

Auf der erwähnten Nobelpreisträgertagung ging Mundell, der mit seiner Theorie eines optimalen Währungsraumes die wissenschaftlichen Grundlagen für die Einführung des Euro geliefert hatte, noch weiter. Er sagte, die Europäische Union müsse eine Kompetenz zur Steuererhebung erhalten. Das sei noch viel besser als eine Steuerharmonisierung.

Europäisches Steuer-Dumping

Erinnern wir uns noch einmal an die Feststellung Paul Krugmans. Die törichten Vorstellungen der angebotsorientierten Wirtschaftspolitik, so der Kolumnist in der *New York Times*, nähme mit Sicherheit kaum jemand ernst, stünden sie nicht den Interessen der Reichen so nahe und würden sie von diesen über die einschlägigen Medien nicht systematisch im Gespräch gehalten.

Systematisch diskutiert werden in den Medien die zu hohen Steuer- und Abgabenbelastungen der Bürger und Unternehmen in Europa. In vielen Zeitungen des Kontinents erscheinen Tabellen, die ausweisen, wo die Steuern noch gesenkt werden müssen, damit sich das jeweilige Land im europäischen und internationalen Wettbewerb behaupten könne. So liefert die Presse jeden Tag Futter für die Reformer aller europäischen Länder und hält den Steuersenkungswettlauf in Gang.

Nun geschieht aber etwas Merkwürdiges: So wie die Globalisierung bei den Löhnen und Gehältern, so wirkt sich auch der Steuersenkungswettlauf für Arm und Reich unterschiedlich aus. Die Managergehälter steigen, die Arbeitnehmereinkommen stagnieren oder sinken, die Steuern der

217

Reichen sinken, die Steuern und Abgaben des Volkes steigen. Wer wohlhabend ist, der wird vom internationalen Standortwettbewerb zum doppelten Glück geführt. Sein Einkommen steigt, und er selbst muss weniger Steuern zahlen. Bist du aber Arbeitnehmer oder Rentner, dann hast du schlechte Karten. Dein Einkommen bleibt gleich, wenn es nicht gar sinkt, während die Lasten zunehmen. Könnte es sein, dass hier nicht wirtschaftliche Vernunft, sondern das bloße Interesse der Wohlhabenden die Feder führt? Vermögenssteuern, Unternehmenssteuern und Zinsertragssteuern gehen überall runter – nur die Lohnsteuern, Verbrauchssteuern und Sozialabgaben gehen überall rauf.

Die niedrigen Unternehmenssteuersätze in den neuen Mitgliedsstaaten aus Osteuropa haben die Debatte um das europäische Steuersystem erneut angefacht. Das Paradies für Kapitalgesellschaften ist Estland mit einem Körperschaftssteuersatz von null Prozent. Aber auch Lettland und Litauen mit jeweils 15 Prozent und Ungarn mit 16 Prozent gelten als sehr attraktiv. Viele Firmen drohen unter Verweis auf die niedrigen Löhne und Steuersätze dieser Länder mit der Verlagerung ihrer Betriebe. Die Politiker haben Angst, dass ihnen die Felle davonschwimmen, bekennen sich doch einige osteuropäische Länder unverhohlen zum Steuer-Dumping als Mittel der Wirtschaftsförderung. Nicht genug damit. Diejenigen, die mit Dumping-Steuersätzen den Steuersenkungswettlauf anheizen wollen, tun dies auch noch mit dem Geld aus der europäischen Kasse.

Das ist nicht neu, Irland hat dieses Verhalten viele Jahre vorgemacht. Aber durch die neuen Mitgliedsstaaten sollte der Unterbietungswettbewerb bei den Steuersätzen einen neuen Schub bekommen. Im Bemühen um Firmen und Arbeitsplätze bieten die osteuropäischen Staaten Sonderwirtschaftszonen an, in denen keine Steuern erhoben werden. Die Steuersätze werden gesenkt, um Investitionen ins Land zu locken. Dagegen wäre kaum etwas zu sagen, wenn die neuen Mitglieder der Europäischen Union nicht aus dem gemeinsamen Steuertopf in den ersten Jahren über drei Milliarden Euro bekämen.

Gegen diesen unlauteren Wettbewerb gibt es ein einfaches Mittel. Wir haben es bei uns in den Bundesländern erprobt. Jene Gemeinden, die bei Gebühren und Steuern Mindestsätze unterschreiten, erhalten geringere oder gar keine Zuwendungen aus dem Gemeindefinanzausgleich. Die Europäische Union sollte also Mindeststeuern festsetzen. Staaten, die diese unterbieten, bekommen weniger oder überhaupt kein Geld mehr aus der europäischen Kasse. Das wäre ein erster Schritt zur Steuerhoheit der Europäischen Union, wie sie Robert Mundell für das einheitliche Währungsgebiet gefordert hat.

Zwar begrenzt das europäische Beihilferecht den Steuersubventionswettbewerb, aber ein durchgreifendes Mittel gegen den Steuersenkungswettlauf ist es nicht. Dieser hat mittlerweile, neben einem dauerhaften Unterangebot an öffentlichen Gütern, zu erheblichen Wettbewerbsverzerrungen geführt, weil die Unternehmen in den Steueroasen zu wenig für die Nutzung der staatlichen Leistungen vom Rechtsschutz bis zur Infrastruktur bezahlen.

Besonders tüchtig, wie könnte es anders sein, waren beim Thema Steuern wieder wir, die Deutschen. Die Steuerquote – der Anteil der Steuern am Bruttoinlandsprodukt (BIP) – lag nach Angaben der Regierung Schröder im Jahr 2003 bei 20,8 Prozent. Und die letzte OECD-Statistik hatte gezeigt: Nur die Slowakei mit 19,2 Prozent konnte eine noch niedrigere Steuerquote aufweisen! Da fasst man sich an den Kopf. Deutschland, einer der entwickeltsten Industriestaaten Europas, der auf eine gute öffentliche Infrastruktur angewiesen ist, die nicht nur neu gebaut, sondern auch unterhalten werden muss, ist stolz darauf, dass nur noch die

Slowakei eine geringere Steuerquote hat. Und völlig vergessen ist: Kein anderes europäisches Land muss jährlich über 80 Milliarden Euro für seine Wiedervereinigung aufbringen, eine Summe, die zum Teil aus Steuermitteln finanziert wird. Kein Wunder ist da, wie es in unseren Innenstädten mittlerweile aussieht, und dass in vielen Schulen der Putz von den Wänden fällt. Auch bei der Abgabenquote (Anteil der Steuern und Sozialabgaben am Bruttoinlandsprodukt) lag Deutschland im Jahr 2003 mit 36,2 Prozent nach der OECD-Statistik hinter Schweden (50,8 Prozent), Frankreich (44,2 Prozent), Italien (43,4 Prozent), Österreich (43,0 Prozent) und Ungarn (38,3 Prozent).

Der OECD-Steuerexperte Jeffrey Owens sieht keinen direkten Zusammenhang zwischen Steuerbelastung und Wettbewerbsfähigkeit. Im jüngsten Vergleich des World-Economic-Forums zählten Finnland, Schweden und Dänemark zu den wettbewerbsfähigsten Ländern, obwohl sie laut OECD-Statistik (zusammen mit Belgien) die höchsten Steuerquoten haben. Die Erklärung dafür liegt auf der Hand. Die öffentliche Infrastruktur und die Einkommensverteilung haben sehr viel mit der Wettbewerbsfähigkeit der Staaten zu tun. Als ich in der Fernsehsendung *Münchner Runde* den ehemaligen BDI-Präsidenten Michael Rogowski darauf hinwies, dass sein Klagelied über das Hochsteuerland Deutschland durch die OECD-Statistik widerlegt würde, sagte er einfach, diese Statistik sei falsch. Ein aufrechter Neoliberaler ist zahlenresistent.

V. Alternativen für Deutschland

Globalisierung als faule Ausrede

Nirgendwo auf der Welt werden die Irrlehren des Neoliberalismus so energisch und konsequent vertreten wie in Deutschland, immer mit dem Hinweis auf die Probleme, die die Globalisierung mit sich bringen würde. Welche Folgen aber hat diese tatsächlich für Deutschland? Was hält eine Gemeinschaft im Zeitalter der Globalisierung zusammen? Was ist die Zukunft der Nation und welche Handlungsspielräume bleiben der nationalen Politik? Wir Deutschen haben doch am ehesten die Möglichkeit, uns gegen die vermeintlichen Zwänge der Globalisierung zu stemmen. Trotz des zwanzig Jahre andauernden Gejammers über den Niedergang Deutschlands sind wir Exportweltmeister. Wir haben uns im viel beschworenen Kampf der Nationen gut behauptet. Der angeblich nicht mehr finanzierbare Sozialstaat wäre bezahlt, wenn wir die Steuer- und Abgabenquoten europäischer Nachbarn hätten.

Aber eindeutige Zahlen passen der Mehrzahl der deutschen Ökonomen und der von ihnen beratenen Politiker einfach nicht in den Kram. Das Land ist von einem seltsamen Mainstream erfasst. Deutschlands Eliten sind überzeugt: Die Volkswirtschaft wächst, wenn es dem Volk mies

221

geht. Zudem wird der Standort Deutschland systematisch schlecht geredet. Die Folge: Man kann in Deutschland nicht mehr vorurteilsfrei über die Wirtschaft diskutieren.

Überdenkt man die bedeutenden Reformentscheidungen der letzten Jahre, dann stellt man fest: Nicht eine einzige war alternativlos, so gut wie keine war eine zwingende Folge der Globalisierung und die meisten haben der Wirtschaft, wie das Ergebnis zeigt, eher geschadet als genützt. Die Behauptung, wir hätten wegen der Auswirkungen der Globalisierung und der internationalen Standortkonkurrenz keinen Handlungsspielraum mehr, ist ein einziger Schwindel. Nehmen wir die Lohnentwicklung. Es wäre genauso gut möglich gewesen, die Löhne und damit die Renten und die Arbeitslosenunterstützung wie andere europäische Staaten im Gleichklang mit der Produktivität wachsen zu lassen. Wir hätten wegen des geringen Lohnanteils an den Kosten der Exportwirtschaft kaum Absatzeinbußen auf den Weltmärkten erlitten. Die deutsche Exportwirtschaft ist so leistungsfähig – wie wir 2004 wieder gesehen haben –, dass sie selbst starke Wechselkursschwankungen verkraftet, die die Preise bekanntlich ungleich stärker beeinflussen, als es Lohnerhöhungen tun. Und unsere Binnenwirtschaft könnte bei einer vernünftigen Lohnpolitik mit den anderen europäischen Ländern Schritt halten – und Karstadt, Opel, Volkswagen und viele andere hätten im Inland nicht solche Absatzprobleme.

Dasselbe gilt für die Riester-Rente. Als sie das Licht der Welt erblickte, rauschte der Blätterwald und pries die Jahrhundertreform. Endlich werde eine dritte Säule der Alterssicherung neben der staatlichen Rente und der Betriebsrente aufgebaut. Die dritte Säule der Alterssicherung gab es aber längst. Millionen von Kapitallebensversicherungen und ein ständig zunehmender Immobilienbesitz garantierten vielen zukünftigen Rentnern ein sorgenfreies Alter. Ein Blick auf die Wirklichkeit hätte jedoch die Reformeuphorie getrübt.

Zwei Jahre später wurde dann verkündet, die Riester-Rente, das Jahrhundertwerk, sei ein Flop.

Das stimmte, weil bei stagnierenden und sinkenden Reallöhnen die Karstadt-Verkäuferin mit einem Monatsgehalt von 1981 Euro brutto, wenn sie zudem allein erziehende Mutter ist, nichts zur Seite legen kann, um eine Zusatzrente zu finanzieren. Und wenn man ihr jetzt noch das Weihnachts- und Urlaubsgeld zusammenstreicht, dann geht das erst recht nicht. Unter ökonomischen Gesichtspunkten verstärkte die Riester-Rente, soweit sie in Anspruch genommen wurde, den negativen Effekt der viel zu schwachen Lohnentwicklung auf dem Binnenmarkt, da das für die Altersvorsorge zurückgelegte Geld nicht für den täglichen Bedarf ausgegeben werden konnte.

Aber die deutschen Ökonomen verordnen ihre Rezepte, wie wir inzwischen gelernt haben, bis der Patient stirbt. Der Hauptverband des deutschen Einzelhandels hat für das Jahr 2004 einen Umsatzrückgang von etwa zwei Milliarden Euro errechnet. Im Jahr davor war es ein Rückgang von drei Milliarden Euro, 2002 wurden fünf Milliarden Euro bilanziert. Ungefähr 4000 Handelsunternehmen meldeten im Jahr 2003 Insolvenz an, und knapp 30 000 Geschäfte mussten aufgeben. Sie alle können sich bei den deutschen Eliten und den neoliberalen Reformern bedanken. Diese, man muss es leider sagen, können nicht bis drei zählen, wenn es um gesamtwirtschaftliche Fragen geht. Sonst wüssten sie, dass der Handel nur florieren kann, wenn die Leute Geld in den Taschen haben. Schon nicht mehr witzig ist es, wenn sowohl der ehemalige DIHT-Präsident Hans Peter Stihl wie sein Nachfolger Ludwig Georg Braun, die auch den Einzelhandel vertreten, Nullrunden fordern. Sie vertreten zwar so ihre eigenen Exportinteressen, schaden damit aber vielen Geschäften, die bei den Industrie- und Handelskammern Zwangsmitglied sind.

Als die neoliberale Reformwelle anrollte, hieß es nahezu täglich in der Presse: »Die deutschen Probleme sind hausgemacht.« Dieser Satz ist merkwürdigerweise aus der Öffentlichkeit verschwunden, obwohl er heute mehr zutrifft als jemals zuvor. Aber die deutschen Reformer haben eine wunderbare Ausrede, um sich das klägliche Scheitern ihrer Politik nicht eingestehen zu müssen: die Globalisierung.

Neben der Lohnzurückhaltung und der Riester-Rente wurde die Steuerreform 2000 zum Wundermittel für wirtschaftliches Wachstum hochgejubelt. Sie sei notwendig, so wurde behauptet, um neue Arbeitsplätze zu schaffen. Nichts davon war richtig. Statt Stellen zu schaffen, setzten die Shareholder-Value-Manager weiter ihre Mitarbeiter auf die Straße, um den Aktienkurs zu erhöhen. Schließlich profitieren sie über Aktienoptionen – wie wir wissen – von steigenden Kursen. Da bei dieser Reform unnötigerweise die Senkung des Spitzensteuersatzes fortgesetzt wurde, gerieten die öffentlichen Kassen immer stärker ins Minus. Die Folge war ein ständiger Rückgang der Infrastrukturinvestitionen, die für eine stetig wachsende Wirtschaft unverzichtbar sind. Da die Senkung der Unternehmenssteuersätze teilweise gegenfinanziert werden musste, strich man die Abschreibungsmöglichkeiten zusammen. Das war nun erst recht falsch, da das Steuerrecht den in Sachkapital investierenden Unternehmer besser stellen soll. Kein Wunder also, dass die Investitionen immer weiter zurückgingen und dies noch immer tun.

Ähnlich zu bewerten sind die Kürzungsorgien, die mit den Tarnwörtern »Agenda 2010« und »Hartz IV« verbunden sind. Schon eine geringere Großzügigkeit gegenüber Unternehmen und besser Verdienenden bei der Steuerreform 2000 hätte das Geld bereitgestellt, das beim Streichen der sozialen Leistungen für die öffentlichen Kassen eingespart wurde. Da jedoch die europäischen Nachbarstaaten mit ihren höheren Steuer- und Abgabequoten auch auf dem hiesigen Planeten angesiedelt sind, kann die Globalisierung als Argument für den Rotstift nicht herhalten.

Und auch die schlechte Lehrstellensituation in Deutschland ist keine Folge der Globalisierung. Vielmehr ist sie ein logisches Ergebnis des Werteverfalls. Wenn nur noch der kurzfristige Gewinn zählt, ist ein Lehrling eine unnötige Kostenbelastung – folglich bildet gerade noch ein Drittel der deutschen Betriebe aus. Und immer mehr Haupt- und Realschüler müssen ein oder mehrere Jahre warten, bis sie einen Ausbildungsplatz finden. Im Jahr 2004 konnten von 890 000 Lehrstellenbewerbern nur 67 Prozent eine Ausbildung antreten. Die übrigen Suchenden mussten sich mit Ersatzlösungen wie dem zehnten Hauptschuljahr, einem Berufsgrundschuljahr oder mit einer berufsvorbereitenden Bildungsmaßnahme zufrieden geben. Fast 80 000 Bewerber nahmen irgendeinen Job an und rund 45 000 waren im Herbst 2004 noch immer nicht vermittelt.

Auf Druck der Wirtschaft und des neoliberalen Flügels in der SPD war der Parteivorsitzende Müntefering eingeknickt und hatte die bereits angekündigte Ausbildungsplatzabgabe wieder zurückgezogen. Aber der vor allem von Bundesminister Clement befürwortete Ausbildungspakt mit der Wirtschaft erfüllte die Erwartungen nicht. Zwar versprachen die Arbeitgeber, jährlich 30 000 neue Ausbildungsplätze zu schaffen, und stolz verkündeten sie dann einige Monate später, es gäbe 36 000 neue Lehrstellen. Aber als die Anhänger der Freiwilligkeit sich gegenseitig auf die Schulter klopften, vergaßen sie hinzuzufügen, dass über 25 000 alte Lehrstellen weggefallen waren. Unterm Strich blieben also rund 11 000 neue Ausbildungsplätze übrig.

Das Ganze war ein Lehrbeispiel für die Funktionsweise der neoliberalen Welt. Wenn der Staat eingreifen will, setzt in der Wirtschaft ein lautes Wehklagen ein. Die Vorzüge der freien Marktwirtschaft und des freien Unternehmertums werden gepriesen. Es kommt schließlich zu allgemein begrüßten, da freiwillig geschlossenen Vereinbarungen mit der Wirtschaft, die dann doch nicht klappen, weil die ökonomische Welt dem Gewinn und nicht dem Gemeinwohl verpflichtet ist.

Der Markt regelt zwar vieles, vieles aber eben auch nicht. Und in diesen Fällen kommt es dann zum Lackmustest einer verantwortlichen Politik. Bei Marktversagen muss der Staat im Interesse der Allgemeinheit – in unserem Fall im Interesse der Jugend – eingreifen, um das Gemeinwohl durchzusetzen. Eine reiche Gesellschaft, wie die Bundesrepublik Deutschland eine ist, muss jedem Jugendlichen einen Einstieg ins Berufsleben ermöglichen, auch dann, wenn statt 25 oder 15 Prozent Kapitalrendite nur zwanzig oder zehn Prozent geboten werden. Noch hat keiner der Wirtschaftsführer sich erblödet zu behaupten, die internationalen Kapitalmärkte würden Deutschland bestrafen, wenn die Lehrstellenfrage durch eine Ausbildungsplatzabgabe geregelt wird.

Was also bedeutet Globalisierung für die nationale Politik? Sehen wir uns die Handelsströme, die Angebote in den Warenhäusern und unsere Exporterfolge an, dann haben wir Deutschen keinen Grund zu klagen. Aber die Konzentrationswellen auf der Unternehmensebene haben zu einer Zusammenballung wirtschaftlicher Macht geführt. Kartellregelungen auf globaler und europäischer Ebene müssen daher das nationale Kartellrecht ergänzen.

Übrigens: Sind die Entwicklungen bei Opel, Karstadt, Siemens und Mercedes im Jahr 2004 wirklich ein Resultat unvermeidlicher Zwänge der Globalisierung, denen die nationale Politik hilflos ausgeliefert ist?

In einer Marktwirtschaft steigen neue Unternehmen auf und alte verschwinden vom Markt. Das war schon immer so und hat mit der Globalisierung nichts zu tun, auch wenn der Markt größer geworden ist. Die falsche Modellpolitik bei Opel war vielleicht deshalb ein Ergebnis der Globalisierung, weil der Weltkonzern General Motors die Manager wie die Hemden wechselte und bei der Sanierung die einzelnen Standorte gegeneinander ausspielte. Eine notwendige Folge der Weltmarktentwicklung war die Opel-Krise jedoch nicht.

Zur gleichen Zeit kündigte nämlich der französische Automobilhersteller Renault an, weltweit 10 000 Mitarbeiter einzustellen. Die neuen Arbeitsplätze werden sowohl in der Produktion als auch in Verwaltung und Forschung geschaffen, die Hälfte davon in Frankreich, der Rest in Osteuropa und der Türkei. Renault hatte schon im Jahr 2003 rund 40 000 neue Beschäftigungsmöglichkeiten bereitgestellt, davon 24 000 im eigenen Land. Ähnlich gut lief es beim Konkurrenten Peugeot Citröen. Im Jahr 2004 hatte der Autokonzern 15 000 neue Stellen eingerichtet und versprach die gleiche Anzahl neuer Arbeitsplätze für 2005. Die Grundlage dieser Erfolge ist eine innovative Modellpolitik.

Bei Karstadt ist weder die Globalisierung noch die internationale Standortkonkurrenz ins Feld zu führen, um die Fehlentwicklungen zu erklären. Die Globalisierung zwingt niemanden dazu, ausscheidenden Managern Millionen von Euro hinterherzuwerfen und den Verkäufern das Urlaubs- und Weihnachtsgeld zu streichen, auch dann nicht, wenn in den USA solch skandalöses Verhalten zur Unternehmenskultur gehört.

Und was ist mit den anderen Konzernen, die in die Schlagzeilen geraten sind? Bei Siemens ist die Kapitalrendite mit 15 Prozent immer noch ausreichend, um den strukturellen Wandel, dem jeder Betrieb unterworfen ist, ohne Erpressungsmanöver zu bewältigen. Und auch bei Mercedes ist die Globalisierung eher ein Vorwand. Die Fusion mit Chrysler

227

und die Zusammenarbeit mit Mitsubishi haben nur den Managern genutzt. Einen Zwang für diese unternehmerischen Fehlentscheidungen gab es nicht. Die Leidtragenden sind die Beschäftigten und die Aktionäre.

Die Globalisierung als Ausrede und Begründung für jede soziale Kürzung, ist, wenn man sie näher betrachtet, nicht der große Knüppel, der die Völker Europas dazu zwingt, ihre sozialen Errungenschaften preiszugeben. Sie hat zwar zum Verlust nationalstaatlicher Souveränität geführt – niemand kann das bezweifeln –, aber nicht dazu, dass die nationale Politik keinen Gestaltungsspielraum mehr hat.

Der deutschen Debatte liegt der große Fehlschluss zugrunde, man könne durch Lohn-, Sozial- und Steuer-Dumping die Gewinnmargen der Unternehmen weiter vergrößern. Wer verkündet: »Runter mit den Löhnen, runter mit den sozialen Leistungen, runter mit den Steuern«, gehört zu einer sich selbst überschätzenden Truppe, die nur ein Interesse kennt, nämlich das eigene Einkommen, das eigene Vermögen zu steigern. In diesem Gebaren liegt die wahre Misere der hiesigen Entwicklung in den letzten Jahren. Auch wenn das Gegenteil immer noch in vielen Stellungnahmen und Kommentaren zu hören ist, den Wettlauf um niedrige Löhne, geringere soziale Leistungen und weniger Steuern kann niemand gewinnen. Diese Rezepte taugen in einzelnen Fällen, um Betriebe zu sanieren, aber sie besitzen keine Gültigkeit für eine ganze Volkswirtschaft.

Die Globalisierung erfordert immer noch dieselbe Antwort, mit der Deutschland und andere Länder ihre Erfolge im vergangenen Jahrhundert erreicht haben: eine große Zahl von großen Erfindungen und Patenten, eine hohe Qualität der Produkte, eine starke gesamtwirtschaftliche Produktivität und – insbesondere heute – eine steigende Energieproduktivität. Ein neues Produkt, das bei den Käufern gut ankommt, bringt großen Gewinn.

Gerne würde ich die Namen der Leute kennen, die der deutschen Wirtschaft in den letzten Jahren wirklich auf die Beine geholfen haben und uns zum Exportweltmeister gemacht haben – die Namen der Erfinder, Ingenieure, Konstrukteure und Facharbeiter. Obwohl ich die Berichterstattung in den Medien aufmerksam verfolge, sind sie mir nicht bekannt. Nicht die technischen Genies, sondern die harten Sanierer werden in der Öffentlichkeit gefeiert. Erinnern Sie sich noch an die Elogen, die auf den Einkäufer Ignacio Lopez in ungezählten Beiträgen gesungen wurden? Zum Schluss klapperten die Autos, weil der Kostensenker nicht Qualität, sondern Schrott eingekauft hatte.

Anfang Oktober 2004 meldete die Presse: »VW holt Starmanager Wolfgang Bernhard.« Seine Aufgabe war, die Kernmarke VW wieder auf Vordermann zu bringen. Jetzt sei Schluss mit Kuscheln, schrieben die Kommentatoren mit Genugtuung, denn Bernhard hatte bei Chrysler Fabriken geschlossen und 20 000 Arbeitsplätze abgebaut. Ist das nicht toll? Der Kostenspezialist werde bei VW rigoros durchgreifen müssen, hieß es weiter, das Handwerk hätte der promovierte Wirtschaftsingenieur bei McKinsey als Unternehmensberater gelernt. Bei solchen Berichten fragt man sich: Welches Leitbild besitzt die deutsche Öffentlichkeit eigentlich von einem Manager? Meiner Meinung nach braucht die Wirtschaft nur dann einen harten Sanierer, wenn das Kind bereits im Brunnen liegt. Viel eher als solche Burschen benötigen wir Menschen wie Ferdinand Porsche, der Konstrukteur bei Daimler Benz war und sich seit 1931 mit Heckmotorfahrzeugen befasste, aus denen er schließlich den VW konstruierte. Es fehlen kreative Gestalter und Denker wie der Ingenieur Gottlieb Daimler, der den Gasmotor zum schnelllaufenden Benzinmotor weiterentwickelte und das erste vierrädrige Auto baute. Wo sind Erfinder wie der Ingenieur Carl Friedrich Benz, der einen Einzylinder-Viertakt-Verbrennungsmotor kreierte, oder der Konstrukteur Robert Bosch, der die Hochspannungszündkerze für den schnelllaufenden Ottomotor erfand?

Statt Betriebswirte und Juristen sähe ich an der Spitze von Betrieben lieber Persönlichkeiten wie Werner von Siemens, der 1866 das dynamoelektrische Prinzip entdeckte, das zur Grundlage der modernen Starkstromtechnik wurde. Oder einen Unternehmer wie den Physiker Ernst Abbe (1840–1905), der die Carl-Zeiss-Werke und Schott-Glas mitbegründet hat. Er verkürzte schon um 1900 die Arbeitszeit und führte in seinen Firmen Mitbestimmung, bezahlten Urlaub und Lohnfortzahlung im Krankheitsfall ein. Wegen einer Entscheidung würde dieser Erfinder und Sozialreformer aber besonders in unsere Zeit passen: Er verfügte, dass die Einkünfte seiner Direktoren unter dem Zehnfachen des durchschnittlichen Arbeiterlohns liegen müssten. Hätten wir solche Männer als Aufsichtsratsvorsitzende in den deutschen Großunternehmen, die Exzesse hätten ein Ende und die Unternehmen gingen goldenen Zeiten entgegen.

Heute beherrschen die Havanna paffenden Herren in ihren Nadelstreifenanzügen die öffentliche Szene, die eigentlich wichtigen Leute leben in einer Anonymität. Das Land Baden-Württemberg wirbt in mehrseitigen Anzeigen mit dem Satz: »Das kostbarste Kapital eines Landes sind seine Köpfe.« Stolz werden Gottlieb Daimler und Carl Friedrich Benz in der Werbekampagne erwähnt, auch Paul Hartmann, der 1885 die Verbandwatte entwickelte. Und natürlich führt das Land den Bundespräsidenten und Baden-Württemberger Horst Köhler in der Anzeige auf, neben Richard Steiff, der 1902 den berühmten Teddybär kreierte. Dazu werden die Bilder von Tüftlern und Erfindern des Unternehmens Bosch gezeigt, das jeden Tag zwölf Patente anmeldet. Nur die Namen dieser Männer, die den technischen und wirtschaftlichen Fortschritt in heutiger Zeit erst ermöglichen, werden nicht genannt. Zufall?

Mit den Namen großer Erfinder, Wissenschaftler und Techniker verbinden wir den Aufstieg Deutschlands zu einer der großen Industrienationen der Welt. Heute werden wir mit jeder Pisa-Studie daran erinnert, dass diese Zeit vorüber ist. Haben wir vielleicht die falschen Leitbilder? In diesem Zusammenhang sollten wir uns auch fragen, wohin wir wollen? Was hält unsere Gesellschaft eigentlich zusammen?

Ausländer und wir

Vor einigen Jahren eröffneten CDU-Politiker eine Debatte über die deutsche Leitkultur. Und da jedes Jahr viele Einwanderer zu uns kommen, lebte die Debatte wieder auf. Es geht dabei um die Steuerung und Begrenzung der Zuwanderung. Berichte machen die Runde, in denen die Schwierigkeiten dargestellt werden, die sich im Alltagsleben bei der Integration der Ausländer ergeben. In einzelnen Städten ist von einer Ghettoisierung die Rede. Eltern beklagen sich, ihre schulpflichtigen Kinder würden in Klassen unterrichtet, in denen die Ausländerkinder in der Mehrheit seien. Auch die als Deutsche bezeichneten Aussiedler, deren Vorfahren vor Jahrhunderten nach Osteuropa ausgewandert waren, haben Probleme, sich in der neuen Umgebung zurechtzufinden.

Über drei Millionen Aussiedler sind zwischenzeitlich, vor allem auf Betreiben der CDU/CSU, nach Deutschland gekommen. Aber bei den Menschen, die erst in den letzten Jahren umsiedelten, stellte man fest, dass die Mehrheit von ihnen die deutsche Sprache genauso wenig beherrscht wie die Zuwanderer aus anderen Ländern. Aus diesem Grund häufen sich die Schwierigkeiten.

Zuwanderer haben in der Regel keine besonders guten

Chancen auf dem Arbeitsmarkt, sie sind vielfach abhängig von sozialen Leistungen. Isolation, Drogenkonsum, Aggression sowie eine mangelnde Akzeptanz innerhalb der Gesellschaft seien die unmittelbaren Folgen, so bilanziert das Bundesministerium. Bundespräsident Köhler warnte in seiner Antrittsrede vor der Gefahr der Entwicklung von Parallelgesellschaften in unseren Stadtteilen, da eine Integration von Menschen unterschiedlicher Herkunft und Religion anscheinend nicht gelinge. So stammen von den 2,5 Millionen Türken, die in Deutschland leben, 85 Prozent aus sozialschwachen Schichten. Mehrheitlich sind ihre Jobs niedrig qualifiziert. Rund 18 Prozent der türkischen Haushalte beziehen Arbeitslosen- oder Sozialhilfe. Man entdeckt jetzt wieder, dass die Beherrschung der deutsche Sprache eine wichtige Voraussetzung ist, um sich in unserem Land zurechtzufinden. Sprachkurse sollen verstärkt angeboten werden, um den Neubürgern die Möglichkeit zu geben, sich in die Gesellschaft zu integrieren. Es bleibt allerdings meist bei den guten Vorsätzen. Die Parteien überbieten sich stattdessen mit Steuersenkungsvorschlägen, und Kassenwart Hans Eichel gefällt sich in der Rolle des »Sparminators«. Im Steuersenkungsland Deutschland sind die Kassen leer.

Die Bildung von Parallelgesellschaften kann als eine Begleiterscheinung der fortschreitenden Globalisierung begriffen werden. Der amerikanische Politologe Samuel Huntington sieht diese Entwicklung ebenfalls in den Vereinigten Staaten. Bisher, so seine Analyse, wollten die Einwanderer Amerikaner werden, folglich hätten sie sich assimiliert. Von diesem Verhalten ist bei den Hispanics und Latinos, die in jüngster Zeit in die Staaten eingewandert sind, nichts mehr zu spüren. Spanisch, so Huntington, werde zu einer parallel benutzten Sprache in einem »Parallel-Amerika«. Im Präsidentschaftswahlkampf 2004 sprachen Bush und Kerry ihre Wähler auch schon auf Spanisch an. Da fragt man sich, wann Spitzenpolitiker in Europa bei Wahlkämpfen die Zuwanderer in ihrer Heimatsprache umwerben.

Am 6. Oktober 2001 zerbrach für viele Franzosen das bis dahin gepflegte Bild einer Nation, nach dem in Frankreich jeder, ganz gleich, welcher Herkunft oder Religion er ist, Bürger der französischen Republik ist. Im Pariser Stadion »Stade de France« spielte der Fußballweltmeister Frankreich gegen Algerien. Tausende von Jugendlichen algerischer Abstammung pfiffen die französische Nationalhymne, die Marseillaise, aus und randalierten. Die Integration der mehr als vier Millionen Moslems sei total gescheitert, meinte Regierungssprecher Jean-François Copé nach dem Spiel.

Die hiesigen Bemühungen um die Wählerstimmen der Neubürger führten zu dem Vorschlag des Grünen-Abgeordneten Hans-Christian Ströbele, auch einen muslimischen Feiertag gesetzlich festzulegen. Ich stehe diesem Vorschlag ablehnend gegenüber, da religiöse Festtage die Gläubigen versammeln, aber die Nicht-Gläubigen außen vor lassen. Solange sich in Nordirland noch Protestanten und Katholiken die Köpfe einschlagen, sollten wir das Trennende der unterschiedlichen Religionen nicht kultivieren. Zudem richtet die Einteilung der Bürger in Gläubige und Ungläubige auf der ganzen Welt großes Unheil an. Mit anderen Worten: Die Religionen führen viele dazu, Menschen, die einen anderen Glauben praktizieren, ablehnend bis feindselig gegenüberzustehen. Besonders wenn Menschen durch Arbeitslosigkeit und Armut sozial ausgegrenzt werden, suchen sie Halt in ihren religiösen Traditionen. An dieser Nahtstelle der modernen Gesellschaft zeigt sich erneut: Die Bekämpfung von Arbeitslosigkeit, Armut und gesellschaftlicher Ausgrenzung ist eine Voraussetzung, um das friedliche Zusammenleben von Menschen zu ermöglichen, die aus unterschiedlichen Kulturkreisen stammen. In einem Land hoher Arbeitslosigkeit ist es deshalb fahrlässig und töricht, eine weitere Zuwanderung zu fordern.

Die Zuwanderung als Folge der Globalisierung führt letztlich zu der Frage, wer gehört eigentlich zur deutschen Nation? Die Rechte wollte die Nation immer vor Fremden abschotten. Lange Zeit versteiften sich die Unionsparteien darauf, Deutschland sei kein Einwanderungsland. Die Linke in Deutschland wollte dagegen die Nation durch Einwanderung und damit durch eine kulturelle Öffnung bereichern. Der Multikulturalismus wurde in ihrem Weltbild zu einer Leitvorstellung gesellschaftlichen Zusammenlebens. Seit einigen Jahren hat sich jedoch vieles verändert. Heute reden auch Unionspolitiker wie selbstverständlich darüber, dass Deutschland ein Einwanderungsland ist. Die Wirklichkeit wird nicht mehr geleugnet. Und seit dem Asylkompromiss wissen auch SPD und Grüne, dass es notwendig ist, die Zuwanderung zu steuern und zu regeln.

Die Nation: Eine Gemeinschaft
mit Rechten und Pflichten

Das Wort »Nation« stammt von dem lateinischen Wort *natio*, Geburt. Demzufolge gehören all die Menschen einer Nation an, die in dem betreffenden Land geboren wurden. In vielen Staaten der Welt ist der Geburtsort für die Staatsbürgerschaft das wichtigste Kriterium. In Deutschland und Israel zählt dagegen immer noch die Abstammung. Man unterscheidet im Staatsbürgerschaftsrecht zwischen dem *ius-soli* und dem *ius-sanguinis*. Nach dem *ius-soli* ist für die Staatsbürgerschaft der Geburtsort ausschlaggebend, nach dem *ius-sanguinis* die Blutsverwandtschaft, die Abstammung. Die Bürger, die in dem Land geboren wurden, dessen Pass sie besitzen, sprechen unabhängig von ihrer Abstammung und Religionszugehörigkeit die einheimische Sprache. Bei den Bürgern, die ihren Pass der Abstammung verdanken, ist das oft nicht der Fall. Die Trennlinie zwischen gemeinsamer Abstammung und rassistischer Ausgrenzung ist dabei unscharf. Eine Überbetonung des gemeinsamen Blutes führte nicht nur in Deutschland zu den grausamen Verbrechen ethnischer Säuberungen. Aus diesem Grund habe ich dem *ius-soli* immer den Vorzug gegeben.

Der deutsche Aufklärer Johann Gottfried Herder führte

den Begriff der Kulturnation ein, und die Gebrüder Grimm träumten von einer deutschen Nation aus dem Geiste der gemeinsamen Sprache. Aber die deutsche Sprache und die deutsche Kultur existieren auch außerhalb der Grenzen unseres wiedervereinigten Landes. Betrachten wir nur die deutschen Lyriker: Rainer Maria Rilkes Geburtsort ist Prag, der von Paul Celan liegt in Rumänien und Ingeborg Bachmann kam in Österreich zur Welt. Die Religionskriege der Vergangenheit und der heutigen Zeit aber haben gezeigt, es reicht nicht aus, eine gemeinsame Sprache zu sprechen, um Menschen dazu zu bringen, sich als einander zugehörig zu fühlen. Das gilt für den Vorderen Orient ebenso wie für Nordirland und das ehemalige Jugoslawien. Die Vorstellung einer Kulturnation ist faszinierend, da sie in ihren Grundannahmen die engen Grenzen des Nationalstaates überschreitet. Wenn aber darüber entschieden werden soll, wer ein Staatsbürger ist und wer nicht, dann hilft sie nicht weiter.

Oft rede ich mit Leuten, die allzu naiv auf der identitätsstiftenden deutschen Lebensweise beharren. Dann frage ich sie: »Was zeichnet denn überhaut unsere Leitkultur aus? Besteht sie darin, dass wir zum Italiener essen gehen? An der nächsten Döner-Bude Halt machen, um einen Imbiss mitzunehmen? Oder einer Bundesliga-Mannschaft zuschauen, in der die Deutschen in der Minderheit sind?« Wenn schließlich noch die berühmten deutschen Tugenden aufs Tapet kommen, erinnere ich an Steuerhinterziehung, Versicherungsbetrug, Schwarzarbeit und den Missbrauch sozialer Leistungen.

In diesem Zusammenhang wird immer wieder auf die Wichtigkeit der vermeintlich deutschen Sekundärtugenden wie Fleiß, Pünktlichkeit und Verlässlichkeit hingewiesen. Der CSU-Generalsekretär Markus Söder zum Beispiel hatte die Bürger dazu aufgefordert, sich wieder auf die deutschen Tugenden Leistungsbereitschaft, Pünktlichkeit und Disziplin zu besinnen. Die Präsidentin der Universität Viadrina in Frankfurt an der Oder, Gesine Schwan, gab darauf die richtige Antwort. In einem Interview mit dem *Münchner Merkur* sagte sie, zwar schätze sie diese Tugenden. Aber sie wisse, »dass diese in der deutschen Geschichte fürchterlich missbraucht worden sind«. Man könne auch »sehr fleißig und diszipliniert töten«.

Der Versuch, die eigene Kultur zu bestimmen, ist nicht einfach. Im Zeitalter der Individualisierung gibt es Lebensentwürfe, die der Mehrheit der Menschen fremd sind, die aber in einer toleranten Gesellschaft jedem Einzelwesen zugestanden werden. Bleibt also alles im Ungewissen?

Ein brauchbarer Begriff zur Bestimmung der Staatsbürgerschaft ist der des Verfassungspatriotismus. Er beinhaltet Folgendes: Wer sich zu den Zielen einer Verfassung bekennt, erfüllt die Voraussetzungen, Staatsbürger zu sein. Der Schwerpunkt liegt hierbei auf dem Respektieren der Menschenwürde. Der Verfassungspatriotismus will mithin die durch Religion und Abstammung entstandenen Trennungslinien überwinden. Da die Wanderungsbewegungen in der Welt eher zunehmen und nicht abnehmen werden, ist das Bekenntnis zu den Werten und den Grundsätzen einer Verfassung eine gute Basis für das Zusammenleben der Menschen unterschiedlicher Abstammung und unterschiedlicher Religionszugehörigkeit. Aber der Begriff des Verfassungspatriotismus reicht letztlich ebenso wenig aus wie der Begriff der Kulturnation, um zu bestimmen, wer zu unserem Staat gehört. Denn die Werte unserer Verfassung sind letztlich die Werte aller westlichen Demokratien.

Der Nationalstaat wird auch in Zukunft eine wichtige Rolle für das Zusammenleben der Menschen spielen. Wir dürfen nicht vergessen, wie viele Jahrhunderte es dauerte, bis sich die Nationalstaaten in Europa herausgebildet hatten. Daher wird auch noch viel Zeit vergehen, bis sie sich wirklich zu Gunsten der Vereinigten Staaten von Europa auflösen werden. Wenn aber die universalen Werte der Verfassung, die gemeinsame Kultur oder die gemeinsame Abstammung im Zeitalter der Globalisierung nicht mehr konstituierend sind für das Recht auf die Staatsbürgerschaft, was soll dann an ihre Stelle treten?

Schon gibt es Stimmen, die behaupten, im 21. Jahrhundert sei das entscheidende Dokument nicht mehr die Geburtsurkunde, sondern der Reisepass, da die Globalisierung zu einer unglaublichen Mobilität und Wanderungsbewegung geführt habe. So werden, nur um eine Zahl zu nennen, ungefähr 2,6 Milliarden Menschen jährlich von den Fluggesellschaften befördert. Noch wichtiger sei aber – laut diesen Stimmen – folgende Tatsache: Die USA, Kanada und Australien hätten im letzten Viertel des vorigen Jahrhunderts 22 Millionen Einwanderer aus allen Teilen der Welt aufgenommen. Im selben Zeitraum wären elf Millionen Einwanderer nach Westeuropa gekommen. Dieser Prozess würde auch weiter anhalten und zu einer Kosmopolitisierung der Großstädte in den Industriestaaten führen. Das Zeitalter ethnisch weitgehend homogener Nationalstaaten – wenn es sie denn jemals gab – sei zu Ende. Die doppelte, ja, die mehrfache Staatsangehörigkeit würde zunehmen. Und entsprechend würde die Loyalität der Bürger zum Nationalstaat nachlassen. So pendeln viele wohlhabende Migranten zwischen dem Land, das ihnen Arbeit gibt, und der alten Heimat hin und her.

Dennoch gibt es keinen globalen Arbeitsmarkt. Selbst die klassischen Einwanderungsländer USA, Kanada oder Australien können keinen freien Arbeitsmarkt ausrufen. Daher bleibt die Staatsbürgerschaft für viele Menschen auch in Zukunft ein Anker.

Der Staatsbürger hat seinen Beitrag zum Funktionieren seines Staates zu leisten. Dabei könnten wir uns neben der

gemeinsamen Kultur und Geschichte und einem Bekenntnis zu den Werten der Verfassung auch an dem Vorbild einer Vereinsmitgliedschaft orientieren. Das klingt im ersten
Moment zwar banal, hat aber den Vorteil einer leichteren
Verständlichkeit.

Diejenigen, die sich zu einem Verein zusammenschließen,
geben sich eine Satzung und begründen für die Mitglieder
Rechte und Pflichten. Die Bundeswehr schützt die Deutschen beispielsweise im Falle einer äußeren Bedrohung. Die
Polizei sorgt dafür, dass Gesetze beachtet und der innere
Frieden gewahrt werden. Die öffentlichen Kindergärten,
Schulen und Universitäten sichern den Staatsbürgern eine
gute Ausbildung. Das Gesundheitswesen ermöglicht jedem,
ob arm oder reich, eine medizinische Versorgung. Der Sozialstaat gibt den Menschen Sicherheit, wenn sie alt, krank,
arbeitslos oder ohne Einkünfte sind.

Die Staatsbürgerschaft gibt also jedem das Recht, die
Leistungen des Staates in Anspruch zu nehmen. Und hier,
in diesem Zusammenhang, hilft der Verweis auf den Verein weiter. Mitglied in einem Verein ist derjenige, der sat-
zungsgemäße Beiträge zahlt. Gemessen daran liegt bei der
deutschen Nation einiges im Argen. Zu viele verweigern den
Vereinsbeitrag, weil sie Steuern hinterziehen, schwarz arbeiten oder sich als besser Verdienende nicht an der Finanzierung des Sozialstaates beteiligen. Genau an dieser Stelle
versteht man, warum es ärgerlich ist, wenn die deutschen
Nationalhelden – wie die Schumacher-Brüder, Jan Ullrich
und viele andere Show-Größen – ihren Wohnsitz ins Ausland verlegen.

So sieht es logischerweise auch die Steuerverwaltung.
Die prüft, ob der Lebensmittelpunkt dieser Prominenten
wirklich Monaco ist – oder eine andere Steueroase – und
nicht doch eine bundesdeutsche Großstadt. Zu oft hatten
sich deutsche Staatsbürger mit höherem Einkommen nur

einen »Briefkasten« in einem Land mit geringen Steuersätzen besorgt. Auf diese Weise gestaltete auch der populäre Sänger Freddy Quinn sein Leben. Er hatte von 1998 bis 2002 Steuern in Höhe von 900 000 Euro hinterzogen, weil er in der Schweiz gemeldet war, aber in Hamburg wohnte. Er wurde zu einer Steuernachzahlung und einer Geldbuße verurteilt und gelobte Besserung.

Es geht bei den Vereinsbeiträgen der Bundesrepublik wohlbemerkt nicht nur um Steuern, sondern auch um Sozialabgaben. Die deutsche Einheit, so hieß es nach dem Fall der Mauer, sei ein Glücksfall. Viele der besser Verdienenden weinten gar vor Glück, als die Mauer fiel. Gleichzeitig beteiligen sie sich aber nicht oder nur in geringem Umfang an der Finanzierung des Glücks, weil sie keine Sozialbeiträge zahlten und zahlen. Die Regierung Kohl hat nämlich den Fehler gemacht, die deutsche Einheit zum größten Teil aus den Sozialkassen zu bezahlen. Ärgerlicherweise hat sich bis zum heutigen Tage wenig daran geändert.

Das deutsche Volk ist eine Schicksalsgemeinschaft, heißt es, wenn über unsere Nation gesprochen wird. Sind wir das wirklich? Die Folgen dieses letzten großen historischen Datums, das der deutschen Vereinigung, tragen überwiegend die Arbeitnehmer. Was ist das für eine Schicksalsgemeinschaft, in der sich die Leistungsstärksten davor drücken, ihren Beitrag zur Wiedervereinigung des eigenen Landes zu leisten? Welche Bande halten die Nation zusammen, wenn bei jedem Verteilungskonflikt gedroht wird, den Betrieb ins Ausland zu verlagern? Es hilft auch nicht viel, wenn die christliche Prägung unseres Landes beschworen wird. Die zunehmende Individualisierung widerlegt die Behauptung, die Botschaften des Jesus von Nazareth seien in unserem Land lebendig. Das Christentum ist die Religion der Nächstenliebe, und verweist es die Gläubigen nicht auf ihre Eigenverantwortung.

Nun gibt es einige Einkommensmillionäre, die brav ihre Steuern zahlen. Diese verweisen auf ihre Steuererklärung und meinen, sie hätten damit dem Kaiser gegeben, was des Kaisers ist. Dem ist grundsätzlich entgegenzuhalten: Das deutsche Steuerrecht ist nicht fair, und an der Finanzierung der sozialen Sicherungssysteme beteiligen sich besser Verdienende nur in einem geringen Umfang und Beamte und Selbständige überhaupt nicht.

Steuersystem und Sozialstaat gehören aber untrennbar zusammen. Der Ansatz, die Finanzierung des Sozialstaates von den Arbeitseinkommen abzukoppeln und sie über Steuern sicherzustellen, setzt ein gerechtes Steuersystem voraus. Dieser Gedanke, so richtig er ist, scheint unseren Reformern jedoch fremd zu sein. Sie wollen, man muss nur an die Kopfpauschale der CDU denken, die ausgleichende Gerechtigkeit über steuerfinanzierte Zuschüsse für Geringverdiener herstellen, zugleich aber wollen sie das Steuersystem über das Bierdeckel-Steuermodell des Friedrich Merz noch ungerechter machen. Mittlerweile haben auch sozialdemokratische Politiker das Argument des Bundes der Steuerzahler übernommen, um die Gerechtigkeit unseres Steuersystems zu belegen: Zehn Prozent der Einkommensbezieher, so sagen sie, zahlen fünfzig Prozent der Lohn- und Einkommenssteuer. Das sei doch der Beweis, dass in Deutschland von oben nach unten umverteilt würde. Wie sollte es auch anders sein, wenn unter den zehn Prozent, die die Hälfte der Einkommenssteuern aufbringen, viele sind, die ein Mehrfaches, manchmal ein Hundertfaches eines Arbeitnehmers an Einkommen beziehen? Tatsache ist ja: Wenn der Einkommensmillionär mit einigen Abschreibungsobjekten hunderttausend Euro Steuern und Abgaben zahlt und ein Facharbeiter mit 40 000 Euro Lohn über Steuern und Abgaben rund 25 000 Euro an den Fiskus abführt, dann trägt der Millionär, verglichen mit dem Facharbeiter, die vierfache Last. Und die deutschen Reformer und Modernisierer sind damit höchst zufrieden, weil sie nicht bemerken, dass der Millionär zwar mehr zahlt, aber im Verhältnis nur jeden zehnten Euro abgibt, während der Facharbeiter mehr als jeden zweiten Euro abtreten muss. Welche Schlüsse ziehen wir daraus?

Die Staatsangehörigkeit sollte all jenen zustehen, die in Deutschland ihren Wohnsitz haben, die deutsche Sprache sprechen, nach ihrer Leistungsfähigkeit Steuern zahlen und den Sozialstaat finanzieren. So wird eine Gemeinschaft mit Rechten und Pflichten begründet. Aus diesen Rechten und Pflichten ergibt sich auch die Notwendigkeit, die Zuwanderung zu begrenzen. Weil der Sozialstaat überwiegend von den Arbeitnehmern mit geringem und mittlerem Einkommen finanziert wird, findet man auch in dieser Gruppe die größten Widerstände gegen Aussiedler, Bürgerkriegsflüchtlinge und Asylbewerber. Denn die Zuwanderung bedeutet immer Konkurrenz um Arbeitsplätze, Wohnungen und Lebenschancen. Deshalb muss in einer modernen Nation die Verpflichtung des Staates garantiert werden, zuallererst für diejenigen zu sorgen, die seine Bürger sind und sich, soweit sie Einnahmen haben, an der Finanzierung der Gemeinschaft beteiligen.

Die forcierte Zuwanderung wird in Deutschland einzig von den oberen Zehntausend gefordert, die von deren Folgen gar nicht oder nur am Rande betroffen sind. Sie konkurrieren nicht um Arbeitsplätze im Niedriglohnbereich. Sie haben kein Problem, eine bezahlbare Wohnung zu finden. Sie schicken ihre Kinder auch nicht auf Grundschulen, in denen die Zahl der Ausländerkinder überwiegt. Die deutschen Wirtschaftseliten exportieren Arbeitsplätze, weil in anderen Ländern die Löhne niedriger sind, und befürworten eine Zuwanderung, um das deutsche Lohnniveau zu drücken.

Der Sachverständigenrat für Zuwanderung und Integration schlug im Jahr 2004 vor, für 2005 25 000 zusätzliche ausländische Arbeitskräfte anzuwerben. Vor allem im Gesundheitsbereich, im Ingenieurswesen sowie bei Banken und Versicherungen bestehe ein Bedarf an qualifizierten Arbeitskräften. Das wird in einem Land behauptet, in dem Banken und Versicherungen viele Stellen abbauen und in dem durch das Schließen von Kliniken und Arztpraxen viele Arbeitsplätze verloren gehen und 70 000 Ingenieure arbeitslos sind. Die fünf Millionen Arbeitslosen und jene Millionen von Menschen, die Angst um ihren Arbeitsplatz haben, verstehen solche Ratschläge unserer Eliten schon lange nicht mehr.

Faire Steuerpolitik

Wenden wir uns nun der Steuerpolitik zu, die für das Staats-
bürgerschaftsbewusstsein eine solch entscheidende Rolle
spielt. Gemeinschaften halten zusammen, wenn die Einzelnen sich fair behandelt fühlen und wissen, dass jeder seinen
Beitrag zu den Aufgaben der Gemeinschaft leistet. Da die
Staatsausgaben über Steuern und Abgaben finanziert werden, stand und steht die Steuerpolitik im Zentrum der öffentlichen Diskussion. Die Neoliberalen haben sich natürlich auf sie gestürzt und unablässig über die viel zu hohen
Steuern geklagt. Sie waren sehr erfolgreich. Seit Anfang der
achtziger Jahre ist die Steuerquote um rund vier Prozentpunkte zurückgegangen. In Zahlen ausgedrückt: Rund 87
Milliarden Euro werden dadurch weniger Steuern an den
Fiskus abgeführt.

Nun könnten sich alle Bürger auf den ersten Blick freuen,
wenn vom gemeinsam erarbeiteten Bruttoinlandsprodukt
weniger Geld in die Steuerkasse fließt. Aber so einfach liegen die Dinge nicht. Einzig die Minderheit der Vermögenden und Bezieher von Gewinneinkommen hat Grund zum
Feiern. Ihr Beitrag zum Steueraufkommen ist von einst 28
Prozent auf 14 Prozent gesunken. Für den kleinen Mann

stiegen dagegen die Abgaben. Der Anteil der Lohnsteuer wuchs von 30 auf 36 Prozent, und die deutsche Einheit wurde über die Sozialabgaben finanziert.

Diese Steuer- und Abgabenpolitik verstößt gegen das Prinzip der sozialen Gerechtigkeit. Da die Struktur der Marktwirtschaft dazu führt, dass die Einkommens- und Vermögensverteilung immer weiter auseinander klafft, wäre es nur sachgerecht, mit steigendem Wohlstand die Steuern auf große Einkommen und Vermögen zu erhöhen. Im Gegenzug müssten die Steuern und Abgaben auf mittlere und niedrigere Einkommen gesenkt werden. So würde das Steuerrecht der Aufgabe dienen, die ungleiche Einkommens- und Vermögensverteilung, die die Marktwirtschaft systemimmanent hervorbringt, zu korrigieren. Aber das Gegenteil ist geschehen. Führt der Markt schon zu einer ständigen Zunahme der ungleichen Verteilung, so hat das Steuer- und Abgabenrecht diese noch weiter verschärft.

Die ungerechte Verteilung der Einkommen und Vermögen nimmt weiter zu. Da das nun wirklich nicht mehr zu verheimlichen war, mussten Gründe erfunden werden, um diese irrationale Entwicklung zu rechtfertigen. Und zwei Argumente hatten die Kapitalisten, die nach Adam Smith darauf aus sind, die Öffentlichkeit zu täuschen, schnell zur Hand. Als erstes Argument, wie könnte es anders sein, wurde die Globalisierung herangezogen. Das Kapital sei ein scheues Reh, wurde gesagt, und wenn wir die Steuern der Reichen nicht senken, dann werden sie weiterhin auswandern. Unsere Sportidole und Milliardäre, die in der Schweiz, Österreich oder Monaco eine neue Heimat gefunden haben, beweisen die Richtigkeit dieser Feststellung. Und sollten sie ihren Wohnsitz dennoch in Deutschland behalten, dann würden diese Geldbesitzer zumindest ihre angesammelten Schätze nach Luxemburg, Liechtenstein oder in eine der anderen Steueroasen bringen. Und deshalb könne man an dieser Entwicklung nichts ändern, so Leid es einem auch tue – das jedenfalls sagen die Befürworter des ungerechten Steuersystems.

Wirklich? Wir müssen das nicht akzeptieren. Wir können uns wehren. Wir brauchen nicht nur beim Militär oder beim Kampf gegen das Verbrechen, sondern auch beim Eintreiben von Steuern wieder einen starken Staat. Wer in Deutschland keine Steuern zahlt, obwohl er es müsste und könnte, sollte die deutsche Staatsbürgerschaft verlieren. Wir sollten für Deutsche, die im Ausland leben und im Aufenthaltsland Steuern zahlen, auch in der Bundesrepublik Steuern erheben. Alle US-Bürger, wo immer sie ihren Wohnsitz haben, zahlen eine Mindeststeuer in den Vereinigten Staaten. Für die Steuerhinterzieher oder Steuerflüchtlinge gilt, was Unionspolitiker von Ausländern verlangen: Sie haben eine Bringschuld und müssen sich zu den Grundwerten der deutschen Gesellschaft bekennen. Dazu gehört auch Steuerehrlichkeit. Wer hierzu nicht bereit ist, der muss sich fragen lassen, warum er ausgerechnet die Staatsbürgerschaft unseres Landes haben will. Eine Staatsbürgerschaft begründet eben nicht nur Rechte, sondern auch Pflichten.

Wer sein Geld ins Ausland gebracht hat und erwischt wird, sollte mit einer Strafe in Höhe der hinterzogenen Steuern rechnen müssen, wobei der Fiskus einen Zugriff auf das in Deutschland vorhandene Vermögen haben sollte. Das wäre ungleich wirkungsvoller als die rot-grüne Steueramnestie, die den Straftäter auch noch belohnt und damit den Staat weiter schwächt. Wir haben die Möglichkeit, mit den Nachbarstaaten Abkommen zu schließen, die unseren Steuerbehörden die notwendigen Informationen über die Auslandskonten ermöglichen. Wenn die Schweiz, Luxemburg oder andere sich zieren, bei der Bekämpfung der Steuervergehen und -verbrechen behilflich zu sein, dann muss mit einem

Androhen von Sanktionen das Nachdenken über eine derartige Unterstützung befördert werden.

Es gibt immer wieder Möglichkeiten, andere Staaten auf die Notwendigkeit einer fairen, grenzüberschreitenden Zusammenarbeit hinzuweisen. Die Vereinigten Staaten sind darin wieder Vorbild. Sie haben durchgesetzt, dass für alle Bankkunden, die in den USA steuerpflichtig sind, Mitteilungen an die amerikanischen Steuerbehörden gemacht werden müssen. Auch von den erlauchten Hütern des Bankgeheimnisses, der Schweiz und Luxemburg, wurden diese Zugeständnisse erbracht, da sie ansonsten vom US-Wertpapiermarkt abgeschnitten worden wären.

Das zweite Argument für die von unten nach oben umverteilende Steuerpolitik zielte auf die Motivation der Unternehmer, Manager und Spitzenkräfte ab. So hieß es: Nur wenn sie von ihren hohen Einkommen nicht so viel abgeben müssten, blieben Kreativität und Unternehmergeist erhalten. Die ungleiche Verteilung nütze auf diese Weise allen, da eine Wirtschaft, die wachsen soll, unbedingt gut gelaunte Zugpferde brauche; entsprechend werde der Wohlstand der Allgemeinheit gesteigert. Auch bei dieser Darlegung sind Zweifel geboten. Würden die Schumi-Brüder wirklich nicht mehr fahren, wenn sie in Deutschland Steuern zahlen müssten? Und obwohl er jetzt seinen Wohnsitz in der Schweiz hat, gewann Jan Ullrich die Tour de France trotzdem nicht. Und wenn die Schrempps und Ackermanns beispielsweise statt sechs nur noch drei Millionen Euro Nettoeinkommen hätten, würden sie dann wirklich auswandern?

Der Unternehmerlohn ist im Übrigen nicht nur der Gewinn, sondern der von allen in einer Firma Tätigen erarbeitete Vermögenszuwachs. Dieser fällt heute allein dem Besitzer oder den Besitzern zu. In früheren Zeiten sah man darin noch ein Problem der Verteilungsgerechtigkeit. Heute, in der neoliberalen Ära, wird darüber nicht mehr geredet.

Die Politik aber muss die Beteiligung der Arbeitnehmer am Zuwachs des Produktivvermögens wieder auf die Tagesordnung setzen.

Der gesamte Besitz, den die privaten Haushalte Deutschlands vorweisen konnten, wurde im Jahr 2003 auf 9000 Milliarden Euro geschätzt. Die Hälfte der Haushalte hatte an diesem Vermögen nur einen Anteil von insgesamt vier Prozent. Ein Zehntel der Deutschen hielt jedoch einen Anteil von 47 Prozent. Diese Verteilung soll gerecht und das Ergebnis von Leistung sein? Und kann irgendeiner noch verstehen, wie angesichts dieser Zahlen bestimmte Politiker, wie beispielsweise der ehemalige SPD-Generalsekretär Olaf Scholz und sein Nachfolger Klaus Uwe Benneter, behaupten können, in Deutschland werde von oben nach unten umverteilt?

Die zunehmend ungerechte Verteilung spaltet die Gesellschaft. Die Interessen der Bürger klaffen immer weiter auseinander. Die Prozesse demokratischer Integration werden schwieriger. Am Ende brauchen die Reichen nur noch die Staatsgewalt, um ihr Eigentum vor den Armen zu schützen und die Herrschaft des Geldes sicherzustellen. Wirtschaftliche Macht wird auf diese Weise zur politischen Macht. Eine privatisierte politische Macht verliert ihre verfassungsrechtliche Legitimation.

Die Vermögenssteuer wird seit 1997 nicht mehr erhoben, weil CDU/CSU und FDP sich querlegen. Dadurch sind den öffentlichen Kassen bis 2004 über 60 Milliarden Euro verloren gegangen. Die SPD hatte noch in ihrem Wahlprogramm von 1998 versprochen, sie wieder einzuführen. Dieses Wahlversprechen wurde gebrochen. Im Jahr 2003 unternahmen einige sozialdemokratische Ministerpräsidenten einen erneuten Anlauf. Der damalige niedersächsische Regierungschef Sigmar Gabriel versprach sich davon ein besseres Landtagswahlergebnis, er hatte das Vorhaben mit Bundeskanzler Schröder abgesprochen. Aber Schröder besann sich plötzlich anders und stoppte mit Verweis auf die Mehrheitsverhältnisse im Bundesrat den Versuch. »Erst hat der Kanzler dem Pferd einen Klaps gegeben und es dann erschossen«, sagte Gabriel, der als Wahlkämpfer plötzlich im Regen stand. Die Wiedereinführung der Vermögenssteuer ist heute unverzichtbar, wenn es in Deutschland mehr soziale Gerechtigkeit geben soll.

Statt der Vermögenssteuer wollte sich Kassenwart Hans Eichel auf andere Art und Weise Geld beschaffen. Mit einer großzügigen Amnestie sollten Steuerhinterzieher dazu bewogen werden, ihr Geld zurück nach Deutschland zu bringen. Zudem sollte eine Abgeltungssteuer auf Zinserträge eingeführt werden. Man versprach sich dadurch Mehreinnahmen von 20 Milliarden Euro. Die Abgeltungssteuer ist bis heute nicht eingeführt worden, und die Amnestie brachte viel weniger, als man erwartet hatte. Gegen die Steueramnestie haben empörte Bundesbürger schließlich zu Recht geklagt, weil sie sich geleimt fühlten. Wieso mussten Steuerhinterzieher weniger Steuern zahlen als die, die ihr Geld korrekt deklariert hatten? Der Staat macht den Ehrlichen zum Dummen. Barbara Hendricks, parlamentarische Staatssekretärin im Finanzministerium, rief im September 2004 die Steuerflüchtlinge erneut auf, ihr Schwarzgeld offen darzulegen und das »gute und günstige Angebot« der Regierung Schröder zu nutzen. Sie müssten doch nur 15 Prozent des gebunkerten Geldes an den Fiskus abführen. Der Steuerflüchtling, der schon mal Millionen ins Ausland gebracht hatte, zahlte mithin in der Folge auf das Schwarzgeld nur den Steuersatz, den auch ein Arbeiter mit geringem Einkommen für den ersten zu versteuernden Euro berappen muss.

Die Aufrechterhaltung der internationalen Wettbewerbsfähigkeit kann nicht als Argument angeführt werden, um Vermögenssteuern zu verhindern, obwohl es mehr als beliebt ist. Die Steuern, die auf das Eigentum erhoben werden, betrugen prozentual zum Bruttoinlandsprodukt im Jahr 2001 in Großbritannien 4,1 Prozent, in Frankreich und in den USA 3,1 Prozent, in Japan 2,8 Prozent, in Italien 2,0 Prozent und in Deutschland aber nur 0,8 Prozent. Würde man die Eigentumsbesteuerung bei uns nur auf das italienische Niveau anheben, dann wären rund 25 Milliarden Euro mehr in den Kassen. Und wenn wir uns an Paris oder Washington orientierten, dann hätten wir im Jahr sogar rund 49 Milliarden Euro mehr im Staatssäckel.

Um die Einführung der Vermögenssteuer mit allen Tricks zu verhindern, wird von den Reichen behauptet, diese sei ein bürokratisches Monstrum. Die Kosten ihrer Erhebung wären derart hoch, dass am Ende kaum noch etwas übrig bliebe. Die Länder, die die Steuer bis 1997 tatsächlich eingezogen haben, errechneten, dass die Erhebungskosten in Wirklichkeit nur fünf Prozent betragen. Wenn man sich daraufhin die Zahlen noch einmal anschaut, dann wäre diese Steuer, egal ob man 25 Milliarden oder 49 Milliarden ansetzen würde, für die maroden Staatsfinanzen ein lohnendes Geschäft.

Aber auch die Erbschaftssteuer muss in diesem Zusammenhang angehoben werden. Davon ist selbst das Bundesverfassungsgericht überzeugt. Denn derjenige, der Immobilien erbt, zahlt viel weniger als jemand, der laut testamentarischer Verfügung Geld erhält. Würden Immobilien und Grundvermögen im Erbschaftsfall nach dem Marktwert besteuert werden, dann würden zusätzliche 3,6 Milliarden Euro in den öffentlichen Kassen klingeln. Bei all dem geht es um die wirklich Reichen. Bei den Vermögens- und Erbschaftssteuern sollten die Freibeträge deshalb so hoch sein, dass die große Mehrheit des Volkes davon nicht betroffen ist. Bei der Vermögenssteuer sollte die Freigrenze 500 000 Euro betragen, auch das durchschnittliche Einfamilienhaus sollte erbschaftssteuerfrei an die Nachkommen weitergegeben werden können.

Ebenso wichtig für eine Steuergerechtigkeit ist die Einkommenssteuer. Das größte Anliegen der neoliberalen Gemeinde war in den letzten Jahren die Senkung des Spitzensteuersatzes. Leistung sollte sich wieder lohnen und Spitzenkräfte sollten nicht ins Ausland abwandern. Die Wirklichkeit nahm davon keine Notiz. 1957 betrug der Spitzensteuersatz noch 63 Prozent. Es wurde tüchtig gearbeitet. Deutschland hatte ein Wachstum von sechs Prozent. Bis zum Jahr 1999 lag der Spitzensteuersatz dann noch über fünfzig Prozent, und es gab immerhin Wachstumsraten von fünf Prozent – zuletzt 1990 und 1991, als Folge des Einheitsbooms. Mittlerweile ist der Höchststeuersatz auf 42 Prozent gefallen. Das ist der niedrigste in der Geschichte der Bundesrepublik, wie Hans Eichel stolz verkündet. Aber die Hoffnung, die daran geknüpft wurde, nämlich dass ein sinkender Spitzensteuersatz die Wirtschaft wachsen lässt, ist zerstoben. Sie erfüllte sich ebenso wenig wie die, die mit der massiven Senkung der Unternehmenssteuern verbunden war.

Der Facharbeiter, der ein Jahreseinkommen von 30 000 Euro hat, wurde durch die rot-grüne Steuerreform jährlich um 1700 Euro entlastet. Der Einkommensmillionär musste rund 100 000 Euro weniger zahlen, und bei den Schrempps und Ackermanns addierte sich der Steuernachlass, wenn sie nicht vorher auf Abschreibungsobjekte ausgewichen sind, bis auf eine Million pro Jahr. Was bei denjenigen, die die Topmanager einstellen und entlassen, anfällt, wissen wir nicht, weil eine entsprechende Statistik für derart vermögende Familien fehlt. Zugleich stagnierten die Einkommen der Arbeitnehmer in dieser Zeit, die Gehälter der Manager verdoppelten oder verdreifachten sich aber in vielen Fällen. Der Staat belohnte die Maßlosen mit überproportionalen Steuergeschenken.

Die CDU/CSU wollte es noch toller treiben. Nur noch 36 Prozent sollte der Spitzensteuersatz im Bierdeckel-Steuerkonzept, das Angela Merkel von Friedrich Merz übernommen hat, betragen. Für Einkommensmillionäre hieße das: Auf das 100 000-Euro-Steuergeschenk von Rot-Grün würde noch eines von 60 000 Euro hinzukommen. Bezahlen sollen das die Arbeitnehmer, durch den Wegfall der Pendlerpauschale und die Absenkung des Sparerfreibetrags und der Werbungskostenpauschale. Die größte Unverschämtheit aber ist die Absicht in diesem Konzept, die Steuerfreiheit der Sonntags-, Feiertags- und Nachtzuschläge zu streichen. Davon sind in der Tat die wirklich Fleißigen und Tüchtigen betroffen. Sie arbeiten, während Deutschlands Eliten schlafen, Champagner trinken oder Golf spielen. Weil aber bei dem Kopfpauschalenkompromiss, der zwischen Merkel und Stoiber ausgehandelt wurde, das Geld für den sozialen Ausgleich fehlte, soll der Spitzensteuersatz jetzt nur noch auf 38 Prozent gesenkt werden. An der sozialen Schieflage der Steuer- und Sozialpolitik der Union ändert das letztlich nichts.

Eine Senkung der Einkommenssteuer wirkt sich folgendermaßen aus: Wird der Eingangssteuersatz gesenkt, der jetzt 15 Prozent beträgt, dann haben Arme und Reiche etwas davon, da sie alle für den ersten zu versteuernden Euro einen gleichen Satz zahlen. Erhöht man den Grundfreibetrag, jetzt beträgt er 7665 Euro, dann ist der Vorteil auch gleichermaßen gegeben, da alle bis zu diesem Betrag keinen Cent Steuern zahlen müssen. Senkt man aber dagegen den Spitzensteuersatz, dann haben nur die Bezieher hoher Einkommen etwas davon. Eine gerechte Steuerpolitik entlastet die Arbeitnehmer mit durchschnittlichem Einkommen, entsprechend müsste sie den Spitzensteuersatz stufenweise anheben.

Die Besteuerung der Einkommensmillionäre ist ein Paradebeispiel für die Unglaubwürdigkeit und Verlogenheit von Politikern aller Bundestagsparteien. Als die Millionenabfindungen bei Mannesmann und die hohen Einkommen der deutschen Vorstandsmitglieder bekannt wurden, ging ein Aufschrei der Empörung durch die Republik. Politiker von SPD, CDU/CSU, FDP und Grünen ereiferten sich heftig über diese Ungeheuerlichkeiten, doch dann geschah nichts. Ein Antrag, den Spitzensteuersatz wieder heraufzusetzen, wurde weder im Bundestag noch im Bundesrat gestellt. Wundert sich da noch jemand, wenn die Bürger sich angewidert von der Politik abwenden und nicht mehr zur Wahl gehen?

Die oberen Zehntausend haben im Gegensatz zu den Arbeitnehmern die Möglichkeit, durch die Ausnutzung von Steuerschlupflöchern ihre Steuern zu drücken. In der *Berliner Zeitung* wurde einem Immobilienbesitzer die Frage gestellt, ob er denn nicht unter der Steuerlast ächzen würde. Seine Antwort: »Überhaupt nicht. Wer clever ist, braucht nur wenig zu zahlen.« Eine gern genutzte Gelegenheit, die eigenen Steuern zu mindern, sind die Einkommen aus Vermietung und Verpachtung. Sie sind in Deutschland in der Summe immer Verluste. Tüchtige Steuerberater haben hier ein großes Spielfeld, um die Steuerlast ihrer gut betuchten Kunden zu senken.

Ein heiß umkämpftes Feld der Steuerpolitik – neben der Einkommenssteuer – sind die Unternehmenssteuern. Da Betriebe und Konzerne auf die öffentliche Infrastruktur – bestehend aus Schulen, Universitäten, Straßen, Schienen, Flugplätzen, Polizei, Justiz und Feuerwehr – angewiesen sind, ist es nur gerecht, wenn sie sich auch an der Finanzierung dieser Einrichtungen beteiligen. Die Kapitalbesitzer, die oft ohne eigene Leistungen hohe Renditen verdienen, müssen ihren Beitrag zur Erfüllung der Staatsaufgaben leisten, auf der anderen Seite aber sollen die Unternehmen durch Steuern nicht daran gehindert werden, die notwendigen Investitionen zu tätigen. Die Lösung bei diesen einander auf den ersten Blick widersprechenden Zielsetzungen ist einfach: Die Gewinne werden ordentlich besteuert, aber für arbeitsplatzschaffende Investitionen werden hohe Abschreibungsmöglichkeiten eingeräumt. So wird der in Gebäude und Maschinen investierende Unternehmer im Vergleich zu demjenigen belohnt, der sein Glück auf den internationalen Finanzmärkten sucht.

Gegen diesen Grundsatz hat vor allem die letzte Unternehmenssteuerreform verstoßen. Die Körperschaftssteuer – die Steuer für GmbHs und Aktiengesellschaften – wurde auf 25 Prozent gesenkt. Zudem wurden die Kapitalgesellschaften von Steuern auf Gewinne beim Verkauf von Aktien oder anderen Unternehmensbeteiligungen befreit. Und es wurden Steuern erstattet, wenn zuvor einbehaltene Gewinne ausgeschüttet wurden. Dabei hatten die Konzerne sich doch schon selbst geholfen. Sie verlagerten ihre Gewinne zunehmend ins Ausland. Die Konzernentscheidungen fallen in einem Land mit niedriger Steuerquote, zum Beispiel in den Niederlanden, in Großbritannien oder in der Schweiz. Dort sitzt die Holding-Gesellschaft, die das wirtschaftliche Risiko trägt. Bei ihr fällt dann auch der größte Teil des Gewinns an, der im Konzern erwirtschaftet wird – auf dem Papier.

Als die deutschen Steuerbehörden diese so agierenden Firmen zwangen, ihre Berechnungsgrundlagen offen zu legen, kam der Bundesfinanzhof den Steuertricksern zu Hilfe. Er entschied im Jahr 2001, die Unternehmen seien nicht verpflichtet, das Zustandekommen der Verrechnungs- und Transferpreise zu belegen. Seither versucht Hans Eichel durch das Steuervergünstigungsabbaugesetz und eine Gewinnabgrenzungsaufzeichnungsverordnung doch noch an das Geld dieser Firmen zu kommen. Der Erfolg ist mäßig. Triumphierend schrieb die *FAZ*: »Wer kann, nimmt Reißaus vor dem deutschen Fiskus. Und was unbedingt noch in Deutschland erledigt werden muss, wird mit legalen Tricks so umgestaltet, dass der meiste Gewinn der Konzerne in Niedrigsteuerländern anfällt ... Unternehmen sind einfach zu mobil geworden, als dass sich aus deren Abgaben allein ein Gemeinwesen finanzieren ließe.«

Das Aufkommen aus Unternehmenssteuern prozentual zum Bruttoinlandsprodukt war im Jahr 2002, nach einem Bericht der OECD, in Deutschland mit einem Prozent so gering wie in keiner anderen modernen Volkswirtschaft der Welt. Und dennoch fordern die Wirtschaftsverbände nahezu täglich Steuersenkungen für die Unternehmen – und beteiligen sich zugleich mit frommem Augenaufschlag an der Patriotismusdebatte.

Ein Skandal ist es, dass das deutsche Unternehmenssteuerrecht den Export von Arbeitsplätzen begünstigt. Wenn eine deutsche Firma eine Tochter im Ausland gründet, kann sie viele anfallende Kosten mit den in Deutschland erwirtschafteten Gewinnen verrechnen. Ist die Auslandsinvestition ein Reinfall, dann können die Verluste in Deutschland gewinnmindernd geltend gemacht werden. Das haben nach einigen Jahren auch die Grünen gemerkt. Auf ihrem Kieler Parteitag im Oktober 2004 forderten sie die Abschaffung der Abschreibungsmöglichkeiten für Investitionen im Ausland. Es sei nicht einzusehen, warum die Kosten von Unternehmensverlagerungen ins Ausland vom deutschen Steuerzahler mitfinanziert werden. Das ist richtig. Aber was haben die Grünen bisher getan?

»Im Mittelpunkt der Unternehmenssteuerreform steht die nachhaltige Verbesserung der steuerlichen Rahmenbedingungen für Wachstum und Beschäftigung«, schrieb die Bundesregierung damals zur Begründung dieser Reform. Die viel gepriesene Reform war ein Schlag ins Wasser. Das Wirtschaftswachstum kam zum Erliegen, die Arbeitslosigkeit stieg weiter an, auch die Gewinnsteuern brachen ein. Zahlten die Kapitalgesellschaften im Jahr 2000 noch 37,1 Milliarden Euro Gewinnsteuern, so waren es 2001 nur noch 20,5 Milliarden Euro, 2002 15,9 Milliarden Euro, 2003 17,3 Milliarden Euro und 2004 22,4 Milliarden Euro. In vier Jahren verlor der Staat also rund rund 70 Milliarden Euro Einnahmen. Davon unbeeindruckt erzählen die Unternehmerverbände und ihre Handlanger permanent das Märchen von den viel zu hohen Steuerlasten der Wirtschaft. Und wenn man auf den gigantischen Rückgang der von den Unternehmen bezahlten Steuern verweist, dann klagen sie über den Einbruch ihrer Gewinne.

Auch das ist gelogen, wie die Autoren Lorenz Jarass und Gustav M. Obermair in einer 2004 veröffentlichen Studie dargelegt haben. Die Gewinne sind nämlich weiter gestiegen: Umfassten sie im Jahr 2000 285 Milliarden Euro, waren es 2001 293 Milliarden Euro, 2002 301 Milliarden Euro und 2003 303 Milliarden Euro. Aber die auf die Gewinne tatsächlich bezahlten Steuern fielen von knapp zwanzig Prozent nach der grandiosen Steuerreform 2000 auf nur noch zehn Prozent in den Jahren 2001 bis 2003. Man sieht, dass der nominale Steuersatz, den die Unternehmen für ihre Propaganda heranziehen, mit der Wirklichkeit nichts zu tun hat. Für die Kapitalgesellschaften beträgt er 38 Prozent, bezahlt werden im Durchschnitt aber nur zehn Prozent. (Zur Erinnerung: Die Arbeitnehmer mit den geringsten Löhnen müssen für den ersten zu versteuernden Euro 15 Prozent zahlen.) Und da die Schulden in der Folge dieser Großzügigkeit immer weiter wuchsen, wurden die Artisten unter der Reichstagskuppel ratlos. Und dann verkündete der Kanzler die Agenda 2010 und brachte die Hartz-Gesetze auf den Weg. Die Unternehmen und die Einkommensmillionäre jubelten und riefen dem Kanzler zu: »Halte stand!«

Sinnvoller wäre es gewesen, den privaten Haushalten das

Absetzen von Handwerkerrechnungen ganz oder teilweise zu erlauben. Die bisherigen Regelungen sind diesbezüglich viel zu zaghaft. Jeder Steuerzahler, der eine haushaltsnahe Dienstleistung von einem selbständigen Unternehmer erbringen lässt, darf bis zu 600 Euro steuermindernd geltend machen. Das ist nur ein Tropfen auf den heißen Stein.

Die meisten privaten Haushalte können sich Handwerker nicht mehr leisten, weil die Handwerksstunde oft mit 45 Euro berechnet wird. Deshalb blüht bei uns die Schwarzarbeit, nicht wegen der angeblich so hohen Lohnnebenkosten. Da fragt man sich, warum unsere neoliberalen Reformer täglich über die Arbeitskosten im verarbeitenden Gewerbe von 27 Euro pro Stunde klagen, während ihnen der Handwerkerstundensatz von 45 Euro kein Dorn im Auge ist? Und wie sollen Leute, die Ein-Euro-Jobs in Anspruch nehmen, überhaupt einen Handwerker bezahlen? Das Handwerk hat in den vergangenen Jahren mehr als zwanzig Prozent seiner Beschäftigten verloren. Heute sind nur noch 4,9 Millionen Menschen in rund 840 000 Handwerksbetrieben beschäftigt. Vor elf Jahren machten diese noch 512 Milliarden Euro Umsatz. 2004 waren es nur noch 460 Milliarden, und der Trend hält an.

Sozialstaat für alle

»Wahr ist nur, dass eine soziale Marktwirtschaft keine Marktwirtschaft, ein sozialer Rechtsstaat kein Rechtsstaat, ein soziales Gewissen kein Gewissen, soziale Gerechtigkeit keine Gerechtigkeit und ich fürchte auch eine soziale Demokratie keine Demokratie ist.« Dies schrieb einmal der bereits erwähnte Nationalökonom Friedrich August von Hayek, auf den sich die neoliberalen Propheten aller Länder berufen. Die Mütter und Väter unseres Grundgesetzes waren da aber ganz anderer Ansicht.

Nach Artikel 20, Absatz 1 des Grundgesetzes ist die Bundesrepublik ein demokratischer und sozialer Bundesstaat. Der Sozialstaat ist ein zentrales Ordnungsprinzip unserer Verfassung. Und damit niemand auf die Idee kommt, diesen abzuschaffen, heißt es in demselben Artikel, Absatz 4: »Gegen jeden, der es unternimmt, diese Ordnung zu beseitigen, haben alle Deutschen das Recht zum Widerstand, wenn andere Abhilfe nicht möglich ist.« Nicht zufällig spricht das Grundgesetz von einem »demokratischen und sozialen Bundesstaat«.

Die Idee der Freiheit und die Idee der sozialen Gerechtigkeit sind untrennbar miteinander verbunden. Übersteigt die

Ungleichheit ein bestimmtes Maß, dann nimmt die Unfreiheit in einer Gesellschaft zu. Je größer die Unterschiede bei Einkommen und Vermögen sind, umso größer ist die Zahl derjenigen, deren soziale Lage sie nicht zu einem freien und selbstbestimmten Leben befähigt. Nur wenn diejenigen, die viel haben, denen, die wenig haben, etwas abgeben, wenn also soziale Verantwortung zum Zusammenhalt der Gesellschaft beiträgt, dann sprechen wir von einem sozialen und demokratischen Staat. Den Neoliberalen müsste es eigentlich in den Ohren klingeln, wenn sie das Grundgesetz lesen. Nach diesem sind alle Deutschen zum Widerstand aufgerufen, wenn der von der Verfassung garantierte Sozialstaat abgeschafft werden soll.

Das soziale Netz, das diejenigen auffängt, die kein oder ein nur geringes Einkommen haben und ohne Vermögen sind, ist die Sozialhilfe. Sie ist aus der Armutshilfe hervorgegangen. Sie stellt sicher, dass in unserem Sozialstaat niemand verhungern muss, dass jeder ein Dach über dem Kopf hat, dass alle ordentlich gekleidet sind und dass sie im Fall einer Krankheit ärztlich versorgt werden. Wer Sozialhilfe bezieht, kann in Deutschland ein bescheidenes Leben führen. Wer den Menschen eine Bezahlung unterhalb der Sozialhilfe anbietet, wird kaum jemanden finden, der dieses Angebot annimmt. In der Theorie soll daher die Sozialhilfe immer unter den niedrigsten Löhnen liegen. Wenn aber die Löhne so weit absinken, dass ein Job nicht mehr ausreicht, um den Lebensunterhalt bestreiten zu können, dann kann man die Sozialhilfe nicht noch niedriger ansetzen. Sie würde dann ihren Zweck nicht mehr erfüllen. Niedrige Löhne und eine ausreichend bemessene Sozialhilfe geraten in einer solchen Situation folglich miteinander in Konflikt.

Wer einen sehr niedrigen Lohn erhält, wird immer versucht sein, nicht mehr zu arbeiten, weil die Sozialhilfe genauso viel bringen würde. Und wer Sozialhilfe bekommt, wird keinen neuen Job annehmen, der ihn nicht besser stellt. An dieser Nahtstelle des Sozialstaates gibt es keine befriedigende Lösung. Wie schon erwähnt, sind Mindestlohn und der seit Jahren eingeschlagene Weg, die Annahme einer Arbeit für Sozialhilfeempfänger dadurch interessant zu machen, dass ein Teil des Zuverdienstes bei ihm bleibt, die richtige Antwort. Im Jahr 2002 bezogen 2,76 Millionen Bundesbürger Sozialhilfe. Die Ausgaben inklusive der Hilfe für besondere Lebenslagen betrugen 24,7 Milliarden Euro.

Grundverschieden von der Sozialhilfe ist die Sozialversicherung. Bei ihr geht es darum, wie sich die Beschäftigten und ihre Familienangehörigen für ihr Alter, für den Fall einer Erkrankung oder eines Unfalls oder für den Fall der Arbeitslosigkeit absichern. Die Arbeitnehmer wollen in keinerlei Hinsicht eine Vermengung des Sozialhilfesystems mit der Sozialversicherung. Der eingangs erwähnte 53-jährige Bauzeichner, der nach 35 Jahren Arbeit und vierjähriger vergeblicher Jobsuche das so genannte Arbeitslosengeld II bezieht, hat seine Abwehr folgendermaßen beschrieben: »Mit Hartz IV werde ich, der Arbeitsuchende, mit all denen auf eine Stufe gestellt, die gar nicht arbeiten möchten.« Aus diesem Grund war es ein Kardinalfehler, Arbeitslosenhilfe und Sozialhilfe zusammenzulegen. Wenn man nur Kosten kalkuliert und bürokratische Hemmnisse beseitigen will, dann ist der Schritt logisch und vertretbar. Aber es geht in unserer Arbeitswelt nicht nur um Kosten und um organisatorische Entscheidungen. Es geht auch um das Selbstwertgefühl und um die Würde der Menschen.

Wie also sollte die Sozialversicherung organisiert sein? Am einfachsten ist die Frage bei der Rente zu beantworten. Alle Bürger wollen im Alter gut versorgt sein. In den Agrargesellschaften ernährten die Familien die alten Menschen, die nicht mehr arbeiten konnten. In der Industriegesellschaft zahlen die aktiv Beschäftigten für die Ruheständler. Das gilt unabhängig von der Frage, ob die Rente umlagefinanziert ist oder über eine Kapitalrendite gedeckt wird. Wenn niemand arbeitet, bekommt auch der Milliardär für seine Zinsen keine Lebensmittel und kein Auto. Die Altersvorsorge unterstellt also, dass eine Generation nachwächst, die tätig ist, während die Rentenempfänger ihren Lebensabend genießen. Eine Gesellschaft, die ihre Ruheständler ausreichend versorgen will, braucht aber nicht nur Nachwuchs, sondern auch Produktivität, also eine starke Wirtschaft.

Die ganze Debatte um das »demographische Problem«, die »tickende Zeitbombe«, die »drohende Überalterung« unserer Gesellschaft ist interessengeleitet und hat zu falschen Ergebnissen geführt. Wenn beispielsweise vom Erfolg einer Reformmaßnahme in der Kostensenkungsrepublik Deutschland die Rede ist, dann heißt es nicht, den Alten wird es besser gehen, oder die Kranken werden gut versorgt sein, oder die Arbeitslosen werden leichter einen Arbeitsplatz finden, sondern es wird immer nur gesagt, die Lohnnebenkosten sinken, bleiben konstant oder steigen nicht. Sie, die Bestandteil der Löhne sind, sind zum Gradmesser jeder Reform geworden, weil sie Kosten sind und das Kostensenken zum zentralen gesellschaftlichen Anliegen erhoben wurde. Hätten wir die Steigerung der Produktivität und der Qualität der Produkte in unserer ökonomischen Debatte zur wichtigsten Aufgabe gemacht, dann sähe die Welt anders aus. Der Erfinder denkt eben anders als der Buchhalter.

Warum der Produktivität eine so große Bedeutung zukommt, zeigt die Geschichte der Agrarwirtschaft. Im 19. Jahrhundert konnte sich ein Bauer gerade mal selbst mit den lebensnotwendigen Gütern am Leben halten. Um 1950 ernährte eine Arbeitskraft in der Landwirtschaft 14 andere Menschen, und heute reicht die Tätigkeit eines Bauern aus, um 88 Menschen zu versorgen. An diesem einfachen Beispiel kann man bestens die Schieflage der Rentendebatte in Deutschland erkennen, da bei ihr immer nur die Zahl der aktiv Beschäftigten zur Zahl der Rentner in Beziehung gesetzt und die Produktivität ausgeklammert wird.

»Wir müssen anerkennen und aussprechen, dass die Altersentwicklung unserer Gesellschaft, wenn wir jetzt nichts ändern, schon zu unseren Lebzeiten dazu führen wird, dass unsere vorbildlichen Systeme der Gesundheitsversorgung und der Alterssicherung nicht mehr bezahlbar sind.« Dies sagte Bundeskanzler Gerhard Schröder auf einem Sonderparteitag der SPD im Juni 2003. Aber nicht nur die Altersentwicklung entscheidet über die Bezahlbarkeit eines Systems, sondern, wie das Beispiel der Landwirtschaft zeigt, vor allem die Produktivitätsentwicklung. In den alten Bundesländern erzeugen wir mit nur noch achtzig Prozent der Arbeitsstunden ein dreimal so hohes Bruttoinlandsprodukt wie im Jahr 1960. Die Stundenproduktivität hat ständig zugenommen, und der zu verteilende Kuchen ist somit immer größer geworden. Zeitweilig redeten Berliner Politiker aller Parteien davon, in Zukunft gäbe es nichts mehr zu verteilen, weil die Wirtschaft nicht mehr wachse. Das ist schlichter Unsinn.

Die Prognos-Studie, der verschiedene Zukunftsszenarien für die Rente zugrunde liegen, geht von einer jährlichen Steigerung der Produktivität von 1,8 Prozent aus. Zurzeit wird je Einwohner der Bundesrepublik Deutschland jährlich ein »Kuchen« in einem Wert von 25 500 Euro gebacken. Nach der erwähnten Prognose wird der Kuchen pro Einwohner bei einer gleich bleibenden Erwerbsquote im Jahre 2050 mehr als doppelt so groß, nämlich 52 000 Euro wert sein. Der Wohlstand pro Kopf verdoppelt sich also. Wie in der Landwirtschaft kann damit ein einzelner Beschäftigter mehr Menschen versorgen als heute. Das von der Versicherungswirtschaft gesponserte Feldgeschrei über die demographische Zeitbombe wäre in dieser dramatischen Form nur berechtigt, wenn die der Marktwirtschaft innewohnende Produktivitätssteigerung in Zukunft wegfiele. Davon kann keine Rede sein.

Neben dem Produktivitätsfortschritt ist die Zahl der Erwerbstätigen für die Zukunft der Rentner bedeutsam. Hohe Arbeitslosenzahlen reißen Löcher in die Kassen der Sozialversicherung. Eine gute Wirtschaftspolitik, die zu mehr Beschäftigung führt, spült mehr Beiträge in die Rentenkasse. Den deutschen Reformern möchte man Clintons einstige Wahlkampfparole entgegenhalten: »It's the economy, stupid.« Es ist die Wirtschaft, Dummkopf!

Natürlich muss bei steigender Lebenserwartung das Renteneintrittsalter erhöht werden. Aber unsere Reformer und Modernisierer, vor allem im Unternehmerlager, machen das Gegenteil. Die Frühpensionierung war viele Jahre ein beliebtes Mittel zur Kostensenkung in Konzernen. Die öffentlichen Kassen sollten den Personalabbau bezahlen. Und heute ist es für einen Menschen über fünfzig fast nicht möglich, wieder Arbeit zu finden. Der weit verbreitete Jugendwahn führt dazu, dass die Erfahrung der Älteren, die sie oft produktiver sein lässt als Jüngere, nicht mehr geschätzt wird. Die Hälfte der deutschen Betriebe beschäftigt keinen Arbeitnehmer über fünfzig Jahre.

Norbert Blüms vielfach verspotteter Satz: »Die Rente ist sicher«, hat natürlich einige Voraussetzungen. Damit die Rente tatsächlich sicher ist, muss die Wirtschaft laufen, die Menschen müssen Kinder kriegen, die Produktivität muss steigen – und das für das Alter gesparte Geld muss sicher angelegt sein. Aber wo ist das Geld gut aufgehoben? Im Sparstrumpf nur dann, wenn es keine Inflation gibt, bei Banken und Versicherungen, wenn es nicht verzockt wird, in Betriebsrenten und Pensionsfonds nur, wenn es verantwortlich verwaltet wird. Im Zeitalter des Neoliberalismus ist gerade Letzteres aber immer weniger gewährleistet.

Ist Verantwortung für andere zur Eigenverantwortung zusammengeschrumpft, dann ist der Schritt zu einem skrupellosen und selbstsüchtigen Verhalten nicht mehr groß. United Airlines beispielsweise gehörte im Jahr 2000 zu den Unternehmen, die deutlich gemacht haben, wie gefährdet Rentenansprüche aus Betriebsrenten und Pensionskassen im Neoliberalismus sind. Nachdem Angestellte und Pensionäre bereits deutlichen Kürzungen ihrer Gehälter und Ruhestandsbezüge zugestimmt hatten, sollten noch einmal 500 Millionen Dollar aus der Pensionskasse der Fluglinie genommen werden. Von den einst 112 000 Pensionsfonds in den USA sind gerade noch 32 000 übrig geblieben. Das Risiko, im Alter ordentlich versorgt zu sein, wird im Land der unbegrenzten Möglichkeiten immer mehr auf den Einzelnen abgewälzt.

Die Bilanzskandale der letzten Zeit, die Verluste bei Pensionsfonds und Betriebsrenten weltweit haben gezeigt: Die umlagefinanzierte Rente war eine geniale Erfindung. Wenn die aktiv Beschäftigten pro Monat von ihrem Lohn Geld abgeben, um die Rentner zu finanzieren, dann ist die Gefahr, dass das Geld durch Inflation entwertet oder durch verantwortungslose Verwalter verspielt wird, am geringsten. Ob man diese Umlage nun Beitrag, Steuer oder Abgabe nennt, das ist nicht von Bedeutung. Entscheidend ist vielmehr, dass die Aktiven von ihrem Monatseinkommen etwas für die Rentner abgeben. Wenn man diesen Gedanken billigt, dann muss beantwortet werden, wer wie viel monatlich einzahlt und wer wie viel monatlich aus der Rentenkasse erhält.

Unser Nachbarland, die Schweiz, hat auf diese Fragen eine gute Antwort gegeben – ihr Rentensystem hat sich bewährt. Alle Menschen, die ein Einkommen beziehen, gleich welcher Art, zahlen in die Rentenkasse, und all diese Personen haben dann als Ruheständler einen Anspruch von – umgerechnet – 1000 bis 2000 Euro, je nachdem wie hoch ihr

Beitrag in der aktiven Zeit war. Das System hat gegenüber der deutschen Rentenversicherung den Vorteil, dass sämtliche Erwerbstätigen, auch Beamte und Selbstständige, in dieses einzahlen und zudem alle Einkunftsarten – also auch Vermögenseinkünfte wie Mieteinnahmen oder Dividenden – dazu herangezogen werden. Die Schweizer Rentenversicherung garantiert somit eine Art Grundrente, die über eine steuerähnliche Abgabe finanziert wird. Jeder zahlt den gleichen Prozentsatz seines Einkommens in die Rentenkasse; zurzeit sind das neun Prozent. Das Schweizer Modell ist ein Umverteilungssystem oder ein Rückverteilungssystem, wenn man wie ich davon ausgeht, dass Managergehälter im Vergleich zu Arbeitnehmerlöhnen nicht leistungsgerecht sind. Wer in der Schweiz ein Jahreseinkommen von zehn Millionen Euro hat, zahlt 900 000 Euro pro Jahr in die Rentenkasse. Später hat er dann aber nur einen Anspruch auf eine Jahresrente von 24 000 Euro. Unabhängig davon kann sich jeder Schweizer Bürger, wenn er über das notwendige Geld verfügt, eine Betriebsrente aufbauen und sich eine kapitalgedeckte Altersversorgung sichern.

Eine wirkliche Rentenreform in Deutschland muss nach dem Vorbild der Schweiz gestaltet sein. Sie würde auch ein Anliegen aufgreifen, das den neoliberalen Modernisierern am Herzen liegt. In der Schweiz entfallen nämlich die Arbeitgeberbeiträge, da das Gesamteinkommen des Einzelnen zur Berechnung der Rentenbeiträge herangezogen wird; eine Beitragsbemessungsgrenze wie in Deutschland gibt es nicht. Eine solche Rentenreform würde auch einen Strukturfehler der Gesetzgebung Adenauers aus dem Jahr 1957 beseitigen. Sein damaliger Ideengeber, der Geschäftsführer des Bundes Katholischer Unternehmer, Wilfried Schreiber, hatte zwar vorgeschlagen, alle, die Einkommen beziehen, sollten in die Rentenkasse einzahlen. Aber die Wohlhabenden hatten schon in der Koalition Adenauers eine starke

Lobby. Wie zu Bismarcks Zeiten mussten sie sich auch im Nachkriegsdeutschland kaum an der Finanzierung der Sozialversicherung beteiligen. Wilfried Schreiber hatte sich bei seinen Vorschlägen an der Großfamilie orientiert, in der die aktiv Tätigen die Alten und die Kinder ernähren. Für die Kinder sollte eine Familienkasse eingerichtet werden. Aber der alte Adenauer sagte: »Kinder kriegen die Leute immer.« Seit die Geburtenzahlen deutlich zurückgehen, lernen wir: Eine Sozialversicherung, die die besser Verdienenden außen vor lässt und keine ausreichende Unterstützung für die Kinder vorsieht, scheitert an ihren Fehlern.

Dieses Prinzip, nach dem alle Menschen, die Einkommen beziehen, auch in die Rentenkasse einzahlen, sollte auch auf die Krankenversicherung übertragen werden. Bei der Reform der Krankenversicherung darf es wiederum nicht zuallererst um das Absenken der Lohnnebenkosten gehen. Vielmehr muss bei ihr eine ausreichende gesundheitliche Versorgung, die dem Stand der medizinischen Wissenschaft entspricht, für alle Staatsbürger sichergestellt sein.

Der grundsätzliche Unterschied zur Rentenversicherung fällt hierbei aber sofort ins Auge. Viele Menschen besitzen eine gute Gesundheit und nehmen die Leistungen der Krankenkasse selten in Anspruch. Immer wieder treffe ich Leute, die mir erzählen, sie wären während ihres ganzen Berufslebens so gut wie nie krank gewesen. Andere müssen mit chronischen Leiden leben und sind daher auf eine ständige gesundheitliche Betreuung angewiesen. Aus eigenen Mitteln könnten sie das nicht bezahlen. In der Rentenversicherung sorgt also jeder für sein Alter vor, in der Krankenversicherung zahlen die Gesunden für die Kranken.

Es kommt mir erbärmlich vor, wenn die Diskussion über die Krankenversicherungsreform auf die Lohnnebenkosten reduziert wird. Zuerst geht es doch um die Gesundheit, die nach allgemeiner deutscher Redensart das Wichtigste ist, was der Mensch hat. Für diese Gesundheit sollten wir durchaus auch Geld ausgeben, mehr jedenfalls als für den vielen anderen Krempel, der in unserer Wohlstandsgesellschaft auch dazugehört. Der Gesundheitssektor ist ein mit hohen Raten wachsender Wirtschaftsbereich, der Produktivitätsgewinne und steigende Einkommen garantiert. Zudem ist er in einem Land mit hoher Arbeitslosigkeit auch ein nicht zu vernachlässigender Beschäftigungsbereich, insbesondere dann, wenn man die Pflege mit einbezieht.

Die Funktion der Pflegeversicherung ähnelt der der Krankenversicherung. Diejenigen, die sich bis ins hohe Alter selbst behelfen können, zahlen für diejenigen, die nicht mehr dazu in der Lage sind, sich ganz oder nur noch teilweise zu versorgen. Wer in diesem Leistungsbereich kürzt, baut Arbeitsplätze ab. Als ich in einem Interview auf diesen simplen Zusammenhang hinwies, wurde ich in einem Leserbrief als reformunwilliger Betonkopf gebrandmarkt. Die Debatte ist so sehr von Vorurteilen überfrachtet, dass viele Diskussionsteilnehmer nicht einmal mehr einfache Sachverhalte zur Kenntnis nehmen wollen.

Unsere Gesundheit ist das Hauptanliegen, ein wichtiger Nebeneffekt ist die Beschäftigung auf diesem Sektor. Daneben gibt es aber noch einen weiteren Grund, im Gesundheitsbereich nicht an der falschen Stelle zu sparen: den technischen Fortschritt. Die moderne Medizin, angefangen von der Einwicklung eines Medikaments bis hin zu den kompliziertesten Apparaten in der Chirurgie, von der Stammzellenforschung bis zur Bekämpfung von Depressionen, gehört zu den wichtigsten Wirtschaftsbereichen der Zukunft. Die deutschen Hersteller auf dem Gebiet der Medizintechnik erzielten im ersten Halbjahr 2004 im Ausland einen Umsatzzuwachs von mehr als zehn Prozent, während der Absatz in Deutschland stagnierte. Siemens ist in dieser Branche weltweit die Nummer zwei, mit einem Geschäftsvolumen von sieben Milliarden Euro. Bei einer Umsatzrendite von fast 15 Prozent gehört die Sparte Medizintechnik zu den ertragsstärksten Bereichen des Konzerns.

Nicht ohne Grund liegen die oft zum Vorbild genommenen Vereinigten Staaten mit ihren Gesundheitsausgaben pro Kopf der Bevölkerung an der Spitze. Gleichwohl aber brauchen wir Maßnahmen zur Kostendämpfung im Gesundheitswesen. Denn für Menschen mit geringem Einkommen müssen die Beiträge bezahlbar bleiben. In unserer Kostensenkungsrepublik steht dieser Gesichtspunkt aber leider an erster Stelle. In einer humanen Gesellschaft, die den Menschen und sein Wohlergehen in den Mittelpunkt stellt, ist er ein wichtiger, aber nicht der zentrale Punkt.

Wie bei jedem Solidarsystem besteht die Gefahr der missbräuchlichen Ausnutzung. Die Flut überflüssig verschriebener Pillen und die Inanspruchnahme zu vieler Kuren sind nur herausgehobene Beispiele einer nicht zu leugnenden Fehlentwicklung im Gesundheitswesen. Die Selbstbeteiligung der Patienten bei Arzneimitteln ist eine Möglichkeit, die Menschen davon abzuhalten, sich vom Arzt vieles auf Vorrat verschreiben zu lassen. Doch die Praxisgebühr, die von der CDU/CSU in die Gesundheitsreform hineinverhandelt wurde, ist da schon problematischer. Menschen mit wenig Geld sind versucht, auch dann nicht zum Arzt zu gehen, wenn es dringend notwendig wäre.

Der Wettbewerb unter den Anbietern medizinischer Leistungen – Apotheken, Krankenhäuser und Ärzte – kann Kosten dämpfen. An dieser Stelle zeigt sich etwas Verblüffendes: Die Partei in Deutschland, die sich am meisten für die Privilegien der Pharmaindustrie, der Apotheker und Ärzte einsetzt, ist die FDP. Sie, die sich selbst zum marktwirtschaftlichen Gewissen der Republik stilisiert, erhält nämlich von der Arzneimittel-Industrie hohe Spenden. Sie gebärdet sich wie eine staatsgläubige sozialistische Partei, wenn sie bei ihrer Klientel für staatlich festgesetzte Preise (Gebührenverordnung) und staatlich festgesetzte Löhne (Honorarverordnung) eintritt. Nur wenn es um die Arbeitnehmer, vor allem um die Tarifverträge im Niedriglohnbereich geht, dann wandelt sich die FDP zur marktradikalen Partei und wettert gegen Tarifkartell und Lohndiktat. Bei Stundensätzen von 50 Euro will sie keinen Wettbewerb. Bei Stundensätzen von fünf Euro kann der Wettbewerb nicht scharf genug sein. Wäre die FDP auch nur einigermaßen konsequent und glaubwürdig, dann müsste sie sämtliche Standesprivilegien der freien Berufe in Form von Honoraren und Gebühren in Frage stellen.

Neben dem Wettbewerb der Anbieter kann auch die Positivliste bei Medikamenten die Ausgaben dämpfen. Der Patient weiß nicht, ob ein in Werbeanzeigen hoch gelobtes Medikament seinen Zweck wirklich erfüllt – im Gegensatz zu den Gütern des täglichen Bedarfs, bei denen er sich auskennt. Weil die Informationen für die Patienten so unzureichend sind, kann der Wettbewerb im Gesundheitswesen nur in einem bedingten Ausmaß funktionieren. Der Staat muss deshalb ergänzend, beispielsweise über Begrenzungen wie die Positivliste, den ausufernden Gesundheitsausgaben Schranken setzen.

Mehr noch als bei der Rente ist bei der Krankenversicherung der Solidargedanke die Grundlage des Systems. Wenn von dem Solidarprinzip ausgegangen wird, dann ist eine Kopfpauschale systemwidrig. Das Solidarprinzip verlangt, dass diejenigen, die viel Geld haben, mehr in die Krankenkassen einzahlen als diejenigen, denen wenig Geld zur Verfügung steht. Wie bei dem Schweizer Rentensystem müssen bei der Erhebung der Krankenkassenbeiträge alle Einkünfte herangezogen werden. Nur dann kann man von einer Bürgerversicherung sprechen.

Neues Steuer- und Abgabensystem

Die Reformdiskussion in Deutschland hat bisher eine entscheidende Frage ausgeklammert: Wer trägt in welchem Umfang zur Finanzierung des Staates bei? Zu lange haben wir nur auf die Lohn- und Einkommenssteuer gestarrt. Und stolz meldet die Bundesregierung, dass jeder vierte Bürger keine Lohn- und Einkommenssteuer zahlt. Wichtiger aber als diese Steuer sind die Sozialabgaben. Nimmt man die Sozialabgaben und die Lohn- und Einkommenssteuer zusammen, dann stellt man fest, dass der durchschnittlich verdienende Arbeitnehmer prozentual mehr zur Finanzierung der Staatsaufgaben beiträgt als der Einkommensmillionär. Das ist auch dann ein Widerspruch zum Grundgesetz, wenn die beamteten Verfassungsrichter, die keine Sozialbeiträge zahlen, sich lieber mit der Lohn- und Einkommenssteuer beschäftigten.

Bei diesem Eifer der Karlsruher Richter wurde der Halbteilungsgrundsatz geboren, also die Idee, dass der Staat niemandem mehr als die Hälfte seines Einkommens wegnehmen könne. Gilt das nur für den Einkommensmillionär oder sind auch die Normalbürger gemeint? Diese Frage müsste man einmal den Verfassungsrichtern stellen. Die

Durchschnittsverdiener zahlen nämlich von vornherein 42 Prozent in die Sozialkassen – oder wenn man den Arbeitgeberbeitrag richtigerweise zum Arbeitnehmerlohn dazurechnet, dann sind es rund 35 Prozent ihres Einkommens. Der Einkommensmillionär zahlt 42 Prozent Einkommenssteuer. Großzügig gerechnet kommen mit Ergänzungsabgabe und Beiträgen zu den Sozialsystemen weitere fünf Prozent dazu, sodass er mit etwa 47 Prozent belastet ist. Wenn nun ein Arbeitnehmer zu seinen rund 35 Prozent Sozialabgaben mehr als zwölf Prozent Lohnsteuern zahlt, dann ist sein Obolus für die Gemeinschaft größer als der des Millionärs. Nach der Steuertabelle 2005 trifft das bei ledigen Arbeitnehmern ohne Kinder ab 25 000 Euro Jahreseinkommen und bei verheirateten Arbeitnehmern ohne Kinder ab 45 000 Euro Jahreseinkommen zu. Und geht man in der Steuertabelle bei den Einkommen noch etwas höher, dann wird bei der Summe von Sozialabgaben und Steuern auch der Halbteilungsgrundsatz verletzt.

Nun kann man die Besserstellung der Millionäre, die darin besteht, dass sie etwas mehr als ein Prozent ihres Einkommens in die Rentenversicherung zahlen, bei der Rente noch rechtfertigen, weil es sich bei der Altersvorsorge um eine individuelle Absicherung handelt. Nicht begründen kann man, warum viele Arbeitnehmer, die nicht arbeitslos waren, kaum krank waren und die Leistung der Pflegeversicherung nicht in Anspruch genommen haben, mit rund 21 Prozent – respektive 17,5 Prozent ihres Lohnes – zur Finanzierung des Solidarsysteme beitragen, während der Millionär wiederum nur knapp ein Prozent seines Einkommens in diese Kasse abführen muss. Bei dieser Betrachtung ist noch nicht berücksichtigt, dass bei der Einkommenssteuer Verluste geltend gemacht werden können, bei den Sozialbeiträgen jedoch nicht. Der Einkommensmillionär – ich hatte das schon erwähnt – kann also, wenn er geschickt die

Abschreibungsmöglichkeiten nutzt, seine Steuern und Abgaben auf beinahe null reduzieren. Der Normalverdiener zahlt 35 Prozent Sozialbeitrag und zusätzlich seine Lohnsteuer, die nicht durch Anteile an Schiffs-, Flugzeug- oder Filmfonds gemindert wird. Die ungleiche Vermögensverteilung in Deutschland wird durch das ungerechte Steuer- und Abgabensystem massiv gefördert.

Eine Jahrhundertreform bei unserem Steuer- und Abgabensystem wäre es, alle Einkommensbezieher in einem gleichen prozentualen Umfang an der Finanzierung unseres Sozialstaates zu beteiligen. Das würde bedeuten: Alle, auch die Beamten und Selbstständigen, werden wie die Durchschnittsverdiener verpflichtet, 35 Prozent ihrer Einkünfte abzuführen. Dieser Vorschlag umfasst die Einführung des Schweizer Rentenmodells in Deutschland. Eine Alternative dazu wäre es, alle, die Einkünfte haben, mit 17,5 Prozent an der Finanzierung der Arbeitslosen-, Kranken- und Pflegeversicherung zu beteiligen. Gegen diesen Vorschlag können die Wohlhabenden keine ernst zu nehmenden Argumente vorbringen. Was für die Bandarbeiter in einer Automobilfabrik recht ist, muss auch für die Vorstände dieser Branche billig sein.

Es war im Übrigen nicht immer so, dass die Einkommensmillionäre – was Steuern und Abgaben angeht – besser gestellt waren als das Volk. Noch als die rot-grüne Regierung ins Amt kam, zahlte der steuerehrliche Einkommensmillionär mit 53 Prozent Spitzensteuersatz – plus Solidarzuschlag, plus Sozialbeitrag – mehr in die öffentlichen Kassen als die Chauffeure des Ministers. Weil die Rot-Grünen wie die Schwarz-Gelben diesen Zusammenhang aber nicht sahen, reformierten sie, bis der Facharbeiter höher belastet war als der Einkommensmillionär.

Will man diese himmelschreiende Schieflage der neoliberalen Reformpolitik ändern, dann wäre es auch ein Weg, den Spitzensteuersatz, wie in Belgien, Dänemark, Finnland, Frankreich, den Niederlanden und Schweden, wieder über 50 Prozent zu heben. Besser aber ist es, alle Einkommensbezieher nach den oben gemachten Vorschlägen an der Finanzierung der Gemeinschaftsaufgaben zu beteiligen. Im Grundgesetz steht nämlich nicht, dass die Bundesrepublik nur für die Arbeitnehmer ein Sozialstaat ist, während der gut verdienende Rest sich vor der Finanzierung dieser Aufgabe drücken kann.

Selbstverständlich braucht eine solche Jahrhundertreform, wenn sie umgesetzt wird, entsprechende Übergangsvorschriften und Anpassungszeiten. Die oben angegebenen Sätze könnten sinken, weil der Kreis der Beitragszahler erweitert und um die besser Verdienenden ergänzt wird. Auch wäre es überlegenswert, den bei den Steuern geltenden Grundfreibetrag auch für die Sozialbeiträge zu übernehmen. Aber auf diese Details kommt es hier nicht an. Entscheidend ist der Grundsatz: Alle sollen in einem gleichen prozentualen Umfang an der Finanzierung der Gemeinschaftsaufgaben, zu denen die Solidarsysteme gehören, beteiligt werden.

Die Kopfpauschalensolidarität, nach der jeder den gleichen Beitrag zahlt, ist ein Betrug. Wenn alle beispielsweise 200 Euro einzahlen würden, dann wären es bei einem Taxifahrer etwa zwanzig Prozent seines Lohnes, bei einem Millionär nur 0,X Prozent seines Einkommens. Einzig die Vertreter des Neoliberalismus können die Parole »Alle zahlen den gleichen Beitrag« in ihrem morschen Lügengebäude als Solidarsystem bezeichnen.

Wann wird unser sozialer und demokratischer Bundesstaat ein Steuer- und Abgabensystem haben, in dem die kleinen Leute nicht stärker belastet werden als die oberen Zehntausend?

In diesem Zusammenhang komme ich noch einmal auf

die Gesundheitsreform zu sprechen: Wenn man die Beitragsbemessungsgrenze in diesem Bereich aufheben will, dann stößt das auf den erbitterten Widerstand der privaten Krankenversicherungen. Sie fürchten, dass ihnen die Felle davonschwimmen. Seitdem sich das Wort »Bürgerversicherung« in der deutschen Öffentlichkeit verankert hat, beglücken uns die privaten Krankenkassen fast täglich mit großen Anzeigen, auf denen prominente Gesichter behaupten: »Wenn es die private Krankenversicherung nicht gäbe, müsste man sie erfinden.«

Ich habe wegen der berüchtigten Stärke ihrer Lobby erhebliche Zweifel, ob im Gesundheitsbereich eine Bürgerversicherung eine Mehrheit in Bundestag und Bundesrat finden kann. Deshalb sind Firmenspenden zu begrenzen, deshalb muss die Bestechung von Abgeordneten ebenso bestraft werden wie die Bestechung von Beamten.

Unsere letzte Gesundheitsreform sagt viel über die Machtverteilung in unserer Gesellschaft und über die Rolle des Bundestages als Volksvertretung aus. Den größten Teil der Kostendämpfung tragen die Patienten, während Pharmaindustrie, Ärzte und Apotheker nur mittelbar durch die sinkenden Umsätze betroffen sind. Wenn in der Krankenversicherung das Prinzip eingeführt werden würde, dass alle Einkunftsarten dazu herangezogen werden und alle, die Einkommen haben, auch bezahlen, dann ist ebenfalls die Entkoppelung der Krankenversicherung von den Arbeitskosten gegeben.

Eine Arbeitslosenversicherung, die ihren Namen verdient

Neben der Renten-, Kranken- und Pflegeversicherung ist heute die Arbeitslosenversicherung für immer mehr Menschen von Bedeutung. Weil die Risiken der Arbeitslosigkeit so schwer einzuschätzen sind, gibt es im Gegensatz zur Renten- und Krankenversicherung kaum ein Angebot privater Kassen, das gegen die Arbeitslosigkeit schützt.

Die Arbeitslosenversicherung hat im Jahr 2003 47 Milliarden Euro eingenommen. Etwa 30 Milliarden wurden für die Arbeitslosenunterstützung gezahlt, 17 Milliarden Euro wurden für beschäftigungspolitische Maßnahmen ausgegeben. Letzteres ist ein Systembruch. Wieso müssen nur die Arbeitnehmer mit ihren Beiträgen beschäftigungspolitische Maßnahmen bezahlen, die Angelegenheit der Allgemeinheit sind?

Auch für die Arbeitslosenversicherung gibt es eine Bemessungsgrenze; im Jahr 2005 lag sie in Westdeutschland bei 5200 Euro und in Ostdeutschland bei 4400 Euro. Eine systematische Reform der Arbeitslosenversicherung beginnt damit, alle Arbeitsbeschaffungsmaßnahmen aus allgemeinen Steuermitteln zu finanzieren. So würden Mittel frei werden, um die Höhe und die Bezugsdauer des Arbeitslosengeldes neu zu regeln. Und wenn man schon etwas zusammenlegen will, dann nicht die Arbeitslosenhilfe mit der Sozialhilfe, sondern das Arbeitslosengeld mit der Arbeitslosenhilfe.

Anspruch auf das Arbeitslosengeld hat, wer in den letzten drei Jahren (ab dem 1. Januar 2006 in den letzten zwei Jahren) vor Beginn der Arbeitslosigkeit an 360 Tagen mehr als 15 Stunden pro Woche versicherungspflichtig gearbeitet hat. Arbeitslose mit einem Kind erhalten 67 Prozent des Nettodurchschnittsentgelts der letzten zwölf Monate, Arbeitslose ohne Kinder 60 Prozent. Die Bezugsdauer für das Arbeitslosengeld beträgt bis zum 55. Lebensjahr zukünftig zwölf Monate, wer älter ist, bekommt es für 18 Monate. Nach dem Auslaufen des Arbeitslosengeldes bestand bisher Anspruch auf Arbeitslosenhilfe. Für Arbeitslose mit einem Kind waren es 57 Prozent, für Arbeitslose ohne Kind 53 Prozent des letzten durchschnittlichen Nettolohns. Mit jedem Jahr der Erwerbslosigkeit wurde aber die Bemessungsgrundlage um drei Prozent gekürzt, sodass sich die Arbeitslosenhilfe von Jahr zu Jahr verminderte. Aus dem bisher Gesagten ist zu entnehmen, dass viele Jahrzehnte lang Arbeitslosengeld und Arbeitslosenhilfe als miteinander zusammenhängende und aneinander anknüpfende Unterstützungszahlungen für Arbeitslose angesehen wurden. Die aus der Armutshilfe hervorgegangene Sozialhilfe hat nun wirklich nichts mit diesen Zahlungen zu tun. Daher ist die jetzige Zusammenlegung der Arbeitslosenhilfe mit der Sozialhilfe willkürlich und letztlich auch systemwidrig.

Von vielen Arbeitslosen wird diese Zusammenlegung als entwürdigend empfunden. Insbesondere ältere Arbeitnehmer erhalten nur einen Bruchteil ihrer eingezahlten Beiträge zurück, bevor sie auf die Sozialhilfe verwiesen werden, die man jetzt Arbeitslosengeld II nennt. Schon hinter dieser Bezeichnung verbirgt sich ein Betrug. Die Sozialhilfe bleibt die »Stütze«, auch wenn man sie jetzt vornehmer getauft hat.

Bei der Rentenversicherung bekommt man das eingezahlte Geld zurück – wenn man nicht vorzeitig stirbt. Bei der Krankenversicherung und bei der Pflegeversicherung ist die Leistung für viele Empfänger oftmals viel höher als die Summe ihrer eingezahlten Beiträge. Nur bei der Arbeitslosenversicherung bekommen gerade die älteren Arbeitnehmer viel weniger Geld zurück, als sie eingezahlt haben. Hat ein Beschäftigter – wie am Anfang des Buches erwähnt – 60 000 Euro zu dieser Versicherung beigesteuert, dann bekommt er nur 10 000 Euro als Arbeitslosengeld zurück, obwohl man ihm bei diesem Guthaben noch weitere fünf Jahre Arbeitslosengeld zahlen müsste.

Nun ist es nicht einfach, alle Ansprüche an die Arbeitslosenversicherung auf einen Nenner zu bringen. Das Arbeitslosengeld soll so bemessen sein, dass der Erwerbslose mit seiner Familie davon leben kann. Und wenn der Betroffene keine Tätigkeit findet, hat die Zahlung über einen längeren Zeitraum zu erfolgen. Auf der anderen Seite soll die Versicherung derart gestaltet sein, dass ein Anreiz besteht, wieder eine Arbeit anzunehmen, um Missbrauchsmöglichkeiten weitestgehend zu begrenzen. Einverständnis besteht darüber, dass derjenige, der eine zumutbare Beschäftigung ablehnt, Kürzungen hinnehmen muss. Aber die Zumutbarkeitsregeln, die die CDU/CSU 2003 im Vermittlungsausschuss durchgesetzt hat, sind nicht zu akzeptieren. Sie müssen durch die bisherigen Regeln ersetzt werden.

Ich hatte als SPD-Vorsitzender schon 1998 bei der Arbeitslosenversicherung Korrekturen angemeldet und auf die Möglichkeit hingewiesen, dass Selbstständige mit einem hohen Einkommen oftmals ihre Lebenspartner beschäftigen, um sie nach einer entsprechenden Frist wieder zu kündigen. In der Folge bekamen diese Lebenspartner Arbeitslosengeld. Um diesen Missbrauch auszuschließen, regte ich Bedürftigkeitsüberprüfungen an. Diesen Vorschlag haben meine Gegner zum Anlass genommen, meine Proteste gegen Hartz IV als unglaubwürdig zu bezeichnen. Anscheinend litten sie dabei an Gedächtnisverlust. Sie erinnerten sich nicht mehr an einen Standardsatz aus dem SPD-Wahlkampf im selben Jahr: »Es ist unwürdig, Menschen, die ein Leben lang gearbeitet haben, am Ende ihres Arbeitslebens auf das Sozialamt zu schicken.« Dieser Gedanke nahm die Beschwerde vieler Deutscher vorweg, die seit Januar 2005 Sozialhilfe statt Arbeitslosenhilfe beziehen.

Man behandelt uns genau wie die, die nie gearbeitet haben, sagen viele ältere Arbeitslose. Daher wäre es sinnvoll, Arbeitslosengeld und Arbeitslosenhilfe wieder zusammenzulegen und die für die Arbeitslosenhilfe bereits angewandten Bedürftigkeitskriterien so lange auf das Arbeitslosengeld zu übertragen, bis ein entsprechendes Guthaben des Arbeitnehmers durch seine Beiträge entstanden ist. In den ersten zehn Jahren – der Zeitraum kann nach oben oder unten variiert werden – sollte schon bei der Auszahlung des Arbeitslosengeldes eine Bedürftigkeitsprüfung eingeführt werden. Der von mir geschilderte Missbrauch, bei dem ein gut verdienender Selbstständiger seine Ehefrau anstellt und sie wieder entlässt, damit sie Arbeitslosengeld bezieht, wäre auf diese Weise verhindert. Junge Leute würden es sich zweimal überlegen, ob sie nach einer kurzen Zeit sozialversicherungspflichtiger Beschäftigung ihre Arbeitslosenzeit unnötig lange ausdehnen und schwarzarbeiten. Und es bestünde bei der Auszahlungsdauer des Arbeitslosengeldes und der Arbeitslosenhilfe ein Spielraum, sich an den wirklich eingezahlten Beiträgen der Arbeitnehmer zu orientieren. Eine derartige Umgestaltung von Arbeitslosengeld und Arbeitslosenhilfe wäre auf jeden Fall viel sinnvoller als das mit Hartz IV bezeichnete Gesetz.

Die hier gemachten Reformvorschläge zur Neugestaltung des Steuer- und Abgabensystems und der Sozialversicherungen stoßen wie alle anderen Reformmodelle auf Einwände. Jedes Lösungsmodell hat Vor- und Nachteile. Aber wenn alle Argumente bedacht worden sind, muss man sich für eine Variante entscheiden. Ärgerlich ist nur, wenn die Befürworter des gegenwärtigen Sozialabbaus behaupten, zu ihrer Politik gäbe es keine Alternative. Diese Behauptung ist für jeden denkenden Menschen eine Zumutung, sie ist stets ein Beleg für Dummheit und Anmaßung. Selbst der US-Kongress beschloss, als die Konjunktur nach dem 11. September 2001 einbrach, die Bezugsdauer des Arbeitslosengeldes von 20 Wochen auf 39 Wochen zu verlängern. Die Amerikaner kennen noch den Zusammenhang von Sozial- und Konjunkturpolitik.

Unabhängig von den hier entwickelten Reformideen ist es notwendig, die Rolle des Sozialstaates für das Selbstverständnis der Nation zu erkennen. Neoliberale Spötter mokieren sich über die Deutschen, weil ihnen der Sozialstaat so wichtig ist. Sie können das nicht verstehen, weil sie alles unter dem Gesichtspunkt von Kosten und Renditen betrachten und von einem Wohnsitz in Monaco träumen. Aus diesem Denken stammt die modern gewordene Verachtung des Sozialstaates. Aber für die große Mehrheit des Volkes hat er eine besondere Bedeutung. Er ist für sie so etwas wie ein Ersatz für die Großfamilie. Der Sozialstaat gibt den Bürgern Sicherheit und Geborgenheit. Das sind keine ökonomischen Kategorien. Sie tauchen in der Gewinn- und Verlustrechnung der Buchhalter nicht auf. Aber für das Leben der Menschen sind sie unverzichtbar. Was soll denn die nationale Identität stiften, wenn nicht die Zusage des Sozialstaates, für die Bürger da zu sein, wenn sie alt, krank oder arbeitslos sind? »Vater Staat« – dieser Begriff greift nicht von ungefähr auf die Familienwelt zurück. Der Sozialstaat wird damit zum verantwortlichen Staat. Und das historische und kulturelle Erbe vermittelt den Zusammenhalt, ohne den keine Nation auskommt. Früher zettelten Nationen Kriege an, damit sich das Volk hinter der Fahne versammelte. Der Sozialstaat braucht keine Feinde zu erfinden. Er stiftet aus sich selbst heraus das notwendige Gefühl der Zusammengehörigkeit.

Zwar gibt es heute schon Ansätze zu einer europäischen Sozialpolitik. Aber der Weg zu einem europäischen Sozialstaat ist noch weit. Auf absehbare Zeit werden die 25 Länder der Europäischen Union ihre Sozialpolitik in nationaler Regie machen. Und daher bleibt der Auftrag des Grundgesetzes: Die Bundesrepublik ist ein demokratischer und sozialer Bundesstaat. Damit unser Staat den Auftrag erfüllt, brauchen wir nicht nur Systeme der sozialen Sicherung, sondern auch den gleichberechtigten Zugang aller Bürger zu Bildung und Kultur.

Bildung macht das Land fit

Die deutsche Steuer- und Kostensenkungsrepublik baut nicht nur den Sozialstaat, sondern auch den Kulturstaat ab. Die einst in aller Welt bewunderte Theater- und Orchesterlandschaft Deutschland wurde zum Opfer des neoliberalen Steuersenkungswettlaufs. Die Berliner Symphoniker mussten Konkurs anmelden, den Münchner Symphonikern wurde der städtische Zuschuss gestrichen. Das ohnehin überschuldete Berlin denkt wie selbstverständlich über eine weitere Orchesterschließung nach. Sogar der wohlhabende Bayerische Rundfunk kündigte an, sein Rundfunkorchester aufzugeben. Seit Anfang der neunziger Jahre ist die Zahl der Orchester in Deutschland insgesamt von 168 auf 137 gesunken. Vor allem im Osten mussten viele kleine Ensembles aufhören.

Die deutschen Länder wissen nach der glorreichen Steuerreform 2000 anscheinend nicht mehr, wie sie ihre Haushalte finanzieren sollen. Ein Beispiel: Die saarländische Landesregierung hatte, nach dem Regierungswechsel von der SPD zur CDU im Jahr 1999, munter die Ausgaben erhöht. Doch nach der Landtagswahl 2004 entdeckte die Regierung des Ministerpräsidenten Peter Müller (CDU) plötzlich, dass es so nicht weitergehen könne. Jetzt sollte auch das Staatstheater bluten. Es wurde aufgefordert, in den nächsten Jahren rund 25 Millionen Euro einzusparen. Das Saarbrücker Staatstheater, das sich in den letzten Jahren einen guten Ruf erworben hatte, wird in Zukunft wohl beträchtliche Qualitätseinbußen hinnehmen müssen, wie auch viele andere kulturelle Einrichtungen, die dem neoliberalen Steuersenkungswahn zum Opfer fallen.

Das sei alles nicht so wichtig, meinte ein Unternehmer, Hauptsache, die deutsche Wirtschaft behaupte sich im internationalen Wettbewerb. Er übersah dabei, dass die Ökonomie zwar für ein Dach über dem Kopf sorgt wie auch für die notwendige Nahrung und die Kleidung. Den Zusammenhalt einer Gesellschaft aber stiften neben den sozialen Sicherungssystemen auch Musik, Kunst, Literatur und Architektur.

Das mit dem Neoliberalismus verbundene ökonomische Denken hat die Kulturpolitik an den Rand gedrängt. »Kultur für alle«, dies hatte einst der Frankfurter Kulturdezernent Hilmar Hoffmann gefordert. Und der Nürnberger Kulturdezernent Hermann Glaser hatte das »Bürgerrecht Kultur« ausgerufen. Für die beiden renommierten sozialdemokratischen Kommunalpolitiker trug die Kulturpolitik entscheidend zum Ausbau einer sozialen Demokratie bei. Mit ihren Ideen knüpften sie an die Anfänge der sozialdemokratischen Bewegung an, die in den Arbeiterbildungsvereinen den Arbeitern einen Zugang zu Bildung, Weiterbildung und zur Kultur im Allgemeinen eröffnen wollte. Johannes Rau hielt kurz vor seinem Ausscheiden aus seinem Amt als Bundespräsident eine Rede, in der er für eine Verankerung der Kultur als Pflichtaufgabe auf allen staatlichen Ebenen plädierte. Aber in der Steuersenkungsrepublik Deutschland ist die Kultur zu einer freiwilligen Aufgabe geworden. Folglich werden die Kulturetats überall zusammengestrichen.

Nicht nur auf die Kulturlandschaft, auch auf die Ausbildung der Schüler wirkt sich die selbstverschuldete Ebbe in den öffentlichen Kassen aus. In einer Studie der Universität Duisburg-Essen wurde jüngst auf eine dramatische Fehlentwicklung hingewiesen. Die Kultusministerkonferenz hatte für das Jahr 2004 einen zusätzlichen Bedarf von 31 000 Lehrern ermittelt. Tatsächlich wurden aber nur 22 700 eingestellt. Dem drohenden Lehrermangel steht auf der anderen Seite ein Überangebot an ausgebildeten Lehrkräften gegenüber. So fanden im selben Jahr etwa 35 000 Lehrer keine Anstellung.

Die Pisa-Studie hat die Mängel unseres Bildungssystems offen gelegt. Unsere Kindergärten und Schulen sind schlecht ausgestattet und hinken daher in der Leistung anderen Ländern hinterher. Und während die Politik von Chancengleichheit und Chancengerechtigkeit redet, entscheidet in Deutschland immer noch die Herkunft über Bildungs- und Aufstiegschancen, stärker jedenfalls als in vielen anderen Staaten. Im Bemühen, die Unterschiede der sozialen Herkunft im Bildungswesen abzubauen, sind die nordischen Wohlfahrtsstaaten Schweden, Dänemark, Finnland und Norwegen vorbildlich. Dort haben Ausbildung und Einkommen der Eltern einen viel geringeren Einfluss auf die Schulleistung der Kinder als in Deutschland. Ein Grund dafür ist die gute Betreuung im Vorschulalter. Gerade in diesem Bereich gibt es bei uns eine große Lücke.

Es ist eine Schande, dass unser Land für die Schulausbildung im Durchschnitt weniger Geld zur Verfügung stellt als andere OECD-Staaten. Eine OECD-Studie aus dem Jahr 2003 mit dem Titel *Bildung auf einen Blick* gibt die durchschnittlichen Ausgaben auf diesem Sektor mit 5,6 Prozent des Bruttoinlandsprodukts in den Mitgliedsstaaten an. Deutschland, eines der führenden Länder dieser Organisation, stellt aber nur noch 5,3 Prozent seines Bruttoinlandsprodukts für das öffentliche Bildungswesen bereit. Besonders zurückgefallen sind wir bei den Ausgaben im Grundschulbereich. Insgesamt wird bei uns zu wenig individuell gefördert, und das dreigliedrige Schulsystem sortiert die Kinder zu früh aus. Hier liegt das unbestellte Feld einer wirklichen Reformpolitik, auf dem man Deutschland »fit für die Zukunft« machen kann.

Bildung ist das Fundament einer sozialen und demokratischen Gesellschaft. Chancengleichheit gibt es nur, wenn Kinder aus unterschiedlichsten sozialen Verhältnissen eine vergleichbare Bildung, Erziehung und Betreuung erhalten können. In Wahlkämpfen heißt es immer wieder, der Geldbeutel der Eltern dürfe nicht darüber entscheiden, ob ein Kind eine gute Ausbildung bekomme. Wenn man diese Aussage ernst nimmt, dann muss man bei den Kleinsten anfangen. Das Betreuungsangebot für Kinder unter drei Jahren liegt in Westdeutschland deutlich unter dem Standard anderer europäischer Länder. Nur für 2,7 Prozent von ihnen steht ein Krippenplatz zur Verfügung. In Ostdeutschland haben immerhin 38 Prozent der Kinder dieser Altersgruppe einen solchen Platz.

Weil die Bundesregierung diese Lücke sieht, will sie die Zahl der Betreuungsplätze im Westen erhöhen und das gute Angebot im Osten erhalten. Das ist auch deshalb wichtig, weil immer mehr jüngere Kinder unterhalb der Armutsgrenze leben. Die Folgen eines Lebens in ärmlichen Verhältnissen sind bekanntermaßen Entwicklungsstörungen. Die wachsende soziale Ungleichheit kann deshalb nur durch eine bessere Obhut von Kleinkindern abgemildert werden, zumal die ersten Lebensjahre über die zukünftigen Lebenschancen entscheiden. Eine Förderung des Sozialstaates muss bei den Kleinsten beginnen. Die Gemeinden sollten, ginge es nach dem Willen der Schröder-Regierung, die aus der Zusammenlegung von Arbeitslosen- und Sozialhilfe frei werdenden Mittel in den Ausbau der Kinderbetreuung investieren. Aber die Gemeinden und Länder sind für solche Maßnahmen viel zu überschuldet, und der Bund musste im Jahr 2004 zum vierten Mal sinkende Steuereinnahmen verkraften.

Auch das Vorhaben der Regierung, den Ländern vier Milliarden Euro zum Ausbau der Ganztagsschulen zur Verfügung zu stellen, ist in der Zielsetzung richtig. Es stößt aber auf begrenzte Begeisterung, da den Ländern auch hierfür die notwendigen Mittel fehlen. Hinsichtlich dieser Angelegenheit wird wieder einmal die Widersprüchlichkeit der offiziellen Berliner Rhetorik bloßgelegt. Wer Schulden macht, versündige sich an unseren Kindern, heißt es in jeder Haushaltsdebatte. Diese Warnrufe sind aber das Gegenteil von dem, was man jetzt gebrauchen würde. Wer nämlich zu wenig in die Schulen investiert, der versündigt sich tatsächlich an seinen Kindern.

Kein Staat kann in der heutigen Zeit ohne ausreichende Einnahmen seine Aufgaben erfüllen. Aus diesem Grund muss sich die Steuersenkungsrepublik Deutschland bei der Steuer- und Abgabenquote endlich wieder an ihren Nachbarländern orientieren. Die besser Verdienenden, die ständig Steuersenkung fordern, weil sie deren Hauptnutznießer sind, können ihre Kinder auf private Schulen schicken. Und nach dem Abitur ermöglichen sie ihren Nachkommen oft ein Studium an einer Eliteuniversität im Ausland. Aber ein Weg für die Allgemeinheit ist das nicht.

Bei gleicher Begabung hat das Kind eines Studienrates oder einer Ärztin in Deutschland eine mehr als dreimal so große Chance, das Abitur zu machen, als das Kind eines Bau- oder Stahlarbeiters. Was heißt: Das hiesige Schulsystem versagt trotz anderer Absichtserklärungen bei der Förderung von Kindern aus Arbeiter- oder Zuwandererfamilien – und das schon seit Jahrzehnten. Genau an dieser Problematik setzen die nordischen Staaten an, deren Schulkinder bei den Tests deutlich besser abschneiden als unsere.

In Finnland beispielsweise, dessen Schulwesen bei uns mittlerweile als Vorbild gilt, zählt die deutsche Schule in Helsinki zu den besten der nordischen Republik. Warum? Weil sie, so ihr Schulleiter in einem Zeitungsbericht, die guten Seiten des finnischen mit den guten Seiten des deutschen Schulwesens verbindet. Finnlands Stärke ist die individuelle Förderung der Schüler. Wer nicht so gut lernt wie seine Mitschüler, der bekommt kostenlosen Nachhilfeunterricht. Dieser wiederum wird von Lehrkräften erteilt, die nicht in den normalen Schulalltag eingebunden sind. In Deutschland ist das anders. Wenn ein Kind die erforderlichen Leistungen nicht erbringt, dann schlagen die Lehrer vor, es auf eine andere Schule zu schicken. So kommt es vom Gymnasium auf die Realschule und von der Realschule auf die Hauptschule. In der finnischen Gesamtschule ist es nicht möglich, die Kinder auf diese Weise abzuschieben. Entsprechend fördert man sie. Die mangelnde Unterstützung unserer Kinder in der Steuer- und Kostensenkungsrepublik ist mithin der große Fehler im Bereich des Schulwesens.

Die notwendigen Reformschritte sind somit klar: Krippenplätze für Kinder unter drei Jahren, ein Vorschulangebot für alle Kinder und Ganztagsschulen, die keine vorzeitige Auslese vornehmen und in denen jeder einzelne Schüler gefördert wird. Es kommt nicht darauf an, wie Schulen bezeichnet werden, sondern wichtig ist, was in diesen getan wird. Und wie überall im Leben entscheidet letztlich das Ergebnis darüber, ob ein Schulsystem besser ist als das andere. Und wie bei den Sozialreformen und der Steuerpolitik sollten wir nicht zu stolz sein, um von den Staaten »abzuschreiben«, die eben bessere Resultate erzielen.

In der neoliberalen Ära wird Bildung als Fitness-Programm für einen Beruf angesehen, in dem man möglichst viel Geld verdienen kann. Aber davor warnte schon der Aufklärer Johann Gottfried Herder. Er verwahrte sich gegen eine ausschließliche Zweckrationalität des Wissens. Er spottete über den Wahn, das Leben unter Zuhilfenahme von Furcht und Geld beherrschbar machen zu wollen. Er begriff Bildung als einen ganzheitlichen Prozess. Nur eine so verstandene Erziehung würde zu einem selbstständigen Denken führen. Ein solches Denken aber wiederum ist notwendige Voraussetzung, um am gesellschaftlichen und politischen Leben teilzunehmen.

Natürlich müssen die Bildungseinrichtungen des Staates aus allgemeinen Steuermitteln und nicht über Gebühren bezahlt werden. Hier überschneiden sich Sozial- und Kulturstaat. Diese Forderung gilt auch für den Vorschulbereich, obwohl Kindergartenbeiträge in Deutschland noch an der Tagesordnung sind. In unserer »deutschen Schicksalsgemeinschaft« müssen sich deshalb auch die Bürger an der Finanzierung der Kinder beteiligen, die selbst keine haben.

Um den Gedanken der Gebührenfreiheit bei der Schulausbildung und beim Universitätsstudium zu diskreditieren, haben sich die Neoliberalen eine besondere Pointe ausgedacht. Sie wird von vielen Politikern in Wahlkämpfen nachgeplappert. Was, so fragen sie mit einem Tremolo in der Stimme, ist sozial daran, wenn ein Kfz-Mechaniker mit seinen Zwangsabgaben der Bankierstochter die Ausbildung bezahlt? Wer eine Universität besuche, habe zudem nicht nur Aussicht auf ein wesentlich höheres Lebenseinkommen als ein Auto-Mechaniker, er laufe auch weniger Gefahr, in Krisenzeiten arbeitslos zu werden. Sieh mal einer an! Wenn es um Studiengebühren geht, regt sich das soziale Gewissen der besser Verdienenden. Aber nur zum Schein. Selbstverständlich ist es nicht gewollt, dass die kleinen Leute den Kindern der Einkommens- und Vermögensmillionäre die Ausbildung bezahlen. Aber wir wollen nicht, dass Arbeitnehmer mit einem mittleren Einkommen für ihre Kinder wieder Studiengebühren bezahlen. Die Lösung ist einfach: Die besser Verdienenden ermöglichen über Vermögenssteuern, Erbschaftssteuern, höhere Spitzensteuersätze und eine angemessene Beteiligung an der Finanzierung des Sozialstaates auch den Kindern aus ärmeren Verhältnissen eine Ausbildung. Studiengebühren zahlt der Bankier aus der Portokasse, ein Arbeiter kann sein Kind, weil das Geld knapp ist, oftmals nicht aufs Gymnasium schicken. Nur wenn wir uns endlich davon verabschieden, beim Steuersenkungswettlauf die Besten sein zu wollen, werden wir unser Land tatsächlich fit machen können – und wieder zu einem Land der Dichter und Denker, der Erfinder und Konstrukteure werden.

Wirtschaftspolitik gegen Arbeitslosigkeit

Die notwendige Kursänderung der deutschen Politik setzt eine neue Wertorientierung, eine andere Sprache und eine arbeitsplatzschaffende Wirtschaftspolitik voraus. Der Neoliberalismus hat über viele Jahre ein ausreichendes Wachstum unserer Wirtschaft und damit einen Abbau der Arbeitslosigkeit verhindert. Erst in jüngster Zeit nehmen die Zweifel an seinen Glaubenssätzen zu. In einigen Wirtschaftsredaktionen überregionaler Zeitungen gibt es mittlerweile einen erkennbaren Widerstand gegen die vorherrschenden Irrlehren.

Die zweitgrößte Branche des Landes, die Elektrotechnik- und Elektronikindustrie mit 810 000 Beschäftigten, forderte den Staat jüngst auf, deutlich mehr zu investieren. Endlich mal ein Verband, der nicht nur über den schlechten Standort jammert und die falschen Rezepte vom Sparen und Senken der Löhne und Steuern predigt. Der Zentralverband der Elektrotechnik- und Elektronikindustrie (ZVEI) bedauerte in einer Stellungnahme, dass die Elektro-Branche in Deutschland nur um vier Prozent wachse, während sie im Ausland um das Doppelte zulege. Die Bundesregierung müsse aus diesem Grund schleunigst die Binnenkonjunktur ankurbeln. Seit Anfang der neunziger Jahre werde die Elektrotechnik- und Elektronikindustrie nämlich überwiegend aus der Nachfrage aus dem Ausland getragen. »Wir können nicht auf Dauer von den Exporten leben und uns im Inland auf alte Technologien zurückziehen«, sagte ZVEI-Präsident Edward Krubasik im Dezember 2004. Wie wahr! In Deutschland habe sich bei der Infrastruktur ein enormer Erneuerungsbedarf gebildet, so Krubasik. Und weil der Trend zur Auslagerung der Produktion älterer Technologien in Niedriglohnländer anhalte, könne Deutschland den Wohlstand seiner Bevölkerung nur durch den konsequenten Einsatz von Innovationen im Hochtechnologiebereich sichern. Er fordert richtigerweise eine flächendeckende Digitalisierung von Rundfunk und Fernsehen, den weiteren Ausbau des Bahnnetzes, der Telematik und der Energietechnik. Ebenso müssten die in Deutschland entwickelten Produkte der Medizin- und Informationstechnologie auch auf unserem Binnenmarkt verkauft werden. Das gehe nur über mehr staatliche Investitionen. Das Geld dafür käme herein – ebenso für Forschung und Bildung –, wenn die konsumtiven Ausgaben gekürzt würden. Dieser Ansatz, ausgeweitet auf alle Branchen, brächte die hiesige Wirtschaft wieder nach vorne. Nur bei seinem Vorschlag, Investitionen durch Kürzungen bei den konsumtiven Ausgaben zu finanzieren, drückt sich der Verbandspräsident vor der Notwendigkeit, die bestehende Steuersenkungspolitik zu kritisieren. Ein auf Jahre angelegtes öffentliches Infrastrukturprogramm ist notwendig, um die deutsche Wirtschaft wieder wachsen zu lassen.

Ein moderner Industriestaat wie die Bundesrepublik kann sich aber bei der Steuer- und Abgabenquote nicht an den osteuropäischen Beitrittsländern orientieren. Erfreulicherweise bricht der Hamburger Finanzsenator und Bundesschatzmeister der CDU, Wolfgang Peiner, aus der Front derjenigen aus, die mit ständigen Steuersenkungsforderungen den deutschen Wirtschaftsverbänden gefällig sein wollen. Der gelernte Steuerberater und Wirtschaftsprüfer sagte, eine Steuerquote, wie wir sie jetzt haben, reiche nicht aus, um unsere Aufgaben zu erfüllen. Vor allem große Unternehmen zahlten zu wenig. Endlich mal ein Politiker, der noch bis drei zählen kann. Die Äußerung des Hamburger Finanzsenators führte zu großer Verärgerung in der Hamburger Wirtschaft. Natürlich kann die Steuer- und Abgabenquote, wie das der britische Schatzkanzler Gordon Brown vorgemacht hat, nur dann Schritt für Schritt erhöht werden, wenn die Konjunktur Fahrt aufgenommen hat.

Auch im Sachverständigenrat gerät einiges in Bewegung, seit der Würzburger Ökonom Peter Bofinger dort Mitglied geworden ist. Jetzt heißt es auf einmal, die deutsche Volkswirtschaft verfüge über eine wettbewerbsfähige unternehmerische Basis. Deutsche Waren und Dienstleistungen seien im Ausland heiß begehrt, allein die inländischen Verbraucher und Investoren scheuten ihren Kauf. In einem Sondergutachten bricht Bofinger sogar ein Tabu. Er fordert Lohnerhöhungen, die sich endlich wieder am Produktivitätsanstieg und an den Preiserhöhungen orientieren sollten.

Mehr staatliche Investitionen und höhere Löhne wären die halbe Miete, um Deutschland aus der längsten wirtschaftlichen Stagnationsphase der Nachkriegszeit herauszuführen. Wenn die Europäische Zentralbank mitspielt und künftig rechtzeitig eine wachstumsfördernde Geldpolitik ähnlich der der amerikanischen Schwester betreibt, dann wird die europäische Wirtschaft wieder wachsen. Noch traut sich aber niemand, die heiß geliebte Unabhängigkeit der Europäischen Zentralbank in Frage zu stellen, weil die Bedeutung der Geldpolitik für unseren wirtschaftlichen Rückstand immer noch nicht erkannt wird. Doch der deutsche Konjunkturmotor wird nur dann wieder in Gang kommen, wenn wir die Gas- und Bremspedale, die die Konjunktur jeder Volkswirtschaft steuern und Finanz-, Lohn- und Geldpolitik heißen, richtig bedienen. Zu lange bremsten die Deutschen mit allen drei Pedalen – und nannten das dann Haushaltskonsolidierung, straffe Geldpolitik und zurückhaltende Lohnpolitik.

Dieser typisch deutsche Dreiklang ökonomischer Unvernunft brachte viele Menschen um Arbeit und Brot – und wird dies auch weiterhin noch tun. Die vorurteilsfreie Übernahme von Wirtschaftskonzepten anderer Länder, die erfolgreicher arbeiten als wir, kann doch niemanden überfordern. Um es noch einmal klar zu sagen: Zu lange haben wir in der Wirtschafts- und Finanzpolitik einen Weg beschritten, der sehr deutsch war. Wir hatten immer einen boomenden Export, aber einen viel zu schwachen Binnenmarkt. In keinem anderen großen Industriestaat der Welt war und ist die Konjunktur so gespalten.

Vielleicht sollten sich die für diese Entwicklung verantwortlichen Wirtschaftsverbände vornehmen, eine Zeit lang keinen Präsidenten mehr zu wählen, dessen Betrieb zum größten Teil vom Export lebt. Wir brauchen bei BDI, BDA oder DIHT endlich wieder einen Präsidenten, der den Binnenmarkt im Auge hat, da sein Unternehmen bei uns das Geld verdient. Die Exportwirtschaft, das darf dabei nicht übersehen werden, trägt nämlich nur zu zwanzig Prozent zu unserer Wertschöpfung bei. Wenn sich die Wirtschaftsverbände binnenwirtschaftlich orientieren, läuft die Politik erfahrungsgemäß hinterher.

Die Frage nach der sozialen Gerechtigkeit, die Verteilungsfrage, muss aber die Gesellschaft selbst beantworten. Die Neoliberalen haben sie über viele Jahre im Sinne der Umverteilung von unten nach oben entschieden. Das steht im Widerspruch zum Auftrag unseres Grundgesetzes, einen demokratischen und sozialen Bundesstaat zu schaffen. Eine

Politik, die von oben nach unten umverteilt und so die ungerechte Primärverteilung des Marktes korrigiert, wird seit vielen Jahren nicht mehr gemacht. Eine Besinnung auf die viel beschworenen Werte der christlichen Religion und des Humanismus würde aber zum Teilen und zur sozialen Gerechtigkeit führen.

Selbst mit den muslimischen Zuwanderern gäbe es dabei keine Probleme. Die islamische Religion fordert die Gläubigen auf, ihr Vermögen mit den Armen und Bedürftigen zu teilen. Die Bergpredigt lehrt uns nichts anderes. Das deutsche Vermögen wird auf neun Billionen Euro geschätzt. Eine soziale Demokratie überfordert niemanden.

Ausblick: Programm für den Kurswechsel

Auf den vorangegangenen Seiten wurde eine Reihe von Vorschlägen entwickelt, die eine Alternative zur heutigen Politik darstellen. Dieser Maßnahmenkatalog fußt auf zwei Grundsätzen, die seit der Philosophie der Aufklärung im alten Europa immer mehr an Bedeutung und Gültigkeit gewonnen haben. Zum einen ist es der Grundsatz »Alle Menschen sind gleich und frei«. Der andere steht in einem unmittelbaren Zusammenhang mit diesem: »Der Schwache braucht, um frei zu sein, Gesetze, die ihn vor der Willkür der Stärkeren schützen.« In diesem Buch habe ich die ökologische Frage ausgeklammert. Blickt man weiter in die Zukunft, dann kommt eine große Herausforderung auf uns zu. Kein Wirtschaftssystem kann Bestand haben, das immer nur Wachstum zur Voraussetzung hat und die Lebensgrundlagen unserer Erde zerstört.

Für schnelle Leser hier noch einmal die wichtigsten Programmpunkte:

International

- Völkerrecht und Genfer Konventionen müssen beachtet werden.
- Unter dem Dach der UNO soll eine internationale Streitmacht gebildet werden.
- Die Kontrolle der Atomwaffen wird der UNO übertragen.
- Europa hat einen Sitz im UN-Sicherheitsrat.
- Die Wechselkurse werden stabilisiert.
- Der internationale Kapitalverkehr wird reguliert.
- Die Tobin-Steuer wird eingeführt.
- Entwicklungsländer können Schutzzölle erheben.
- Eine global wirkende Kartellbehörde setzt den multinationalen Konzernen Schranken.

Europa

- Der Stabilitätspakt wird reformiert.
- Die Europäische Zentralbank wird verpflichtet, Wachstum und Beschäftigung zu fördern.
- Eine europäische Wirtschaftsregierung erlässt verbindliche Leitlinien für die Mitgliedsstaaten.
- In Europa gelten steuerliche Mindestsätze.
- Ein deutsch-französischer Bund wird geschlossen.

Deutschland

- Die Staatsbürgerschaft ist an die Zahlung von Steuern und Abgaben gebunden.
- Über die Europäische Verfassung und den Beitritt der Türkei stimmt das Volk ab.

- Die Bündnisverträge mit den USA werden so geändert, dass Deutschland nicht gegen seinen Willen an einem Krieg beteiligt wird.
- Der Steuer- und Abgabenstaat wird von Grund auf reformiert. Alle beteiligen sich mit mindestens 17,5 Prozent ihrer Einkünfte an der Finanzierung des Sozialstaates. Der Einkommensmillionär zahlt wieder mehr als der Durchschnittsverdiener.
- Die deutsche Steuer- und Abgabenquote wird schrittweise auf das Niveau Frankreichs angehoben.
- Ein mehrjähriges öffentliches Infrastrukturprogramm wird angelegt.
- Arbeitslosengeld und Arbeitslosenhilfe werden zusammengefasst.
- Die Bruttolöhne folgen Produktivitätszuwachs und Preissteigerung.
- Mindestlöhne und Ausbildungsplatzabgabe werden eingeführt.
- Abschreibungsmöglichkeiten für investierende Unternehmen werden verbessert.
- Privathaushalte können Löhne für Angestellte und Handwerkerrechnungen steuerlich absetzen.
- Vermögens- und Erbschaftssteuer werden wie in den angelsächsischen Ländern erhoben.
- Auslandsverluste können in Deutschland nicht steuermindernd geltend gemacht werden.
- Aktienoptionen zur Managerentlohnung werden verboten und eine Managerhaftung eingeführt.
- Mitbestimmung und Beteiligung der Arbeitnehmer am Produktivvermögen werden ausgebaut.
- Bei Unternehmensfusionen werden Belegschaftsabstimmungen durchgeführt.

Diese Vorschläge setzen eine geistige Neuorientierung voraus. Politik und Gesellschaft brauchen wieder eine Sprache, die der Wahrheit und damit der Demokratie verpflichtet ist. Die Geschichte zeigt: Pendelausschläge in die falsche Richtung werden auch wieder korrigiert. Die Zeit ist gekommen. Der Neoliberalismus hat keinen Bestand, er ist nicht zukunftsfähig. Die Profiteure der Umverteilung von unten nach oben werden aber erst zurückweichen, wenn das Volk aufbegehrt.

Personenregister